2018 年发布

政府会计制度

——补充规定和衔接规定

中华人民共和国财政部　制定

中国财经出版传媒集团
中国财政经济出版社

图书在版编目（CIP）数据

政府会计制度：补充规定和衔接规定/中华人民共和国财政部制定．—北京：中国财政经济出版社，2018.9

ISBN 978－7－5095－8541－2

Ⅰ．①政…　Ⅱ．①中…　Ⅲ．①单位预算会计－会计制度－中国　Ⅳ．①F810.6

中国版本图书馆 CIP 数据核字（2018）第 215180 号

责任编辑：庞丽佳　　　　责任校对：徐艳丽

封面设计：秦聪聪

中国财政经济出版社 出版

URL：http：//www.cfeac.com

E-mail：cfeac@cfemg.cn

社址：北京市海淀区阜成路甲 28 号　邮政编码：100142

营销中心电话：88191522　北京财经书店电话：64033436　84041336

中煤（北京）印务有限公司印装　各地新华书店经销

787×1092 毫米　16 开　20.25 印张　347 000 字

2018 年 9 月第 1 版　2018 年 9 月北京第 1 次印刷

定价：58.00 元

ISBN 978－7－5095－8541－2

（图书出现印装问题，本社负责调换）

质量投诉电话：010－88190744

打击盗版举报热线：010－88191661，QQ：2242791300

目　　录

《政府会计制度——行政事业单位会计科目和报表》与《行政单位会计制度》有关衔接问题的处理规定

财会〔2018〕3 号　2018 年 2 月 1 日

我部于 2017 年 10 月 24 日印发了《政府会计制度——行政事业单位会计科目和报表》（财会〔2017〕25 号，以下简称新制度）。目前执行《行政单位会计制度》（财库〔2013〕218 号，以下简称原制度）的单位，自 2019 年 1 月 1 日起执行新制度，不再执行原制度。为了确保新旧会计制度顺利过渡，现对单位执行新制度的有关衔接问题规定如下：

一、新旧制度衔接总要求

（一）自 2019 年 1 月 1 日起，单位应当严格按照新制度的规定进行会计核算、编制财务报表和预算会计报表。

（二）单位应当按照本规定做好新旧制度衔接的相关工作，主要包括以下几个方面：

1. 根据原账编制 2018 年 12 月 31 日的科目余额表，并按照本规定要求，编制原账的部分科目余额明细表（见附表 1、附表 2）。

2. 按照新制度设立 2019 年 1 月 1 日的新账。

3. 按照本规定要求，登记新账的财务会计科目余额和预算结余科目余额，包括将原账科目余额转入新账财务会计科目、按照原账科目余额登记新账预算结余科目（行政单位新旧会计制度转账、登记新账科目对照表见附表 3），将未入账事项登记新账科目，并对相关新账科目余额进行调整。原账科目是指按照原制度规定设置的会计科目。

4. 按照登记及调整后新账的各会计科目余额，编制2019年1月1日的科目余额表，作为新账各会计科目的期初余额。

5. 根据新账各会计科目期初余额，按照新制度编制2019年1月1日资产负债表。

（三）及时调整会计信息系统。单位应当按照新制度要求对原有会计信息系统进行及时更新和调试，实现数据正确转换，确保新旧账套的有序衔接。

二、财务会计科目的新旧衔接

（一）将2018年12月31日原账会计科目余额转入新账财务会计科目。

1. 资产类。

（1）“库存现金”“零余额账户用款额度”“财政应返还额度”“应收账款”“预付账款”“无形资产”“公共基础设施”“政府储备物资”“受托代理资产”“待处理财产损溢”科目。

新制度设置了“库存现金”“零余额账户用款额度”“财政应返还额度”“应收账款”“预付账款”“无形资产”“公共基础设施”“政府储备物资”“受托代理资产”“待处理财产损溢”科目，其核算内容与原账的上述相应科目的核算内容基本相同。转账时，单位应当将原账的上述科目余额直接转入新账的相应科目。其中，还应当将原账的“库存现金”科目余额中属于新制度规定受托代理资产的金额，转入新账“库存现金”科目下的“受托代理资产”明细科目。

（2）“银行存款”科目。

新制度设置了“银行存款”和“其他货币资金”科目，原制度设置了“银行存款”科目。转账时，单位应当将原账“银行存款”科目中核算的属于新制度规定的其他货币资金的金额，转入新账的“其他货币资金”科目；将原账“银行存款”科目余额减去其中属于其他货币资金金额后的差额，转入新账的“银行存款”科目。其中，还应当将原账“银行存款”科目余额中属于新制度规定受托代理资产的金额，转入新账“银行存款”科目下的“受托代理资产”明细科目。

（3）“其他应收款”科目。

新制度设置了“其他应收款”科目，该科目的核算内容与原账“其他应收款”科目的核算内容基本相同。转账时，单位应当将原账的“其他应收款”科目余额转入新账的“其他应收款”科目。

新制度设置了“在途物品”科目，单位在原账的“其他应收款”科目中核算了已经付款、尚未收到物资的，应当将原账的“其他应收款”科目余额中已经付款、尚未收到物资的金额，转入新账的“在途物品”科目。

（4）“存货”科目。

新制度设置了“库存物品”和“加工物品”科目，原制度设置了“存货”科目。转账时，单位应当将原账的“存货——委托加工存货成本”科目余额转入新账的“加工物品”科目；将原账的“存货”科目余额减去属于委托加工存货成本余额后的差额，转入新账的“库存物品”科目。

单位在原账的“存货”科目中核算了按照新制度规定的政府储备物资的，应当将原账的“存货”科目余额中属于政府储备物资的金额，转入新账的“政府储备物资”科目。

（5）“固定资产”科目。

新制度设置了“固定资产”“公共基础设施”“政府储备物资”“文物文化资产”“保障性住房”科目。单位在原账“固定资产”科目中只核算了按照新制度规定的固定资产内容的，转账时，应当将原账的“固定资产”科目余额全部转入新账的“固定资产”科目。单位在原账的“固定资产”科目中核算了按照新制度规定应当记入“公共基础设施”“政府储备物资”“文物文化资产”“保障性住房”科目内容的，转账时，应当将原账的“固定资产”科目余额中相应资产的账面余额，分别转入新账的“公共基础设施”“政府储备物资”“文物文化资产”“保障性住房”科目，并将原账的“固定资产”科目余额减去上述金额后的差额，转入新账的“固定资产”科目。

（6）“累计折旧”科目。

新制度设置了“固定资产累计折旧”科目，该科目的核算内容与原账“累计折旧——固定资产累计折旧”科目的核算内容基本相同。单位已经计提了固定资产折旧并记入“累计折旧——固定资产累计折旧”科目的，转账时，应当将原账的“累计折旧——固定资产累计折旧”科目余额，转入新账的“固定资产累计折旧”科目。

新制度设置了“公共基础设施累计折旧（摊销）”科目，该科目的核算内容与原账“累计折旧——公共基础设施累计折旧”科目的核算内容基本相同。单位已经计提了公共基础设施折旧并记入“累计折旧——公共基础设施累计折旧”科目的，转账时，应当将原账的“累计折旧——公共基础设施累计折旧”科目余额，转入新账的“公共基础设施累计折旧（摊销）”科目。

单位在原账的“固定资产”科目中核算了按照新制度规定应当记入“公共基础设施”“保障性住房”科目的内容，且已经计提了固定资产折旧并记入“累计折旧——固定资产累计折旧”科目的，转账时，应当将原账的“累计折旧——固定资产累计折旧”科目余额中属于公共基础设施累计折旧（摊销）、保障性住房累计折旧的金额，分别转入新账的“公共基础设施累计折旧（摊销）”“保障性住房累计折旧”科目。

（7）“在建工程”科目。

新制度设置了“在建工程”“工程物资”和“预付账款——预付备料款、预付工程款”科目，原制度设置了“在建工程”科目。转账时，单位应当将原账的“在建工程”科目余额（基建“并账”后的金额，下同）中属于工程物资的金额，转入新账的“工程物资”科目；将原账“在建工程”科目余额中属于预付备料款、预付工程款的金额，转入新账“预付账款”相关明细科目；将原账的“在建工程”科目余额减去工程物资和预付备料款、预付工程款金额后的差额，转入新账的“在建工程”科目。

（8）“累计摊销”科目。

新制度设置了“无形资产累计摊销”科目，该科目的核算内容与原账“累计摊销”科目的核算内容基本相同。单位已经计提了无形资产摊销的，转账时，应当将原账的“累计摊销”科目余额，转入新账的“无形资产累计摊销”科目。

2. 负债类。

（1）“应缴财政款”“应付职工薪酬”“应付政府补贴款”“其他应付款”“长期应付款”“受托代理负债”科目。

新制度设置了“应缴财政款”“应付职工薪酬”“应付政府补贴款”“其他应付款”“长期应付款”“受托代理负债”科目，其核算内容与原账的上述相应科目的核算内容基本相同。转账时，单位应当将原账的上述科目余额直接转入新账的相应科目。

（2）“应缴税费”科目。

新制度设置了“应交增值税”“其他应交税费”科目，原制度设置了“应缴税费”科目。转账时，单位应当将原账的“应缴税费——应缴增值税”科目余额转入新账“应交增值税”科目中的相关明细科目；将原账的“应缴税费”科目余额减去属于应交增值税余额后的差额，转入新账的“其他应交税费”科目。

（3）“应付账款”科目。

新制度设置了“应付账款”科目，该科目的核算内容与原账“应付账款”科目的核算内容基本相同，但是不再核算应付质量保证金，应付质量保证金改在新账的“其他应付款”科目核算。转账时，单位应当将原账的“应付账款”科目余额中属于尚未支付质量保证金的余额，转入新账的“其他应付款”科目；将原账的“应付账款”科目余额减去其中属于尚未支付质量保证金的余额后的差额，转入新账的“应付账款”科目。

3. 净资产类。

（1）“财政拨款结转”“财政拨款结余”“其他资金结转结余”科目。

新制度设置了“累计盈余”科目，该科目的余额包含了原账的“财政拨款结转”“财政拨款结余”“其他资金结转结余”科目的余额内容。转账时，单位应当将原账的“财政拨款结转”“财政拨款结余”“其他资金结转结余”科目余额，转入新账的“累计盈余”科目。

（2）“资产基金”“待偿债净资产”科目。

依据新制度，单位无需对原制度中“资产基金”“待偿债净资产”科目对应的内容进行核算。转账时，单位应当将原账“资产基金”科目贷方余额转入新账的“累计盈余”科目贷方，将原账的“待偿债净资产”科目借方余额转入新账的“累计盈余”科目借方。

4. 收入类、支出类。

由于原账中收入类、支出类科目年末无余额，单位无需进行转账处理。自2019年1月1日起，单位应当按照新制度设置收入类、费用类科目并进行账务处理。

单位存在其他本规定未列举的原账科目余额的，应当比照本规定转入新账的相应科目。新账科目设有明细科目的，应当对原账中对应科目的余额加以分析，分别转入新账中相应科目的相关明细科目。

单位在进行新旧衔接的转账时，应当编制转账的工作分录，作为转账的工作底稿，并将转入新账的对应原账户余额及分拆原账户余额的依据作为原始凭证。

（二）将原未入账事项登记新账财务会计科目。

1. 在途物品、政府储备物资、公共基础设施、文物文化资产、保障性住房。

单位在新旧制度转换时，应当将2018年12月31日前未入账的在途物品、政府储备物资、公共基础设施、文物文化资产、保障性住房按照新制度规定记入新账。登记新账时，按照确定的在途物品、政府储备物资、公共基础设施、文物文化资产、保障性住房初始入账成本，分别借记“在途物品”“政府储备物资”“公共基础设施”“文物文化资产”“保障性住房”科目，贷记“累计盈余”科目。

单位对于登记新账时首次确认的公共基础设施、保障性住房，应当于2019年1月1日以后，按照其在登记新账时确定的成本和尚可使用年限计提折旧（摊销）。

2. 受托代理资产。

单位在新旧制度转换时，应当将2018年12月31日前未入账的受托代理物资按照新制度规定记入新账。登记新账时，按照确定的受托代理物资成本，借记“受托代理资产”科目，贷记“受托代理负债”科目。

3. 盘盈资产。

单位在新旧制度转换时，应当将2018年12月31日前未入账的盘盈资产按照新制度规定记入新账。登记新账时，按照确定的盘盈资产及其成本，分别借记有关资产科目，按照盘盈资产成本的合计金额，贷记“累计盈余”科目。

4. 预计负债。

单位在新旧制度转换时，应当将2018年12月31日按照新制度规定确认的预计负债记入新账。登记新账时，按照确定的预计负债金额，借记“累计盈余”科目，贷记“预计负债”科目。

单位存在2018年12月31日前未入账的其他事项的，应当比照本规定登记新账的相应科目。

单位对新账的财务会计科目补记未入账事项时，应当编制记账凭证，并将补充登记事项的确认依据作为原始凭证。

（三）对新账的相关财务会计科目余额按照新制度规定的核算基础进行调整。

1. 补提折旧。

单位在原账中尚未计提固定资产折旧、公共基础设施折旧（摊销）的，应当全面核查截至2018年12月31日固定资产、公共基础设施的预计使用年限、已使用年限、尚可使用年限等，并按照新制度规定于2019年1月1日对尚未计提折旧的固定资产、公共基础设施补提折旧，按照应计提的折旧金额，借记“累计盈余”科目，贷记“固定资产累计折旧”“公共基础设施累计折旧（摊销）”科目。

单位在原账的“固定资产”科目中核算了按照新制度规定应当记入“公共基础设施”“保障性住房”科目内容的，应当比照前款规定补提公共基础设施折旧（摊销）、保障性住房折旧，按照应计提的折旧（摊销）金额，借记“累计盈余”科目，贷记“公共基础设施累计折旧（摊销）”“保障性住房累计折旧”科目。

2. 补提摊销。

单位在原账中尚未计提无形资产摊销的，应当全面核查截至2018年12月31日无形资产的预计使用年限、已使用年限、尚可使用年限等，并按照新制度规定于2019年1月1日对尚未摊销的无形资产补提摊销，按照应计提的摊销金额，借记“累计盈余”科目，贷记“无形资产累计摊销”科目。

单位对新账的财务会计科目期初余额进行调整时，应当编制记账凭证，并将调整事项的确认依据作为原始凭证。

三、预算会计科目的新旧衔接

（一）“财政拨款结转”和“财政拨款结余”科目及对应的“资金结存”科目余额。

新制度设置了“财政拨款结转”“财政拨款结余”科目及对应的“资金结存”科目。在新旧制度转换时，单位按照新制度规定将原账其他应收款中的预付款项计入预算支出的，应当对原账的“财政拨款结转”科目余额进行逐项分析，按照减去已经支付财政资金尚未计入预算支出（如其他应收款中的预付款项等）的金额后的差额，登记新账的“财政拨款结转”科目及其明细科目贷方；按照原账的“财政拨款结余”科目余额，登记新账的“财政拨款结余”科目及其明细科目贷方。

单位应当按照原账的“财政应返还额度”科目余额登记新账的“资金结存——财政应返还额度”科目借方；按照新账的“财政拨款结转”和“财政

拨款结余”科目贷方余额合计数，减去新账的“资金结存——财政应返还额度”科目借方余额后的差额，登记新账的“资金结存——货币资金”科目的借方。

（二）“非财政拨款结转”科目及对应的“资金结存”科目余额。

新制度设置了“非财政拨款结转”科目及对应的“资金结存”科目。在新旧制度转换时，单位按照新制度规定将原账其他应收款中的预付款项计入预算支出的，应当对原账的“其他资金结转结余——项目结转”科目余额进行逐项分析，按照减去已经支付非财政拨款专项资金尚未计入预算支出（如其他应收款中的预付款项等）的金额后的差额，登记新账的“非财政拨款结转”科目及其明细科目贷方；同时，按照相同的金额登记新账的“资金结存——货币资金”科目借方。

（三）“非财政拨款结余”科目及对应的“资金结存”科目余额。

1. 登记“非财政拨款结余”科目余额。

新制度设置了“非财政拨款结余”科目及对应的“资金结存”科目。在新旧制度转换时，单位应当按照原账的“其他资金结转结余——非项目结余”科目余额，借记新账的“资金结存——货币资金”科目，贷记新账的“非财政拨款结余”科目。

2. 对新账“非财政拨款结余”科目及“资金结存”科目余额进行调整。

单位按照新制度规定将原账其他应收款中的预付款项计入预算支出的，应当对原账的“其他应收款”科目余额进行分析，区分其中预付款项的金额（将来很可能列支）和非预付款项的金额，并对预付款项的金额划分为财政拨款资金预付的金额、非财政拨款专项资金预付的金额和非财政拨款非专项资金预付的金额，按照非财政拨款非专项资金预付的金额，借记新账的“非财政拨款结余”科目，贷记新账的“资金结存——货币资金”科目。

（四）预算收入类、预算支出类会计科目。

由于预算收入类、预算支出类会计科目年初无余额，在新旧制度转换时，单位无需对预算收入类、预算支出类会计科目进行新账年初余额登记。

单位应当自2019年1月1日起，按照新制度设置预算收入类、预算支出类科目并进行账务处理。

单位存在2018年12月31日前需要按照新制度预算会计核算基础调整预算会计科目期初余额的其他事项的，应当比照本规定调整新账的相应预算会计科目期初余额。

单位对预算会计科目的期初余额登记和调整，应当编制记账凭证，并将期初余额登记和调整的依据作为原始凭证。

四、财务报表和预算会计报表的新旧衔接

（一）编制2019年1月1日资产负债表。

单位应当根据2019年1月1日新账的财务会计科目余额，按照新制度编制2019年1月1日资产负债表（仅要求填列各项目“年初余额”）。

（二）2019年度财务报表和预算会计报表的编制。

单位应当按照新制度规定编制2019年财务报表和预算会计报表。在编制2019年度收入费用表、净资产变动表、现金流量表和预算收入支出表、预算结转结余变动表时，不要求填列上年比较数。

单位应当根据2019年1月1日新账财务会计科目余额，填列2019年净资产变动表各项目的“上年年末余额”；根据2019年1月1日新账预算会计科目余额，填列2019年预算结转结余变动表的“年初预算结转结余”项目和财政拨款预算收入支出表的“年初财政拨款结转结余”项目。

五、其他事项

（一）截至2018年12月31日尚未进行基建“并账”的单位，应当首先参照《新旧行政单位会计制度有关衔接问题的处理规定》（财库〔2013〕219号），将基建账套相关数据并入2018年12月31日原账中的相关科目余额，再按照本规定将2018年12月31日原账相关会计科目余额转入新账相应科目。

（二）2019年1月1日前执行新制度的单位，应当参照本规定做好新旧制度衔接工作。

附表 1：

行政单位原会计科目余额明细表一

<table>
<tr><th>总账科目</th><th>明细分类</th><th>金额</th><th>备注</th></tr>
<tr><td rowspan="2">库存现金</td><td>库存现金</td><td></td><td></td></tr>
<tr><td>其中：受托代理现金</td><td></td><td></td></tr>
<tr><td rowspan="3">银行存款</td><td>银行存款</td><td></td><td></td></tr>
<tr><td>其中：受托代理银行存款</td><td></td><td></td></tr>
<tr><td>其他货币资金</td><td></td><td></td></tr>
<tr><td rowspan="2">其他应收款</td><td>在途物资</td><td></td><td>已经付款，尚未收到物资</td></tr>
<tr><td>其他</td><td></td><td></td></tr>
<tr><td rowspan="3">存货</td><td>在加工存货</td><td></td><td></td></tr>
<tr><td>非在加工存货</td><td></td><td></td></tr>
<tr><td>政府储备物资</td><td></td><td></td></tr>
<tr><td rowspan="5">固定资产</td><td>固定资产</td><td></td><td></td></tr>
<tr><td>公共基础设施</td><td></td><td></td></tr>
<tr><td>政府储备物资</td><td></td><td></td></tr>
<tr><td>文物文化资产</td><td></td><td></td></tr>
<tr><td>保障性住房</td><td></td><td></td></tr>
<tr><td rowspan="3">累计折旧</td><td>固定资产累计折旧</td><td></td><td></td></tr>
<tr><td>公共基础设施累计折旧</td><td></td><td></td></tr>
<tr><td>保障性住房累计折旧</td><td></td><td></td></tr>
<tr><td rowspan="3">在建工程</td><td>在建工程</td><td></td><td></td></tr>
<tr><td>工程物资</td><td></td><td></td></tr>
<tr><td>预付工程款、预付备料款</td><td></td><td></td></tr>
<tr><td rowspan="2">应缴税费</td><td>应交增值税</td><td></td><td></td></tr>
<tr><td>其他应交税费</td><td></td><td></td></tr>
<tr><td rowspan="2">应付账款</td><td>应付质量保证金</td><td></td><td>购置固定资产、完成在建工程等扣留的质量保证金</td></tr>
<tr><td>其他</td><td></td><td></td></tr>
</table>

附表2：

行政单位原会计科目余额明细表二

<table>
<tr><th>总账科目</th><th>明细分类</th><th>金额</th><th>备注</th></tr>
<tr><td rowspan="5">其他应收款</td><td>预付款项</td><td></td><td>如职工预借的差旅费等</td></tr>
<tr><td>其中：财政拨款资金预付</td><td></td><td></td></tr>
<tr><td>非财政拨款专项资金预付</td><td></td><td></td></tr>
<tr><td>非财政拨款非专项资金预付</td><td></td><td></td></tr>
<tr><td>需要收回及其他</td><td></td><td>如支付的押金、应收为职工垫付的款项等</td></tr>
</table>

附表3：

行政单位新旧会计制度转账、登记新账科目对照表

<table>
<tr><th rowspan="2">序号</th><th colspan="2">新制度科目</th><th colspan="2">原制度科目</th></tr>
<tr><th>编号</th><th>名称</th><th>编号</th><th>名称</th></tr>
<tr><td colspan="5">一、资产类</td></tr>
<tr><td>1</td><td>1001</td><td>库存现金</td><td>1001</td><td>库存现金</td></tr>
<tr><td>2</td><td>1002</td><td>银行存款</td><td rowspan="2">1002</td><td rowspan="2">银行存款</td></tr>
<tr><td>3</td><td>1021</td><td>其他货币资金</td></tr>
<tr><td>4</td><td>1011</td><td>零余额账户用款额度</td><td>1011</td><td>零余额账户用款额度</td></tr>
<tr><td>5</td><td>1201</td><td>财政应返还额度</td><td>1021</td><td>财政应返还额度</td></tr>
<tr><td>6</td><td>1212</td><td>应收账款</td><td>1212</td><td>应收账款</td></tr>
<tr><td rowspan="2">7</td><td rowspan="2">1214</td><td rowspan="2">预付账款</td><td>1213</td><td>预付账款</td></tr>
<tr><td>1511</td><td>在建工程</td></tr>
<tr><td>8</td><td>1218</td><td>其他应收款</td><td rowspan="2">1215</td><td rowspan="2">其他应收款</td></tr>
<tr><td>9</td><td>1301</td><td>在途物品</td></tr>
<tr><td>10</td><td>1302</td><td>库存物品</td><td rowspan="3">1301</td><td rowspan="3">存货</td></tr>
<tr><td>11</td><td>1303</td><td>加工物品</td></tr>
<tr><td>12</td><td>1811</td><td>政府储备物资</td></tr>
</table>

续表

<table>
<tr><th rowspan="2">序号</th><th colspan="2">新制度科目</th><th colspan="2">原制度科目</th></tr>
<tr><th>编号</th><th>名称</th><th>编号</th><th>名称</th></tr>
<tr><td colspan="5">一、资产类</td></tr>
<tr><td rowspan="3">13</td><td>1601</td><td>固定资产</td><td rowspan="5">1501</td><td rowspan="5">固定资产</td></tr>
<tr><td>1801</td><td>公共基础设施</td></tr>
<tr><td>1811</td><td>政府储备物资</td></tr>
<tr><td>14</td><td>1821</td><td>文物文化资产</td></tr>
<tr><td>15</td><td>1831</td><td>保障性住房</td></tr>
<tr><td>16</td><td>1602</td><td>固定资产累计折旧</td><td rowspan="3">1502</td><td rowspan="3">累计折旧</td></tr>
<tr><td>17</td><td>1802</td><td>公共基础设施累计折旧（摊销）</td></tr>
<tr><td>18</td><td>1832</td><td>保障性住房累计折旧</td></tr>
<tr><td>19</td><td>1611</td><td>工程物资</td><td rowspan="2">1511</td><td rowspan="2">在建工程</td></tr>
<tr><td>20</td><td>1613</td><td>在建工程</td></tr>
<tr><td>21</td><td>1701</td><td>无形资产</td><td>1601</td><td>无形资产</td></tr>
<tr><td>22</td><td>1702</td><td>无形资产累计摊销</td><td>1602</td><td>累计摊销</td></tr>
<tr><td>23</td><td>1801</td><td>公共基础设施</td><td>1802</td><td>公共基础设施</td></tr>
<tr><td>24</td><td>1811</td><td>政府储备物资</td><td>1801</td><td>政府储备物资</td></tr>
<tr><td>25</td><td>1891</td><td>受托代理资产</td><td>1901</td><td>受托代理资产</td></tr>
<tr><td>26</td><td>1902</td><td>待处理财产损溢</td><td>1701</td><td>待处理财产损溢</td></tr>
<tr><td colspan="5">二、负债类</td></tr>
<tr><td>27</td><td>2103</td><td>应缴财政款</td><td>2001</td><td>应缴财政款</td></tr>
<tr><td>28</td><td>2101</td><td>应交增值税</td><td rowspan="2">2101</td><td rowspan="2">应缴税费</td></tr>
<tr><td>29</td><td>2102</td><td>其他应交税费</td></tr>
<tr><td>30</td><td>2201</td><td>应付职工薪酬</td><td>2201</td><td>应付职工薪酬</td></tr>
<tr><td rowspan="2">31</td><td>2302</td><td>应付账款</td><td rowspan="2">2301</td><td rowspan="2">应付账款</td></tr>
<tr><td>2307</td><td>其他应付款</td></tr>
<tr><td>32</td><td>2303</td><td>应付政府补贴款</td><td>2302</td><td>应付政府补贴款</td></tr>
<tr><td>33</td><td>2307</td><td>其他应付款</td><td>2305</td><td>其他应付款</td></tr>
<tr><td>34</td><td>2502</td><td>长期应付款</td><td>2401</td><td>长期应付款</td></tr>
<tr><td>35</td><td>2901</td><td>受托代理负债</td><td>2901</td><td>受托代理负债</td></tr>
</table>

续表

<table>
<tr><td rowspan="2">序号</td><td colspan="2">新制度科目</td><td colspan="2">原制度科目</td></tr>
<tr><td>编号</td><td>名称</td><td>编号</td><td>名称</td></tr>
<tr><td colspan="5">三、净资产类</td></tr>
<tr><td rowspan="5">36</td><td rowspan="5">3001</td><td rowspan="5">累计盈余</td><td>3001</td><td>财政拨款结转</td></tr>
<tr><td>3002</td><td>财政拨款结余</td></tr>
<tr><td>3101</td><td>其他资金结转结余</td></tr>
<tr><td>3501</td><td>资产基金</td></tr>
<tr><td>3502</td><td>待偿债净资产</td></tr>
<tr><td colspan="5">四、预算结余类</td></tr>
<tr><td>37</td><td>8101</td><td>财政拨款结转</td><td>3001</td><td>财政拨款结转</td></tr>
<tr><td>38</td><td>8102</td><td>财政拨款结余</td><td>3002</td><td>财政拨款结余</td></tr>
<tr><td>39</td><td>8201</td><td>非财政拨款结转</td><td rowspan="2">3101</td><td rowspan="2">其他资金结转结余</td></tr>
<tr><td>40</td><td>8202</td><td>非财政拨款结余</td></tr>
<tr><td rowspan="3">41</td><td rowspan="3">8001</td><td rowspan="3">资金结存（借方）</td><td>3001</td><td>财政拨款结转</td></tr>
<tr><td>3002</td><td>财政拨款结余</td></tr>
<tr><td>3101</td><td>其他资金结转结余</td></tr>
</table>

《政府会计制度——行政事业单位会计科目和报表》与《事业单位会计制度》有关衔接问题的处理规定

财会〔2018〕3号 2018年2月1日

我部于2017年10月24日印发了《政府会计制度——行政事业单位会计科目和报表》（财会〔2017〕25号，以下简称新制度）。目前执行《事业单位会计制度》（财会〔2012〕22号，以下简称原制度）的单位，自2019年1月1日起执行新制度，不再执行原制度。为了确保新旧会计制度顺利过渡，现对单位执行新制度的有关衔接问题规定如下：

一、新旧制度衔接总要求

（一）自2019年1月1日起，单位应当严格按照新制度的规定进行会计核算、编制财务报表和预算会计报表。

（二）单位应当按照本规定做好新旧制度衔接的相关工作，主要包括以下几个方面：

1. 根据原账编制2018年12月31日的科目余额表，并按照本规定要求，编制原账的部分科目余额明细表（参见附表1、附表2）。

2. 按照新制度设立2019年1月1日的新账。

3. 按照本规定要求，登记新账的财务会计科目余额和预算结余科目余额，包括将原账科目余额转入新账财务会计科目、按照原账科目余额登记新账预算结余会计科目（事业单位新旧会计制度转账、登记新账科目对照表见附表3），将未入账事项登记新账科目，并对相关新账科目余额进行调整。原账科目是指按照原制度规定设置的会计科目。

4. 按照登记及调整后新账的各会计科目余额，编制2019年1月1日的科目余额表，作为新账各会计科目的期初余额。

5. 根据新账各会计科目期初余额，按照新制度编制2019年1月1日资产负债表。

（三）及时调整会计信息系统。单位应当按照新制度要求对原有会计信息系统进行及时更新和调试，实现数据正确转换，确保新旧账套的有序衔接。

二、财务会计科目的新旧衔接

（一）将2018年12月31日原账会计科目余额转入新账财务会计科目。

1. 资产类。

（1）“库存现金”“零余额账户用款额度”“财政应返还额度”“短期投资”“应收票据”“应收账款”“预付账款”“无形资产”科目。

新制度设置了“库存现金”“零余额账户用款额度”“财政应返还额度”“短期投资”“应收票据”“应收账款”“预付账款”“无形资产”科目，其核算内容与原账的上述相应科目的核算内容基本相同。转账时，单位应当将原账的上述科目余额直接转入新账的相应科目。其中，还应当将原账的“库存现金”科目余额中属于新制度规定受托代理资产的金额，转入新账“库存现金”科目下的“受托代理资产”明细科目。

（2）“银行存款”科目。

新制度设置了“银行存款”和“其他货币资金”科目，原制度设置了“银行存款”科目。转账时，单位应当将原账“银行存款”科目中核算的属于新制度规定的其他货币资金的金额，转入新账“其他货币资金”科目；将原账“银行存款”科目余额减去其中属于其他货币资金余额后的差额，转入新账的“银行存款”科目。其中，还应当将原账的“银行存款”科目余额中属于新制度规定受托代理资产的金额，转入新账“银行存款”科目下的“受托代理资产”明细科目。

（3）“其他应收款”科目。

新制度设置了“其他应收款”科目，该科目的核算内容与原账“其他应收款”科目的核算内容基本相同。转账时，单位应当将原账的“其他应收款”科目余额，转入新账的“其他应收款”科目。

新制度设置了“在途物品”科目，单位在原账“其他应收款”科目中核算了已经付款或开出商业汇票、尚未收到物资的，应当将原账的“其他应收款”科目余额中已经付款或开出商业汇票、尚未收到物资的金额，转入新账的“在途物品”科目。

(4)“存货”科目。

新制度设置了“库存物品”“加工物品”科目，原制度设置了“存货”科目。转账时，单位应当将原账的“存货”科目余额中属于在加工存货的金额，转入新账的“加工物品”科目；将原账的“存货”科目余额减去属于在加工存货的金额后的差额，转入新账的“库存物品”科目。

单位在原账的“存货”科目中核算了属于新制度规定的工程物资、政府储备物资、受托代理物资的，应当将原账的“存货”科目余额中属于工程物资、政府储备物资、受托代理物资的金额，分别转入新账的“工程物资”“政府储备物资”“受托代理资产”科目。

(5)“长期投资”科目。

新制度设置了“长期股权投资”和“长期债券投资”科目，原制度设置了“长期投资”科目。转账时，单位应当将原账的“长期投资”科目余额中属于股权投资的金额，转入新账的“长期股权投资”科目及其明细科目；将原账的“长期投资”科目余额中属于债券投资的金额，转入新账的“长期债券投资”科目及其明细科目。

(6)“固定资产”科目。

新制度设置了“固定资产”“公共基础设施”“政府储备物资”“文物文化资产”“保障性住房”科目。单位在原账“固定资产”科目中只核算了按照新制度规定的固定资产内容的，转账时，应当将原账的“固定资产”科目余额全部转入新账的“固定资产”科目。单位在原账的“固定资产”科目中核算了按照新制度规定应当记入“公共基础设施”“政府储备物资”“文物文化资产”“保障性住房”科目内容的，转账时，应当将原账的“固定资产”科目余额中相应资产的账面余额，分别转入新账的“公共基础设施”“政府储备物资”“文物文化资产”“保障性住房”科目，并将原账的“固定资产”科目余额减去上述金额后的差额，转入新账的“固定资产”科目。

(7)“累计折旧”科目。

新制度设置了“固定资产累计折旧”科目，该科目的核算内容与原账“累计折旧”科目的核算内容基本相同。单位已经计提了固定资产折旧并记入

“累计折旧”科目的，转账时，应当将原账的“累计折旧”科目余额，转入新账的“固定资产累计折旧”科目。

新制度设置了“公共基础设施累计折旧（摊销）”和“保障性住房累计折旧”科目，单位在原账的“固定资产”科目中核算了按照新制度规定应当记入“公共基础设施”“保障性住房”科目的内容，且已经计提了固定资产折旧的，转账时，应当将原账的“累计折旧”科目余额中属于公共基础设施累计折旧（摊销）、保障性住房累计折旧的金额，分别转入新账的“公共基础设施累计折旧（摊销）”“保障性住房累计折旧”科目。

（8）“在建工程”科目。

新制度设置了“在建工程”和“预付账款——预付备料款、预付工程款”科目，原制度设置了“在建工程”科目。转账时，单位应当将原账的“在建工程”科目余额（基建“并账”后的金额，下同）中属于预付备料款、预付工程款的金额，转入新账“预付账款”相关明细科目；将原账的“在建工程”科目余额减去预付备料款、预付工程款金额后的差额，转入新账的“在建工程”科目。

单位在原账“在建工程”科目中核算了按照新制度规定应当记入“工程物资”科目内容的，应当将原账“在建工程”科目余额中属于工程物资的金额，转入新账的“工程物资”科目。

（9）“累计摊销”科目。

新制度设置了“无形资产累计摊销”科目，该科目的核算内容与原账“累计摊销”科目的核算内容基本相同。单位已经计提了无形资产摊销的，转账时，应当将原账的“累计摊销”科目余额，转入新账的“无形资产累计摊销”科目。

（10）“待处置资产损溢”科目。

新制度设置了“待处理财产损溢”科目，该科目的核算内容与原账“待处置资产损溢”科目的核算内容基本相同。转账时，单位应当将原账的“待处置资产损溢”科目余额，转入新账的“待处理财产损溢”科目。

2. 负债类。

（1）“短期借款”“应付职工薪酬”“应付票据”“应付账款”“预收账款”“长期借款”“长期应付款”科目。

新制度设置了“短期借款”“应付职工薪酬”“应付票据”“应付账款”“预收账款”“长期借款”“长期应付款”科目，这些科目的核算内容与原账的上述相应科目的核算内容基本相同。转账时，单位应当将原账的上述科目余额直接转入新账的相应科目。

（2）“应缴税费”科目。

新制度设置了“应交增值税”和“其他应交税费”科目，原制度设置了“应缴税费”科目。转账时，单位应当将原账的“应缴税费——应缴增值税”科目余额，转入新账“应交增值税”中的相关明细科目；将原账的“应缴税费”科目余额减去属于应缴增值税余额后的差额，转入新账的“其他应交税费”科目。

（3）“应缴国库款”“应缴财政专户款”科目。

新制度设置了“应缴财政款”科目，原制度设置了“应缴国库款”“应缴财政专户款”科目。转账时，单位应当将原账的“应缴国库款”“应缴财政专户款”科目余额，转入新账的“应缴财政款”科目。

（4）“其他应付款”科目。

新制度设置了“其他应付款”科目，该科目的核算内容与原账“其他应付款”科目的核算内容基本相同。转账时，单位应当将原账的“其他应付款”科目余额，转入新账的“其他应付款”科目。其中，单位在原账的“其他应付款”科目中核算了属于新制度规定的受托代理负债的，应当将原账的“其他应付款”科目余额中属于受托代理负债的余额，转入新账的“受托代理负债”科目。

3. 净资产类。

（1）“事业基金”科目。

新制度设置了“累计盈余”科目，该科目的核算内容包含了原账“事业基金”科目的核算内容。转账时，单位应当将原账的“事业基金”科目余额转入新账的“累计盈余”科目。

（2）“非流动资产基金”科目。

依据新制度，无需对原制度中“非流动资产基金”科目对应内容进行核算。转账时，单位应当将原账的“非流动资产基金”科目余额转入新账的“累计盈余”科目。

（3）“专用基金”科目。

新制度设置了“专用基金”科目，该科目的核算内容与原账“专用基金”科目的核算内容基本相同。转账时，单位应当将原账的“专用基金”科目余额转入新账的“专用基金”科目。

（4）“财政补助结转”“财政补助结余”“非财政补助结转”科目。

新制度设置了“累计盈余”科目，该科目的余额包含了原账的“财政补助结转”“财政补助结余”“非财政补助结转”科目的余额内容。转账时，单位应当将原账的“财政补助结转”“财政补助结余”“非财政补助结转”科目余额，转入新账的“累计盈余”科目。

（5）“经营结余”科目。

新制度设置了“本期盈余”科目，该科目的核算内容包含了原账“经营结余”科目的核算内容。新制度规定“本期盈余”科目余额最终转入“累计盈余”科目，如果原账的“经营结余”科目有借方余额，转账时，单位应当将原账的“经营结余”科目借方余额，转入新账的“累计盈余”科目借方。

（6）“事业结余”“非财政补助结余分配”科目。

由于原账的“事业结余”“非财政补助结余分配”科目年末无余额，这两个科目无需进行转账处理。

4. 收入类、支出类。

由于原账中收入类、支出类科目年末无余额，无需进行转账处理。自2019年1月1日起，单位应当按照新制度设置收入类、费用类科目并进行账务处理。

单位存在其他本规定未列举的原账科目余额的，应当比照本规定转入新账的相应科目。新账的科目设有明细科目的，应将原账中对应科目的余额加以分析，分别转入新账中相应科目的相关明细科目。

单位在进行新旧衔接的转账时，应当编制转账的工作分录，作为转账的工作底稿，并将转入新账的对应原账户余额及分拆原账户余额的依据作为原始凭证。

（二）将原未入账事项登记新账财务会计科目。

1. 应收账款、应收股利、在途物品。

单位在新旧制度转换时，应当将2018年12月31日前未入账的应收账款、应收股利、在途物品按照新制度规定记入新账。登记新账时，按照确定的入账金额，分别借记“应收账款”“应收股利”“在途物品”科目，贷记“累计盈余”科目。

2. 公共基础设施、政府储备物资、文物文化资产、保障性住房。

单位在新旧制度转换时，应当将2018年12月31日前未入账的公共基础设施、政府储备物资、文物文化资产、保障性住房按照新制度规定记入新账。登记新账时，按照确定的初始入账成本，分别借记“公共基础设施”“政府储备物资”“文物文化资产”“保障性住房”科目，贷记“累计盈余”科目。

单位对于登记新账时首次确认的公共基础设施、保障性住房，应当于2019年1月1日以后，按照其在登记新账时确定的成本和剩余折旧（摊销）年限计提折旧（摊销）。

3. 受托代理资产。

单位在新旧制度转换时，应当将2018年12月31日前未入账的受托代理资产按照新制度规定记入新账。登记新账时，按照确定的受托代理资产入账成本，借记“受托代理资产”科目，贷记“受托代理负债”科目。

4. 盘盈资产。

单位在新旧制度转换时，应当将2018年12月31日前未入账的盘盈资产按照新制度规定记入新账。登记新账时，按照确定的盘盈资产及其成本，分别借记有关资产科目，按照盘盈资产成本的合计金额，贷记“累计盈余”科目。

5. 预计负债。

单位在新旧制度转换时，应当将2018年12月31日按照新制度规定确认的预计负债记入新账。登记新账时，按照确定的预计负债金额，借记“累计盈余”科目，贷记“预计负债”科目。

6. 应付质量保证金。

单位在新旧制度转换时，应当将2018年12月31日前未入账的应付质量保证金按照新制度规定记入新账。登记新账时，按照确定未入账的应付质量保证金金额，借记“累计盈余”科目，贷记“其他应付款”科目［扣留期在1年以内（含1年）］、“长期应付款”科目［扣留期超过1年］。

单位存在2018年12月31日前未入账的其他事项的，应当比照本规定登记新账的相应科目。

单位对新账的财务会计科目补记未入账事项时，应当编制记账凭证，并将补充登记事项的确认依据作为原始凭证。

（三）对新账的相关财务会计科目余额按照新制度规定的会计核算基础进行调整。

1. 计提坏账准备。

新制度要求对单位收回后无需上缴财政的应收账款和其他应收款提取坏账准备。在新旧制度转换时，单位应当按照2018年12月31日无需上缴财政的应收账款和其他应收款的余额计算应计提的坏账准备金额，借记“累计盈余”科目，贷记“坏账准备”科目。

2. 按照权益法调整长期股权投资账面余额。

对按照新制度规定应当采用权益法核算的长期股权投资，在新旧制度转换时，单位应当在“长期股权投资”科目下设置“新旧制度转换调整”明细科目，依据被投资单位2018年12月31日财务报表的所有者权益账面余额，以及单位持有被投资单位的股权比例，计算应享有或应分担的被投资单位所有者权益的份额，调整长期股权投资的账面余额，借记或贷记“长期股权投资——新旧制度转换调整”科目，贷记或借记“累计盈余”科目。

3. 确认长期债券投资期末应收利息。

单位应当按照新制度规定于2019年1月1日补记长期债券投资应收利息，按照长期债券投资的应收利息金额，借记“长期债券投资”科目［到期一次还本付息］或“应收利息”科目［分期付息、到期还本］，贷记“累计盈余”科目。

4. 补提折旧。

单位在原账中尚未计提固定资产折旧的，应当全面核查截至2018年12月31日的固定资产的预计使用年限、已使用年限、尚可使用年限等，并于2019年1月1日对尚未计提折旧的固定资产补提折旧，按照应计提的折旧金额，借记“累计盈余”科目，贷记“固定资产累计折旧”科目。

单位在原账的“固定资产”科目中核算了按照新制度规定应当记入“公共基础设施”“保障性住房”科目内容的，应当比照前款规定补提公共基础设施折旧（摊销）、保障性住房折旧，按照应计提的折旧（摊销）金额，借记“累计盈余”科目，贷记“公共基础设施累计折旧（摊销）”“保障性住房累计折旧”科目。

5. 补提摊销。

单位在原账中尚未计提无形资产摊销的，应当全面核查截至2018年12月31日无形资产的预计使用年限、已使用年限、尚可使用年限等，并于2019年1月1日对前期尚未计提摊销的无形资产补提摊销，按照应计提的摊销金额，借记“累计盈余”科目，贷记“无形资产累计摊销”科目。

6. 确认长期借款期末应付利息。

单位应当按照新制度规定于2019年1月1日补记长期借款的应付利息金额，对其中资本化的部分，借记“在建工程”科目，对其中费用化的部分，借记“累计盈余”科目，按照全部长期借款应付利息金额，贷记“长期借款”科目［到期一次还本付息］或“应付利息”科目［分期付息、到期还本］。

单位对新账的财务会计科目期初余额进行调整时，应当编制记账凭证，并将调整事项的确认依据作为原始凭证。

三、预算会计科目的新旧衔接

（一）“财政拨款结转”和“财政拨款结余”科目及对应的“资金结存”科目余额。

新制度设置了“财政拨款结转”“财政拨款结余”科目及对应的“资金结存”科目。在新旧制度转换时，单位应当对原账的“财政补助结转”科目余额进行逐项分析，加上各项结转转入的预算支出中已经计入预算支出尚未支付财政资金（如发生时列支的应付账款）的金额，减去已经支付财政资金尚未计入预算支出（如购入的存货、预付账款等）的金额，按照增减后的金额，登记新账的“财政拨款结转”科目及其明细科目贷方；按照原账“财政补助结余”科目余额，登记新账的“财政拨款结余”科目及其明细科目贷方。

按照原账“财政应返还额度”科目余额登记新账的“资金结存——财政应返还额度”科目借方；按照新账的“财政拨款结转”和“财政拨款结余”科目贷方余额合计数，减去新账的“资金结存——财政应返还额度”科目借方余额后的差额，登记新账的“资金结存——货币资金”科目借方。

（二）“非财政拨款结转”科目及对应的“资金结存”科目余额。

新制度设置了“非财政拨款结转”科目及对应的“资金结存”科目。在新旧制度转换时，单位应当对原账的“非财政补助结转”科目余额进行逐项分析，加上各项结转转入的预算支出中已经计入预算支出尚未支付非财政补助专项资金（如发生时列支的应付账款）的金额，减去已经支付非财政补助专项资金尚未计入预算支出（如购入的存货、预付账款等）的金额，加上各项结转转入的预算收入中已经收到非财政补助专项资金尚未计入预算收入（如预收账款）的金额，减去已经计入预算收入尚未收到非财政补助专项资金（如应收账款）的金额，按照增减后的金额，登记新账的“非财政拨款结转”科目及其明细科目贷方；同时，按照相同的金额登记新账的“资金结存——货币资金”科目借方。

（三）“非财政拨款结余”科目及对应的“资金结存”科目余额。

1. 登记“非财政拨款结余”科目余额。

新制度设置了“非财政拨款结余”科目及对应的“资金结存”科目。在新旧制度转换时，单位应当按照原账的“事业基金”科目余额，借记新账的“资金结存——货币资金”科目，贷记新账的“非财政拨款结余”科目。

2. 对新账“非财政拨款结余”科目及“资金结存”科目余额进行调整。

（1）调整短期投资对非财政拨款结余的影响。

单位应当按照原账的“短期投资”科目余额，借记“非财政拨款结余”科目，贷记“资金结存——货币资金”科目。

（2）调整应收票据、应收账款对非财政拨款结余的影响。

单位应当对原账的“应收票据”“应收账款”科目余额进行分析，区分其中发生时计入预算收入的金额和没有计入预算收入的金额。对发生时计入预算收入的金额，再区分计入专项资金收入的金额和计入非专项资金收入的金额，按照计入非专项资金收入的金额，借记“非财政拨款结余”科目，贷记“资金结存——货币资金”科目。

（3）调整预付账款对非财政拨款结余的影响。

单位应当对原账的“预付账款”科目余额进行分析，区分其中由财政补助资金预付的金额、非财政补助专项资金预付的金额和非财政补助非专项资金预付的金额，按照非财政补助非专项资金预付的金额，借记“非财政拨款结余”科目，贷记“资金结存——货币资金”科目。

（4）调整其他应收款对非财政拨款结余的影响。

单位按照新制度规定将原账其他应收款中的预付款项计入预算支出的，应当对原账的“其他应收款”科目余额进行分析，区分其中预付款项的金额（将来很可能列支）和非预付款项的金额，并对预付款项的金额划分为财政补助资金预付的金额、非财政补助专项资金预付的金额和非财政补助非专项资金预付的金额，按照非财政补助非专项资金预付的金额，借记“非财政拨款结余”科目，贷记“资金结存——货币资金”科目。

（5）调整存货对非财政拨款结余的影响。

单位应当对原账的“存货”科目余额进行分析，区分购入的存货金额和非购入的存货金额。对购入的存货金额划分出其中使用财政补助资金购入的金额、使用非财政补助专项资金购入的金额和使用非财政补助非专项资金购入的金额，按照使用非财政补助非专项资金购入的金额，借记“非财政拨款结余”

科目，贷记“资金结存——货币资金”科目。

（6）调整长期股权投资对非财政拨款结余的影响。

单位应当对原账的“长期投资”科目余额中属于股权投资的余额进行分析，区分其中用现金资产取得的金额和用非现金资产及其他方式取得的金额，按照用现金资产取得的金额，借记“非财政拨款结余”科目，贷记“资金结存——货币资金”科目。

（7）调整长期债券投资对非财政拨款结余的影响。

单位应当按照原账的“长期投资”科目余额中属于债券投资的余额，借记“非财政拨款结余”科目，贷记“资金结存——货币资金”科目。

（8）调整短期借款、长期借款对非财政拨款结余的影响。

单位应当按照原账的“短期借款”“长期借款”科目余额，借记“资金结存——货币资金”科目，贷记“非财政拨款结余”科目。

（9）调整应付票据、应付账款对非财政拨款结余的影响。

单位应当对原账的“应付票据”“应付账款”科目余额进行分析，区分其中发生时计入预算支出的金额和未计入预算支出的金额。将计入预算支出的金额划分出财政补助应付的金额、非财政补助专项资金应付的金额和非财政补助非专项资金应付的金额，按照非财政补助非专项资金应付的金额，借记“资金结存——货币资金”科目，贷记“非财政拨款结余”科目。

（10）调整预收账款对非财政拨款结余的影响。

单位应当按照原账的“预收账款”科目余额中预收非财政非专项资金的金额，借记“资金结存——货币资金”科目，贷记“非财政拨款结余”科目。

（四）“专用结余”科目及对应的“资金结存”科目余额。

新制度设置了“专用结余”科目及对应的“资金结存”科目。在新旧制度转换时，单位应当按照原账“专用基金”科目余额中通过非财政补助结余分配形成的金额，借记新账的“资金结存——货币资金”科目，贷记新账的“专用结余”科目。

（五）“经营结余”科目及对应的“资金结存”科目余额。

新制度设置了“经营结余”科目及对应的“资金结存”科目。如果原账的“经营结余”科目期末有借方余额，在新旧制度转换时，单位应当按照原账的“经营结余”科目余额，借记新账的“经营结余”科目，贷记新账的“资金结存——货币资金”科目。

（六）“其他结余”“非财政拨款结余分配”科目。

新制度设置了“其他结余”和“非财政拨款结余分配”科目。由于这两个科目年初无余额，在新旧制度转换时，单位无需对“其他结余”和“非财政拨款结余分配”科目进行新账年初余额登记。

（七）预算收入类、预算支出类会计科目。

由于预算收入类、预算支出类会计科目年初无余额，在新旧制度转换时，单位无需对预算收入类、预算支出类会计科目进行新账年初余额登记。

单位应当自2019年1月1日起，按照新制度设置预算收入类、预算支出类科目并进行账务处理。

单位存在2018年12月31日需要按照新制度预算会计核算基础调整预算会计科目期初余额的其他事项的，应当比照本规定调整新账的相应预算会计科目期初余额。

单位对预算会计科目的期初余额登记和调整，应当编制记账凭证，并将期初余额登记和调整的依据作为原始凭证。

四、财务报表和预算会计报表的新旧衔接

（一）编制2019年1月1日资产负债表。

单位应当根据2019年1月1日新账的财务会计科目余额，按照新制度编制2019年1月1日资产负债表（仅要求填列各项目“年初余额”）。

（二）2019年度财务报表和预算会计报表的编制。

单位应当按照新制度规定编制2019年财务报表和预算会计报表。在编制2019年度收入费用表、净资产变动表、现金流量表和预算收入支出表、预算结转结余变动表时，不要求填列上年比较数。

单位应当根据2019年1月1日新账财务会计科目余额，填列2019年净资产变动表各项目的“上年年末余额”；根据2019年1月1日新账预算会计科目余额，填列2019年预算结转结余变动表的“年初预算结转结余”项目和财政拨款预算收入支出表的“年初财政拨款结转结余”项目。

五、其他事项

（一）截至2018年12月31日尚未进行基建“并账”的单位，应当首先

参照《新旧事业单位会计制度有关衔接问题的处理规定》（财会〔2013〕2号），将基建账套相关数据并入2018年12月31日原账中的相关科目余额，再按照本规定将2018年12月31日原账相关会计科目余额转入新账相应科目。

（二）2019年1月1日前执行新制度的单位，应当参照本规定做好新旧制度衔接工作。

附表1：

事业单位原会计科目余额明细表一

总账科目	明细分类	金额	备注
库存现金	库存现金		
	其中：受托代理现金		
银行存款	银行存款		
	其中：受托代理银行存款		
	其他货币资金		
其他应收款	在途物资		已经付款或已开出商业汇票，尚未收到物资
	其他		
存货	在加工存货		
	非在加工存货		
	工程物资		
	政府储备物资		
	受托代理资产		
长期投资	长期股权投资		
	长期债券投资		
固定资产	固定资产		
	公共基础设施		
	政府储备物资		
	文物文化资产		
	保障性住房		

续表

总账科目	明细分类	金额	备注
累计折旧	固定资产累计折旧		
	公共基础设施累计折旧		
	保障性住房累计折旧		
在建工程	在建工程		
	工程物资		
	预付工程款、预付备料款		
应缴税费	应交增值税		
	其他应交税费		
其他应付款	受托代理负债		因接受代管资金形成的应付款
	其他		

附表2：

事业单位原会计科目余额明细表二

总账科目	明细分类	金额	备注
应收票据、应收账款	发生时不计入预算收入		如转让资产的应收票据、应收账款
	发生时计入预算收入		
	其中：专项收入		
	其他		
预付账款	财政补助资金预付		
	非财政补助专项资金预付		
	非财政补助非专项资金预付		
其他应收款	预付款项		如职工预借的差旅费等
	其中：财政补助资金预付		
	非财政补助专项资金预付		
	非财政补助非专项资金预付		
	需要收回及其他		如支付的押金、应收为职工垫付的款项等

续表

总账科目	明细分类	金额	备注
存货	购入存货		
	其中：使用财政补助资金购入		
	使用非财政补助专项资金购入		
	使用非财政补助非专项资金购入		
	非购入存货		如无偿调入、接受捐赠的存货等
长期投资	长期股权投资		
	其中：用现金资产取得		
	用非现金资产或其他方式取得		
	长期债券投资		
应付票据、应付账款	发生时不计入预算支出		
	发生时计入预算支出		
	其中：财政补助资金应付		
	非财政补助专项资金应付		
	非财政补助非专项资金应付		
预收账款	预收专项资金		
	预收非专项资金		

附表3：

事业单位新旧会计制度转账、登记新账科目对照表

序号	新制度科目		原制度科目	
	编号	名称	编号	名称
		一、资产类		
1	1001	库存现金	1001	库存现金
2	1002	银行存款	1002	银行存款
3	1021	其他货币资金		
4	1011	零余额账户用款额度	1011	零余额账户用款额度
5	1201	财政应返还额度	1201	财政应返还额度
6	1101	短期投资	1101	短期投资

续表

<table>
<tr><th rowspan="2">序号</th><th colspan="2">新制度科目</th><th colspan="2">原制度科目</th></tr>
<tr><th>编号</th><th>名称</th><th>编号</th><th>名称</th></tr>
<tr><td colspan="5">一、资产类</td></tr>
<tr><td>7</td><td>1211</td><td>应收票据</td><td>1211</td><td>应收票据</td></tr>
<tr><td>8</td><td>1212</td><td>应收账款</td><td>1212</td><td>应收账款</td></tr>
<tr><td rowspan="2">9</td><td rowspan="2">1214</td><td rowspan="2">预付账款</td><td>1213</td><td>预付账款</td></tr>
<tr><td>1511</td><td>在建工程</td></tr>
<tr><td>10</td><td>1218</td><td>其他应收款</td><td rowspan="2">1215</td><td rowspan="2">其他应收款</td></tr>
<tr><td>11</td><td>1301</td><td>在途物品</td></tr>
<tr><td>12</td><td>1302</td><td>库存物品</td><td rowspan="5">1301</td><td rowspan="5">存货</td></tr>
<tr><td>13</td><td>1303</td><td>加工物品</td></tr>
<tr><td>14</td><td>1611</td><td>工程物资</td></tr>
<tr><td>15</td><td>1811</td><td>政府储备物资</td></tr>
<tr><td>16</td><td>1891</td><td>受托代理资产</td></tr>
<tr><td>17</td><td>1501</td><td>长期股权投资</td><td rowspan="2">1401</td><td rowspan="2">长期投资</td></tr>
<tr><td>18</td><td>1502</td><td>长期债券投资</td></tr>
<tr><td>19</td><td>1601</td><td>固定资产</td><td rowspan="5">1501</td><td rowspan="5">固定资产</td></tr>
<tr><td>20</td><td>1801</td><td>公共基础设施</td></tr>
<tr><td>21</td><td>1811</td><td>政府储备物资</td></tr>
<tr><td>22</td><td>1821</td><td>文物文化资产</td></tr>
<tr><td>23</td><td>1831</td><td>保障性住房</td></tr>
<tr><td>24</td><td>1602</td><td>固定资产累计折旧</td><td rowspan="3">1502</td><td rowspan="3">累计折旧</td></tr>
<tr><td>25</td><td>1802</td><td>公共基础设施累计折旧（摊销）</td></tr>
<tr><td>26</td><td>1832</td><td>保障性住房累计折旧</td></tr>
<tr><td rowspan="2">27</td><td>1611</td><td>工程物资</td><td rowspan="2">1511</td><td rowspan="2">在建工程</td></tr>
<tr><td>1613</td><td>在建工程</td></tr>
<tr><td>28</td><td>1701</td><td>无形资产</td><td>1601</td><td>无形资产</td></tr>
<tr><td>29</td><td>1702</td><td>无形资产累计摊销</td><td>1602</td><td>累计摊销</td></tr>
<tr><td>30</td><td>1902</td><td>待处理财产损溢</td><td>1701</td><td>待处置资产损溢</td></tr>
</table>

续表

<table>
<tr><th rowspan="2">序号</th><th colspan="2">新制度科目</th><th colspan="2">原制度科目</th></tr>
<tr><th>编号</th><th>名称</th><th>编号</th><th>名称</th></tr>
<tr><td colspan="5">二、负债类</td></tr>
<tr><td>31</td><td>2001</td><td>短期借款</td><td>2001</td><td>短期借款</td></tr>
<tr><td>32</td><td>2101</td><td>应交增值税</td><td rowspan="2">2101</td><td rowspan="2">应缴税费</td></tr>
<tr><td>33</td><td>2102</td><td>其他应交税费</td></tr>
<tr><td rowspan="2">34</td><td rowspan="2">2103</td><td rowspan="2">应缴财政款</td><td>2102</td><td>应缴国库款</td></tr>
<tr><td>2103</td><td>应缴财政专户款</td></tr>
<tr><td>35</td><td>2201</td><td>应付职工薪酬</td><td>2201</td><td>应付职工薪酬</td></tr>
<tr><td>36</td><td>2301</td><td>应付票据</td><td>2301</td><td>应付票据</td></tr>
<tr><td>37</td><td>2302</td><td>应付账款</td><td>2302</td><td>应付账款</td></tr>
<tr><td>38</td><td>2305</td><td>预收账款</td><td>2303</td><td>预收账款</td></tr>
<tr><td>39</td><td>2307</td><td>其他应付款</td><td rowspan="2">2305</td><td rowspan="2">其他应付款</td></tr>
<tr><td>40</td><td>2901</td><td>受托代理负债</td></tr>
<tr><td>41</td><td>2501</td><td>长期借款</td><td>2401</td><td>长期借款</td></tr>
<tr><td>42</td><td>2502</td><td>长期应付款</td><td>2402</td><td>长期应付款</td></tr>
<tr><td colspan="5">三、净资产类</td></tr>
<tr><td rowspan="6">43</td><td rowspan="6">3001</td><td rowspan="6">累计盈余</td><td>3001</td><td>事业基金</td></tr>
<tr><td>3101</td><td>非流动资产基金</td></tr>
<tr><td>3301</td><td>财政补助结转</td></tr>
<tr><td>3302</td><td>财政补助结余</td></tr>
<tr><td>3401</td><td>非财政补助结转</td></tr>
<tr><td>3403</td><td>经营结余</td></tr>
<tr><td>44</td><td>3101</td><td>专用基金</td><td>3201</td><td>专用基金</td></tr>
<tr><td colspan="5">四、预算结余类</td></tr>
<tr><td>45</td><td>8101</td><td>财政拨款结转</td><td>3301</td><td>财政补助结转</td></tr>
<tr><td>46</td><td>8102</td><td>财政拨款结余</td><td>3302</td><td>财政补助结余</td></tr>
<tr><td>47</td><td>8201</td><td>非财政拨款结转</td><td>3401</td><td>非财政补助结转</td></tr>
<tr><td>48</td><td>8202</td><td>非财政拨款结余</td><td>3001</td><td>事业基金</td></tr>
<tr><td>49</td><td>8301</td><td>专用结余</td><td>3201</td><td>专用基金</td></tr>
<tr><td>50</td><td>8401</td><td>经营结余</td><td>3403</td><td>经营结余</td></tr>
</table>

续表

序号	新制度科目		原制度科目	
	编号	名称	编号	名称
四、预算结余类				
51	8001	资金结存（借方）	3301	财政补助结转
			3302	财政补助结余
			3401	非财政补助结转
			3001	事业基金
			3201	专用基金
			3403	经营结余

关于国有林场和苗圃执行《政府会计制度——行政事业单位会计科目和报表》的补充规定

财会〔2018〕11 号　2018 年 7 月 12 日

根据《政府会计准则——基本准则》，结合行业实际情况，现就国有林场和苗圃[①]（以下简称林场）执行《政府会计制度——行政事业单位会计科目和报表》（以下简称新制度）作出如下补充规定：

一、新增一级科目及其使用说明

（一）林场应当增设“1614　营林工程”和“1841　林木资产”一级科目。

（二）关于增设科目的使用说明。

1614　营林工程

1. 本科目核算林场发生的育苗、造林、抚育、管护各种林木和苗木的生产成本。

生产性林木资产达到正式投产可以采收林产品后，继续发生的管护费用，应当作为林产品的生产成本，通过“加工物品”科目核算。

2. 本科目应当设置“苗木生产成本”“林木生产成本”“间接费用”等明细科目。在“林木生产成本”明细科目下，可按“消耗性林木成本”“生产性

① 本规定所指的国有林场和苗圃，是指中华人民共和国境内各级人民政府设立的，从事保护培育森林资源、维护国家生态安全、提供生态服务，不以营利为目的、独立核算的公益性事业单位性质国有林场和苗圃。

林木成本”“公益性林木成本”设置明细科目。

3. 营林工程的主要账务处理如下：

（1）发生属于营林生产的费用时，按照可以直接计入营林成本的费用，借记本科目（苗木生产成本、林木生产成本），按照需要分摊计入营林成本的费用，借记本科目（间接费用），贷记“林木资产——苗木”“库存物品”“应付职工薪酬”“财政拨款收入”“零余额账户用款额度”“银行存款”“固定资产累计折旧”“长期待摊费用”等科目。

（2）月末，将间接费用按照一定的分配方法计入营林成本，借记本科目（苗木生产成本、林木生产成本），贷记本科目（间接费用）。结转后，本科目的“间接费用”明细科目应无余额。

（3）期末，将竣工的营林工程发生的营林生产成本转入林木资产，借记“林木资产”科目，贷记本科目。

（4）采伐或处置未竣工的林木、苗木时，应当先将林木、苗木的生产成本转入林木资产账面余额。结转时，借记“林木资产”科目，贷记本科目。

4. 本科目期末借方余额，反映林场尚未结转的营林工程发生的实际成本。

1841　林木资产

1. 本科目核算林场营造管理的各种活立木资产和苗木资产的累计成本。

2. 本科目应当设置“苗木”和“林木”两个明细科目，在“林木”明细科目下，可按“消耗性林木资产”“生产性林木资产”“公益性林木资产”设置明细科目。

3. 林木资产的主要账务处理如下：

（1）林木资产取得时，应当按照其取得时的成本入账。

①自行营造形成的林木，期末按照该林木达到营林工程竣工标准发生的育苗、造林、抚育、管护成本，结转营林生产成本，借记本科目，贷记“营林工程”科目。

②购入或有偿调入的林木，按照购入或有偿调入的成本，借记本科目，贷记“财政拨款收入”“零余额账户用款额度”“银行存款”等科目。

③无偿调入的林木，按照该林木资产在调出方的账面价值加相关费用，借记本科目，按照发生的归属于调入方的相关费用，贷记“银行存款”等科目，按照其差额，贷记“无偿调拨净资产”科目。

（2）按规定采伐林木、自主出售成品苗木或造林时，应当减少相应林木资产的账面余额。

①更新采伐公益性林木资产时，按照被采伐林木的林木资产账面余额，借记“业务活动费用”“库存物品”等科目，贷记本科目。

②采伐消耗性林木资产时，按照被采伐林木的林木资产账面余额，借记“业务活动费用”“经营费用”“库存物品”等科目，贷记本科目。

③自主出售成品苗木或造林时，按照该苗木的林木资产账面余额，借记“经营费用”等科目［出售］或“营林工程”科目［造林］，贷记本科目。

（3）生产性林木资产的账面余额，应当在林产品采收期限内逐期摊入林产品的成本，各期摊销时，借记“加工物品——林产品生产成本”科目，贷记本科目。

（4）按规定报经批准处置林木资产，应当分别以下情况处理：

①报经批准有偿转让林木资产（不含可自主出售的林木资产）时，按照被转让林木资产的账面余额，借记“资产处置费用”科目，贷记本科目。同时，按照收到的价款，借记“银行存款”等科目，按照处置过程中发生的相关费用，贷记“银行存款”等科目，按照收到的价款扣除相关费用后的差额，贷记“应缴财政款”科目；如果按照有关规定将林木资产转让净收入纳入本单位预算管理的，应当按照收到的价款扣除相关费用后的差额，贷记“其他收入”科目。

报经批准有偿转让林木的林地使用权，其林地附着的林木资产的账面余额及处置收入和费用，按照有偿转让林木资产进行账务处理。

②报经批准无偿调出林木资产时，按照调出林木资产的账面余额，借记“无偿调拨净资产”科目，贷记本科目。同时，按照无偿调出过程中发生的归属于调出方的相关费用，借记“资产处置费用”科目，贷记“银行存款”等科目。

③报经批准用林木资产投资时，参照新制度中关于置换换入相关资产的规定进行账务处理。

④因遭受自然灾害等致使林木资产发生损毁时，应当将被损毁林木资产的账面余额转入待处理财产损溢。结转时，借记“待处理财产损溢”科目，贷记本科目。

4. 本科目期末借方余额，反映林场林木资产的累计成本。

二、关于报表及编制说明

（一）新增项目。

林场应当在资产负债表“保障性住房净值”和“长期待摊费用”项目之间增加“林木资产”项目。

（二）新增项目的填列方法。

林场在编制资产负债表时，应当按照“林木资产——苗木”和“林木资产——林木——消耗性林木资产”科目期末余额的合计数填列“存货”项目，按照“林木资产”科目其余的期末余额填列“林木资产”项目；按照“营林工程——苗木生产成本”和“营林工程——林木生产成本——消耗性林木成本”科目期末余额的合计数填列“存货”项目，按照“营林工程”科目其余的期末余额填列“林木资产”项目。

三、生效日期

本规定自2019年1月1日起施行。

关于国有林场和苗圃执行《政府会计制度——行政事业单位会计科目和报表》的衔接规定

财会〔2018〕11号　2018年7月12日

我部于2017年10月24日印发了《政府会计制度——行政事业单位会计科目和报表》（财会〔2017〕25号，以下简称新制度）。原执行《国有林场和苗圃会计制度（暂行）》（财农字〔1994〕第371号）和财政部有关事业单位会计核算、原国家林业局有关国有林场和苗圃会计核算的补充规定（以下简称原制度）的国有林场和苗圃①（以下简称林场），自2019年1月1日起执行新制度，不再执行原制度。为了确保新旧会计制度顺利过渡，现对林场执行新制度及《关于国有林场和苗圃执行〈政府会计制度——行政事业单位会计科目和报表〉的补充规定》（以下简称补充规定）的有关衔接问题规定如下。

一、新旧制度衔接总要求

（一）自2019年1月1日起，林场应当严格按照新制度及补充规定进行会计核算、编报财务报表和预算会计报表。

（二）林场应当按照本规定做好新旧制度衔接的相关工作，主要包括以下几个方面：

1. 根据原账编制2018年12月31日的科目余额表，并按照本规定要求，编制原账的部分科目余额明细表（参见附表1、附表2）。

---

① 本规定所指的国有林场和苗圃，是指中华人民共和国境内各级人民政府设立的，从事保护培育森林资源、维护国家生态安全、提供生态服务，不以营利为目的、独立核算的公益性事业单位性质国有林场和苗圃。

2. 按照新制度设立 2019 年 1 月 1 日的新账。

3. 按照本规定要求，登记新账的财务会计科目余额和预算结余科目余额，包括将原账科目余额转入新账财务会计科目、按照原账科目余额登记新账预算结余科目（林场新旧会计制度转账、登记新账科目对照表参见附表 3），将未入账事项登记新账科目，并对相关新账科目余额进行调整。

原账科目是指按照原制度规定设置的会计科目，以及按照财政部有关事业单位会计核算、原国家林业局有关国有林场和苗圃会计核算补充规定增设的会计科目。

4. 按照登记及调整后新账的各会计科目余额，编制 2019 年 1 月 1 日的科目余额表，作为新账各会计科目的期初余额。

5. 根据新账各会计科目期初余额，按照新制度编制 2019 年 1 月 1 日资产负债表。

（三）及时调整会计信息系统。林场应当按照新制度要求对原有会计信息系统进行及时更新和调试，实现数据正确转换，确保新旧账套的有序衔接。

二、财务会计科目的新旧衔接

（一）将 2018 年 12 月 31 日原账会计科目余额转入新账财务会计科目。

1. 资产类。

（1）“库存现金”（或“现金”）、“银行存款”“其他货币资金”“短期投资”“财政应返还额度”“应收票据”“应收账款”“预付账款”“坏账准备”“待摊费用”“无形资产”“待处理财产损溢”科目。

新制度设置了“库存现金”“银行存款”“其他货币资金”“短期投资”“财政应返还额度”“应收票据”“应收账款”“预付账款”“坏账准备”“待摊费用”“无形资产”“待处理财产损溢”科目，其核算内容与原账的上述相应科目的核算内容基本相同。转账时，应当将原账的上述科目余额直接转入新账的相应科目。其中，还应当将原账的“库存现金”“银行存款”科目余额中属于新制度规定受托代理资产的金额，分别转入新账“库存现金”“银行存款”科目下的“受托代理资产”明细科目。

（2）“内部往来”科目。

有的林场在原账中使用“内部往来”科目，作为本单位内部核算科目，核算本单位内部各单位之间的往来款项，不在本单位的会计报表中反映。新旧衔接时不对原账的“内部往来”科目余额进行处理。

(3)“其他应收款”科目。

新制度设置了“其他应收款”科目，该科目的核算内容与原账的“其他应收款”科目的核算内容基本相同。转账时，应当将原账的“其他应收款”科目余额转入新账的“其他应收款”科目。如果原账的“其他应收款”科目余额有应收股利，还应当将原账的“其他应收款”科目余额中应收股利的金额，转入新账的“应收股利”科目。

(4)“库存物资”科目。

有的林场在原账中使用“库存物资”科目，其核算内容包含了在途材料、材料、低值易耗品、产成品、分期收款发出商品等。新制度设置了“在途物品”“库存物品”科目。转账时，应当将原账的“库存物资”科目余额中属于在途物品的金额转入新账的“在途物品”科目，将原账的“库存物资”科目余额减去在途物品金额后的差额转入新账的“库存物品”科目。

(5)“在途材料”“材料”“低值易耗品”“产成品”“分期收款发出商品”科目。

有的林场在原账中使用“在途材料”“材料”“低值易耗品”“产成品”“分期收款发出商品”科目。新制度设置了“在途物品”“库存物品”科目。转账时，应当在新账的“库存物品”科目下设置“发出物品”明细科目，将原账的“分期收款发出商品”科目余额转入新账的“库存物品——发出物品”科目，将原账的“在途材料”科目余额转入新账的“在途物品”科目，将原账的“材料”“低值易耗品”“产成品”科目余额转入新账的“库存物品”科目相关明细科目。

(6)“委托加工材料”科目。

新制度设置了“加工物品”科目，该科目的核算内容与原账的“委托加工材料”科目的核算内容基本相同。转账时，应当将原账的“委托加工材料”科目余额转入新账的“加工物品”科目。

(7)“长期投资”科目。

新制度设置了“长期股权投资”“长期债券投资”和“应收利息”科目。原制度设置了“长期投资”科目。转账时，应当将原账的“长期投资”科目余额中属于股权投资的金额转入新账的“长期股权投资”科目及其明细科目；将原账的“长期投资”科目余额中属于债券投资的金额转入新账的“长期债券投资”科目，并将其中分期付息、到期还本的长期债券投资的应收利息金额，转入新账的“应收利息”科目。

（8）“拨付所属资金”科目。

有的林场在原账中使用“拨付所属资金”科目。如果所属单位为企业，转账时应当将原账的“拨付所属资金”科目相应余额转入新账的“长期股权投资”科目［成本法］或“长期股权投资——成本”科目［权益法］；如果所属单位为事业单位，转账时应当将原账的“拨付所属资金”科目的相应余额转入新账的“累计盈余”科目借方。

（9）“固定资产”科目。

新制度设置了“固定资产”科目，该科目的核算内容与原账的“固定资产”科目的核算内容基本相同。转账时，应当将原账的“固定资产”科目余额转入新账的“固定资产”科目。

林场在原账的“固定资产”科目中核算新制度规定的无形资产内容的，应当将原账的“固定资产”科目余额中属于新制度规定的无形资产的金额转入新账的“无形资产”科目。

（10）“累计折旧”科目。

新制度设置了“固定资产累计折旧”科目，该科目的核算内容与原账的“累计折旧”科目的核算内容基本相同。转账时，应当将原账的“累计折旧”科目余额转入新账的“固定资产累计折旧”科目。

（11）“在建工程”科目。

新制度设置了“在建工程”和“预付账款——预付备料款、预付工程款”科目，原制度设置了“在建工程”科目。转账时，林场应当将原账的“在建工程”科目余额中属于预付备料款、预付工程款的金额，转入新账的“预付账款”科目相关明细科目；将原账的“在建工程”科目余额减去预付备料款、预付工程款金额后的差额，转入新账的“在建工程”科目。

林场在原账“在建工程”科目中核算了按照新制度规定应当记入“工程物资”科目内容的，应当将原账的“在建工程”科目余额中属于工程物资的金额，转入新账的“工程物资”科目。

（12）“固定资产清理”科目。

新制度设置了“待处理财产损溢”科目。转账时，应当将原账的“固定资产清理”科目余额，转入新账的“待处理财产损溢”科目。

（13）“累计摊销”科目。

新制度设置了“无形资产累计摊销”科目，该科目的核算内容与原账的

“累计摊销”科目的核算内容基本相同。转账时，应当将原账的“累计摊销”科目余额转入新账的“无形资产累计摊销”科目。

(14)“递延资产”科目。

有的林场在原账中使用“递延资产”科目。新制度设置“长期待摊费用”科目，该科目的核算内容与原账的“递延资产”科目的核算内容基本相同。转账时，应当将原账的“递延资产”科目余额转入新账的“长期待摊费用”科目。

(15)“林木资产”“苗木资产”科目。

新制度补充规定对林场设置了“林木资产”科目，该科目的核算内容包含了原账的“林木资产”科目和“苗木资产”科目的核算内容。转账时，应当将原账的“林木资产”和“苗木资产”科目余额转入新账的“林木资产”科目相应明细科目。

(16)“零余额账户用款额度”科目。

由于原账的“零余额账户用款额度”科目年末无余额，该科目无需进行转账处理。

2. 负债类。

(1)“短期借款”“应付票据”“应付职工薪酬”科目。

新制度设置了“短期借款”“应付票据”“应付职工薪酬”科目，这些科目的核算内容与原账的上述相应科目的核算内容基本相同。转账时，应当将原账的上述科目余额直接转入新账的相应科目。

有的林场在原账中使用“应付工资”科目。转账时，应当将原账的“应付工资”科目余额转入新账的“应付职工薪酬”科目。

(2)“应付账款”科目。

新制度设置了“应付账款”科目，该科目的核算内容与原账的“应付账款”科目核算内容基本相同。转账时，应当将原账的“应付账款”科目余额转入新账的“应付账款”科目。其中，如果原账的“应付账款”科目余额中有属于新制度规定的预收账款，应当将属于预收账款的金额转入新账的“预收账款”科目。

(3)“专项应付款”“拨入事业费”科目。

新制度设置了“累计盈余”科目。转账时，应当将原账的“专项应付款”“拨入事业费”科目余额转入新账的“累计盈余”科目。

（4）“应缴款项”科目。

新制度设置了“应缴财政款”科目，该科目的核算内容与原账的“应缴款项”科目核算内容基本相同。转账时，应当将原账的“应缴款项”科目余额转入新账的“应缴财政款”科目。

（5）“应付福利费”科目。

新制度没有设置“应付福利费”科目。转账时，应当对原账的“应付福利费”科目余额进行分析，将其中属于职工福利基金的金额转入新账的“专用基金”科目，将其他余额转入新账的“累计盈余”科目。

（6）“其他应付款”科目。

新制度设置了“其他应付款”科目，该科目的核算内容包含了原账的“其他应付款”科目的核算内容。转账时，应当将原账的“其他应付款”科目余额转入新账的“其他应付款”科目。其中，如果在原账的“其他应付款”科目中核算属于新制度规定的受托代理负债，应当将原账的“其他应付款”科目余额中属于受托代理负债的金额转入新账的“受托代理负债”科目；如果在原账的“其他应付款”科目中核算属于新制度规定的应付社会保险费（如统筹退休金），应当将原账的“其他应付款”科目余额中属于应付社会保险费的金额转入新账的“应付职工薪酬”科目。

（7）“应交税金”科目。

新制度设置了“应交增值税”和“其他应交税费”科目，这两个科目的核算内容包含了原账的“应交税金”科目的核算内容。转账时，应当将原账的“应交税金”科目余额中属于应缴增值税的金额转入新账的“应交增值税”科目，将原账的“应交税金”科目余额减去属于应缴增值税金额后的差额转入新账的“其他应交税费”科目。

（8）“预提费用”科目。

新制度设置了“预提费用”科目。转账时，应当将原账的“预提费用”科目余额中属于预提短期借款应付未付利息的金额转入新账的“应付利息”科目，将原账的“预提费用”科目余额减去预提短期借款利息金额后的差额转入新账的“预提费用”科目。

（9）“其他应交款”科目。

新制度没有设置“其他应交款”科目，原账的“其他应交款”科目核算内容分别在新制度的“应缴财政款”“其他应交税费”“其他应付款”科目中核算。转账时，应当将原账的“其他应交款”科目余额中属于应缴财政款的金额转入新账的“应缴财政款”科目，将属于其他应缴税费（如应缴的教育费附加）的金额转入新账的“其他应交税费”科目，将原账的“其他应交款”科目的其余余额转入新账的“其他应付款”科目。

(10)“长期借款”科目。

新制度设置了“长期借款”科目。转账时，应当将原账的“长期借款”科目余额，转入新账的“长期借款”科目。其中，如果原账的“长期借款”科目余额中有分期付息、到期还本的长期借款应付利息，应当将原账的“长期借款”科目余额中属于分期付息、到期还本的长期借款应付利息金额转入新账的“应付利息”科目。

(11)“住房周转金”科目。

新制度设置了“长期应付款”科目。转账时，应当将原账的“住房周转金”科目余额转入新账的“长期应付款”科目。

(12)“育林基金”科目。

新制度设置了“专用基金”科目。转账时，应当将原账中“育林基金”科目的余额转入新账“专用基金——森林恢复基金”科目。

3. 净资产类。

(1)“事业基金”科目。

新制度设置了“累计盈余”科目。该科目的余额包含了原账的“事业基金”科目的核算内容。转账时，应当将原账的“事业基金”科目余额转入新账的“累计盈余”科目。

(2)“专用基金”科目。

新制度设置了“专用基金”科目。转账时，应当将原账“专用基金”科目的余额转入新账的“专用基金”科目相关明细科目。

(3)“林木资本”科目。

新制度未设置“林木资本”科目。转账时，应当将原账的“林木资本”科目余额转入新账的“累计盈余”科目。

(4)“财政补助结转（余)”科目。

新制度设置了“累计盈余”科目，该科目的余额包含了原账的“财政补助结转（余）”科目的余额内容。转账时，应当将原账的“财政补助结转（余)”科目余额转入新账的“累计盈余”科目。

(5)“上级拨入资金”科目。

新制度没有设置“上级拨入资金”科目。原设置了“上级拨入资金”科目的林场，转账时，应当将原账的“上级拨入资金”科目余额转入新账的“累计盈余”科目。

（6）“实收资本”“资本公积”“盈余公积”“利润分配”科目。

有的林场在原账中使用“实收资本”“资本公积”“盈余公积”“利润分配”科目，新制度没有设置这些科目。新制度设置了“累计盈余”科目。转账时，应当将原账的“实收资本”“资本公积”“盈余公积”“利润分配”科目余额转入新账的“累计盈余”科目。

（7）“本年利润”“本年结余”“结余分配”科目。

由于原账的“本年利润”“本年结余”“结余分配”科目年末无余额，这些科目无需进行转账处理。

4. 成本和收入、费用类。

（1）成本类。

新制度补充规定设置了“营林工程”科目。转账时，应当将原账的“生产成本”科目余额中营林成本部分转入新账的“营林工程”科目，其余部分转入“加工物品”“库存物品”等科目。

由于原账除了“生产成本”科目，其他成本类科目年末无余额，无需进行转账处理。

（2）收入类、费用类。

由于原账的收入类、费用类各科目年末无余额，无需进行转账处理。

自 2019 年 1 月 1 日起，应当按照新制度设置收入类、费用类科目并进行账务处理。

5. 将原账的基建账科目余额并入原“大账”。

单独设置基建账（即按照《国有建设单位会计制度》设置的账套）、没有将原基建账相关科目余额并入原“大账”（即按照原制度及后来的补充规定设置的账套）科目余额的林场，应当在新旧衔接时先将原基建账各科目余额并入原“大账”相应科目余额（参见附表 4），再按照本规定进行财务会计科目余额的转账处理。并账的主要账务处理如下：

（1）按照原《国有建设单位会计制度》将原基建账的“交付使用资产”科目余额冲转原基建账的“基建拨款”等科目。

（2）将原基建账的资金运用类科目余额并入相对应“大账”的资产类科目。

（3）将原基建账的资金来源类科目余额并入相对应“大账”的负债类、净资产类科目。

（4）按照并入“大账”的原基建账资金运用类科目余额与资金来源类科目余额的差额，加上其他尚未并入“大账”的原基建账资金运用类科目余额与资金来源类科目余额的差额，贷记或借记原“大账”的“事业基金”科目。

基建账并账完成后，原基建账各科目无余额。

林场存在其他本规定未列举的原账科目余额的，应当比照本规定转入新账的相应科目。新账科目设有明细科目的，应将原账中对应科目的余额加以分析，分别转入新账中相应科目的相关明细科目。

林场在进行新旧衔接的转账时，应当编制转账的工作分录，作为转账的工作底稿，并将转入新账的对应原科目余额及分拆原科目余额的依据作为原始凭证。将原基建账各科目余额并入原“大账”相应科目余额的，还要将基建账各科目余额转入“大账”科目的依据（并账科目对应表）作为原始凭证。

（二）将原未入账事项登记新账财务会计科目。

1. 应收股利。

林场在新旧制度转换时，应当将2018年12月31日前未入账的应收股利（宣告派发尚未收到的股利）按照新制度规定记入新账。登记新账时，按照确定的应收股利金额，借记“应收股利”科目，贷记“累计盈余”科目。

2. 无形资产。

林场在新旧制度转换时，应当将2018年12月31日前未入账的无形资产按照新制度规定记入新账。登记新账时，按照确定的无形资产金额，借记“无形资产”科目，按照截止到2018年12月31日无形资产应当分期摊销的累计摊销金额，贷记“无形资产累计摊销”科目，按照两者的差额，贷记“累计盈余”科目。

3. 受托代理资产。

林场在新旧制度转换时，应当将2018年12月31日前未入账（含仅记录备查账）的代储政府储备物资按照新制度规定记入新账。登记新账时，按照确定的代储政府储备物资金额，借记“受托代理资产”科目，贷记“受托代理负债”科目。

4. 预计负债。

林场在新旧制度转换时，应当将2018年12月31日按照新制度规定确认的预计负债记入新账。登记新账时，按照确定的预计负债金额，借记“累计盈余”科目，贷记“预计负债”科目。

林场存在2018年12月31日前未入账的其他事项的，应当比照本规定登记新账的相应科目。

林场对新账的财务会计科目补记未入账事项时，应当编制记账凭证，并将补充登记事项的确认依据作为原始凭证。

（三）对新账的相关财务会计科目余额按照新制度规定的核算基础进行调整。

1. 按照权益法调整长期股权投资账面余额。

对按照新制度规定应当采用权益法核算的长期股权投资，在新旧制度转换时，林场应当在“长期股权投资”科目下设置“新旧制度转换调整”明细科目，依据被投资单位 2018 年 12 月 31 日财务报表的所有者权益账面余额，以及林场持有被投资单位的股权比例，计算应享有或应分担的被投资单位所有者权益的份额，调整长期股权投资的账面余额，借记或贷记“长期股权投资——新旧制度转换调整”科目，贷记或借记“累计盈余”科目。

2. 确认长期借款期末应付利息。

林场按照新制度规定于 2019 年 1 月 1 日补记长期借款的应付利息金额，对其中资本化的部分，借记“在建工程”科目，对其中费用化的部分，借记“累计盈余”科目，按照全部长期借款应付利息金额，贷记“长期借款”科目［到期一次还本付息］或“应付利息”科目［分期付息、到期还本］。

林场对新账的财务会计科目期初余额进行调整时，应当编制记账凭证，并将调整事项的确认依据作为原始凭证。

三、预算会计科目的新旧衔接

（一）“财政拨款结转”和“财政拨款结余”科目及对应的“资金结存”科目余额。

新制度设置了“财政拨款结转”“财政拨款结余”科目及对应的“资金结存”科目。在新旧制度转换时，林场应当对原账的“财政补助结转（余）”科目余额中结转资金的金额进行逐项分析，加上各项结转转入的支出中已经计入支出尚未支付财政资金（如发生时列支的应付账款）的金额，减去已经支付财政资金尚未计入支出（如预付账款、固定资产和无形资产的净值等）的金额，按照增减后的金额登记新账的“财政拨款结转”科目及其明细科目贷方；按照原账的“财政补助结转（余）”科目余额中结余资金的金额登记新账的“财政拨款结余”科目及其明细科目贷方。

原账的“拨入事业费”科目有余额的，对余额中属于同级财政拨款资金的，按照原账的“财政补助结转（余）”科目余额处理方式处理。

按照原账“财政应返还额度”科目余额登记新账“资金结存——财政应返还额度”科目的借方。按照新账“财政拨款结转”和“财政拨款结余”科目贷方余额减去新账“资金结存——财政应返还额度”科目借方余额后的差额，登记新账“资金结存——货币资金”科目的借方。

（二）“非财政拨款结转”科目及对应的“资金结存”科目余额。

新制度设置了“非财政拨款结转”科目及对应的“资金结存”科目。在新旧制度转换时，林场应当对原账的“专项应付款”科目余额经过调整［加上支出中已经计入支出尚未支付非财政专项资金（如发生时列支的应付账款）的金额，减去已经支付非财政专项资金尚未计入支出（如预付账款、固定资产和无形资产的净值等）的金额，加上收入中已经收到非财政补助专项资金尚未计入收入（如预收账款）的金额，减去已经计入收入尚未收到非财政补助专项资金（如应收账款）的金额］后，登记新账的“非财政拨款结转”科目及其明细科目贷方；同时，按照相同的金额登记新账“资金结存——货币资金”科目的借方。

（三）“专用结余”科目及对应的“资金结存”科目余额。

新制度设置了“专用结余”科目及对应的“资金结存”科目。在新旧制度转换时，林场应当按照原账“专用基金”科目余额中通过非财政补助结余分配形成的金额，借记新账的“资金结存——货币资金”科目，贷记新账的“专用结余”科目。

（四）“非财政拨款结余”科目及对应的“资金结存”科目余额。

1. 登记“非财政拨款结余”科目余额。

按照原账“事业基金”科目的余额，登记新账的“非财政拨款结余”科目贷方，同时，按照相同的金额登记新账的“资金结存——货币资金”科目的借方。

原账的“拨入事业费”科目有余额的，按照原账的“拨入事业费”科目余额中非同级财政拨款的金额，登记新账的“非财政拨款结余”科目贷方，同时，按照相同的金额登记新账的“资金结存——货币资金”科目的借方。

原账的“育林基金”科目有余额的，按照原账的“育林基金”科目余额，登记新账的“非财政拨款结余”科目贷方，同时，按照相同的金额登记新账的“资金结存——货币资金”科目的借方。

2. 对新账“非财政拨款结余”科目及“资金结存”科目余额进行追溯调整。

（1）调整短期投资对非财政拨款结余的影响。

按照原账的“短期投资”科目余额，借记“非财政拨款结余”科目，贷记“资金结存——货币资金”科目。

（2）调整应收票据、应收账款对非财政拨款结余的影响。

对原账的“应收票据”“应收账款”科目余额进行分析，区分其中发生时计入收入的金额和没有计入收入的金额。对发生时计入收入的金额，再区分计入专项资金收入的金额和计入非专项资金收入的金额，按照计入非专项资金收入的金额，借记“非财政拨款结余”科目，贷记“资金结存——货币资金”科目。

（3）调整预付账款对非财政拨款结余的影响。

对原账的“预付账款”科目余额进行分析，区分其中由财政补助资金预付的金额、非财政补助专项资金预付的金额和非财政补助非专项资金预付的金额，按照非财政补助非专项资金预付的金额借记“非财政拨款结余”科目，贷记“资金结存——货币资金”科目。

（4）调整其他应收款对非财政拨款结余的影响。

按照新制度规定将原账其他应收款中的预付款项列入预算支出的，应当对转账前原账的“其他应收款”科目余额进行分析，区分其中预付款项的金额（将来很可能列支）和非预付款项的金额，并对预付款项的金额划分为财政补助资金预付的金额、非财政补助专项资金预付的金额和非财政补助非专项资金预付的金额，按照非财政补助非专项资金预付的金额，借记“非财政拨款结余”科目，贷记“资金结存——货币资金”科目。

（5）调整库存物资、生产成本等对非财政拨款结余的影响。

对原账的“库存物资”“生产成本”科目余额进行分析，区分已经支付资金的金额和未支付资金购入的金额。对已经支付资金的库存物资和生产成本金额划分出其中使用财政补助资金支付的金额、使用非财政补助专项资金支付的金额、使用非财政补助非专项资金购入的金额，按照使用非财政补助非专项资金支付的金额，借记“非财政拨款结余”科目，贷记“资金结存——货币资金”科目。

（6）调整长期股权投资对非财政拨款结余的影响。

对原账的“长期投资”科目余额中属于股权投资的余额进行分析，区分其中用现金资产取得的金额和用非现金资产及其他方式取得的金额，按照用现金资产取得的金额，借记“非财政拨款结余”科目，贷记“资金结存——货币资金”科目。

（7）调整长期债券投资对非财政拨款结余的影响。

按原账的“长期投资”科目余额中属于债券投资成本的余额，借记“非财政拨款结余”科目，贷记“资金结存——货币资金”科目。

（8）调整固定资产、无形资产对非财政拨款结余的影响。

对原账的“固定资产”“无形资产”科目余额进行分析，区分出其中使用财政补助资金支付的金额、使用非财政补助专项资金支付的金额、使用非财政补助非专项资金购入的金额，按照使用非财政补助非专款资金比例计算的固定资产净值和无形资产净值的金额，借记“非财政拨款结余”科目，贷记“资金结存——货币资金”科目。

（9）调整在建工程对非财政拨款结余的影响。

对原账的“在建工程”科目余额进行分析，划分出其中使用财政补助资金支付的金额、使用非财政补助专项资金支付的金额、使用非财政补助非专项资金购入的金额，按照使用非财政补助非专款资金的金额，借记“非财政拨款结余”科目，贷记“资金结存——货币资金”科目。

（10）调整短期借款、长期借款对非财政拨款结余的影响。

按照原账的“短期借款”“长期借款”科目余额中借款本金的金额，借记“资金结存——货币资金”科目，贷记“非财政拨款结余”科目。

（11）调整应付票据、应付账款对非财政拨款结余的影响。

对原账的“应付票据”“应付账款”科目余额进行分析，区分其中发生时计入支出的金额和未计入支出的金额。将计入支出的金额划分出财政补助应付的金额、非财政补助专项资金应付的金额和非财政补助非专项资金应付的金额，按照非财政补助非专项资金应付的金额，借记“资金结存——货币资金”科目，贷记“非财政拨款结余”科目。

（12）调整预收账款对非财政拨款结余的影响。

对原账的“预收账款”科目余额进行分析，区分其中预收非财政专项资金的金额和预收非财政非专项资金的金额。按照预收非财政非专项资金的金额，借记“资金结存——货币资金”科目，贷记“非财政拨款结余”科目。

（13）调整专用基金对非财政拨款结余的影响。

对原账“专用基金”科目余额进行分析，区分通过非财政补助结余分配形成的金额和其他金额，按照其他金额，借记“资金结存——货币资金”科目，贷记“非财政拨款结余”科目。

3. 林场按照前述1、2两个步骤难以准确调整出“非财政拨款结余”科目及对应的“资金结存”科目余额的，在新旧制度转换时，可以在新账的“库存现金”“银行存款”“其他货币资金”“财政应返还额度”科目借方余额合计数基础上，对不纳入单位预算管理的资金进行调整（如减去新账中货币资金形式的受托代理资产、应缴财政款、已收取将来需要退回资金的其他应付款等，加上已支付将来需要收回资金的其他应收款等），按照调整后的金额减去新账的“财政拨款结转”“财政拨款结余”“非财政拨款结转”“专用结余”科目贷方余额合计数，登记新账的“非财政拨款结余”科目贷方；同时，按照相同的金额登记新账的“资金结存——货币资金”科目借方。

（五）“其他结余”和“非财政拨款结余分配”科目。

新制度设置了“其他结余”和“非财政拨款结余分配”科目，按照新制度规定这两个科目年初无余额，在新旧衔接时，无需对“其他结余”和“非财政拨款结余分配”科目进行新账年初余额登记。

（六）预算收入类、预算支出类会计科目。

由于预算收入类、预算支出类会计科目年初无余额，在新旧衔接时，无需对预算收入类、预算支出类会计科目进行新账年初余额登记。

林场应当自2019年1月1日起，按照新制度设置预算收入类、预算支出类科目并进行账务处理。

林场存在2018年12月31日需要按照新制度预算会计核算基础调整预算会计科目期初余额的其他事项，应当比照本规定调整新账的相应预算会计科目期初余额。

林场对预算会计科目的期初余额登记和调整，应当编制记账凭证，并将期初余额登记和调整的依据作为原始凭证。

四、财务报表和预算会计报表的新旧衔接

（一）编制2019年1月1日资产负债表。

林场应当根据2019年1月1日新账的财务会计科目余额，按照新制度编制2019年1月1日资产负债表（仅要求填列各项目“年初余额”）。

（二）2019 年度财务报表和预算会计报表的编制。

林场应当按照新制度规定编制 2019 年财务报表和预算会计报表。在编制 2019 年度收入费用表、净资产变动表和预算收入支出表、预算结转结余变动表时，不要求填列上年比较数。

林场应当根据 2019 年 1 月 1 日新账财务会计科目余额，填列 2019 年净资产变动表各项目的“上年年末余额”；根据 2019 年 1 月 1 日新账预算会计科目余额，填列 2019 年预算结转结余变动表的“年初预算结转结余”项目和财政拨款预算收入支出表的“年初财政拨款结转结余”项目。

附表 1：

林场原会计科目余额明细表一

总账科目	明细分类	金额	备注
库存现金、现金	库存现金		
	其中：受托代理现金		
银行存款	银行存款		
	其中：受托代理银行存款		
其他应收款	应收股利		
	其他		
库存物资	在途物品		
	分期收款发出商品		
	其他库存物资		
长期投资	长期股权投资		
	长期债券投资		
	分期付息的债券投资应收利息		
拨付所属资金	拨付所属事业单位		
	拨付所属企业		
固定资产	固定资产		
	无形资产		
在建工程	在建工程		
	工程物资		
	预付工程款、预付备料款		

续表

总账科目	明细分类	金额	备注
应交税金	应交增值税		
	其他应交税金		
应付账款	应付账款		
	预收账款		
其他应付款	受托代理负债		代管款项等
	应付社会统筹工资		
	其他		
其他应交款	应缴财政款		
	应缴政府性收费		
	其他		
长期借款	分期付息的应付利息		
	其他		
长期应付款	住房周转金		
	其他		

附表 2：

林场原会计科目余额明细表二

总账科目	明细分类	金额	备注
应收票据、应收账款	发生时不计入收入		如转让资产的应收票据、应收账款
	发生时计入收入		
	其中：专项收入		
	其他		
预付账款	财政补助资金预付		
	非财政补助专项资金预付		
	非财政补助非专项资金预付		

续表

总账科目	明细分类	金额	备注
其他应收款	预付款项		如职工预借的差旅费等
	其中：财政补助资金预付		
	非财政补助专项资金预付		
	非财政补助非专项资金预付		
	需要收回及其他		如支付的押金、应收为职工垫付的款项等
库存物资、苗木资产、林木资产、生产成本	支付资金：		
	其中：使用财政补助资金支付		
	使用非财政补助专项资金支付		
	使用非财政补助非专项支付		
	非支付资金		如无偿调入的库存物资等
长期投资	长期股权投资		
	其中：用现金资产取得		
	用非现金资产或其他方式取得		
	长期债券投资		
固定资产净值、无形资产净值	支付资金取得		
	其中：使用财政补助资金		
	使用非财政补助专项资金		
	使用非财政补助非专项资金		
	非支付资金取得		如换入、无偿调入的固定资产等
在建工程	使用财政补助资金		
	使用非财政补助专项资金		
	使用非财政补助非专项资金		
应付票据、应付账款	发生时不计入支出		
	发生时计入支出		
	其中：财政拨款资金应付		
	非财政拨款专项资金应付		
	非财政拨款非专项资金应付		

续表

总账科目	明细分类	金额	备注
预收账款	预收专项资金		
	预收非专项资金		
拨入事业费	拨入本级财政资金		
	其中：财政补助结转资金		
	财政补助结余资金		
	拨入其他资金		

附表3：

林场新旧会计制度转账、登记新账科目对照表

序号	新制度科目		原制度科目	
	编号	名称	编号	名称
一、资产类				
1	1001	库存现金	101	现金
2	1001	库存现金	1001	库存现金
3	1002	银行存款	1002	银行存款
4	1021	其他货币资金	1004	其他货币资金
5	1101	短期投资	1101	短期投资
6	1201	财政应返还额度	1201	财政应返还额度
7	1211	应收票据	1211	应收票据
8	1212	应收账款	1212	应收账款
9	1214	预付账款	1213	预付账款
10	1215	应收股利	1215	其他应收款
11	1218	其他应收款		
12	1219	坏账准备	1221	坏账准备
13	1301	在途物品	1301	库存物资
14	1302	库存物品		
15	1301	在途物品	121	在途材料

续表

序号	新制度科目		原制度科目	
	编号	名称	编号	名称
一、资产类				
16	1302	库存物品	123	材料
17			129	低值易耗品
18			137	产成品
19			138	分期收款发出商品
20	1303	加工物品	132	委托加工材料
21	1841	林木资产	1303	苗木资产
22	1401	待摊费用	139	待摊费用
23	1501	长期股权投资	1501	长期投资
24	1502	长期债券投资		
25	1216	应收利息		
26	1501	长期股权投资		拨付所属资金
27	3001	累计盈余（借方）		
28	1601	固定资产	151	固定资产
29	1701	无形资产		
30	1602	固定资产累计折旧	155	累计折旧
31	1902	待处理财产损溢	156	固定资产清理
32	1611	工程物资	159	在建工程
33	1613	在建工程		
34	1214	预付账款		
35	1901	长期待摊费用	171	递延资产
36	1701	无形资产	161	无形资产
37	1702	无形资产累计摊销	1802	累计摊销
38	1902	待处理财产损溢	181	待处理财产损溢
39	1841	林木资产	191	林木资产
二、负债类				
40	2001	短期借款	2001	短期借款
41	2103	应缴财政款	2101	应缴款项
42	2301	应付票据	2201	应付票据

续表

序号	新制度科目		原制度科目	
	编号	名称	编号	名称
二、负债类				
43	2302	应付账款	2202	应付账款
44	2305	预收账款		
45	3001	累计盈余	206	专项应付款
46			207	拨入事业费
47	3101	专用基金	208	育林基金
48	2201	应付职工薪酬	2204	应付职工薪酬
49	2201	应付职工薪酬	211	应付工资
50	3001	累计盈余	214	应付福利费
51	3101	专用基金		
52	2307	其他应付款	2207	其他应付款
53	2201	应付职工薪酬		
54	2901	受托代理负债		
55	2101	应交增值税	2206	应交税金
56	2102	其他应交税费		
57	2304	应付利息	2209	预提费用
58	2401	预提费用		
59	2103	应缴财政款	222	其他应交款
60	2102	其他应交税费		
61	2307	其他应付款		
62	2501	长期借款	2301	长期借款
63	2304	应付利息		
64	2502	长期应付款	2241	住房周转金
三、净资产类				
65	3001	累计盈余	3001	事业基金
66	3101	专用基金	3101	专用基金
67	3001	累计盈余	302	林木资本
68			3401	财政补助结转（余）

续表

序号	新制度科目		原制度科目	
	编号	名称	编号	名称
三、净资产类				
69	3001	累计盈余	301	实收资本
70			311	资本公积
71			313	盈余公积
72			322	利润分配
73	3001	累计盈余		上级拨入资金
四、成本类				
74	1614	营林工程	401	生产成本
75	1302	库存物品		
76	1303	加工物品		

附表4：

林场原“大账”与基建账会计科目对照表

“大账”会计科目		基建账会计科目	
编号	名称	编号	名称
一、资产类			
1001	库存现金	233	现金
1002	银行存款	232	银行存款
1003	零余额账户用款额度	234	零余额账户用款额度
1201	财政应返还额度	235	财政应返还额度
1101	短期投资	281	有价证券
1501	长期投资		
1212	应收账款	251	应收有偿调出器材及工程款
1211	应收票据	253	应收票据
1215	其他应收款	252	其他应收款
		261	拨付所属投资借款
151	固定资产	201	固定资产
155	累计折旧	202	累计折旧

续表

"大账"会计科目		基建账会计科目	
编号	名称	编号	名称
一、资产类			
159	在建工程	101	建筑安装工程投资
		102	设备投资
		103	待摊投资
		104	其他投资
		211	器材采购
		212	采购保管费
		213	库存设备
		214	库存材料
		218	材料成本差异
		219	委托加工器材
1213	预付账款	241	预付备料款
		242	预付工程款
156	固定资产清理	203	固定资产清理
181	待处理财产损溢	271	待处理财产损失
二、负债类			
2101	应缴款项	362	应交基建包干节余（应交财政部分）
		363	应交基建收入（应交财政部分）
		364	其他应交款（应交财政部分）
221	应交税金	361	应交税金
211	应付工资	341	应付工资
214	应付福利费	342	应付福利费
2202	应付账款	331	应付器材款
		332	应付工程款（1 年以内[①]偿还的）
		351	应付有偿调入器材及工程款
2201	应付票据	353	应付票据

续表

“大账”会计科目		基建账会计科目	
编号	名称	编号	名称
二、负债类			
2207	其他应付款	352	其他应付款
		362	应交基建包干节余（非应交财政部分）
		363	应交基建收入（非应交财政部分）
		364	其他应交款（非应交财政部分）
222	其他应交款［未设“应缴款项”科目的］	362	应交基建包干节余
		363	应交基建收入
		364	其他应交款
261	长期应付款	332	应付工程款（超过1年[②]偿还的）
2001	短期借款	304	基建投资借款（1年以内偿还）
		305	上级拨入投资借款（1年以内偿还）
		306	其他借款（1年以内偿还）
241	长期借款	304	基建投资借款（1年以上偿还）
		305	上级拨入投资借款（1年以上偿还）
		306	其他借款（1年以上偿还）
三、净资产类			
3401	财政补助结转（余）	301	基建拨款（余额中属于同级财政拨款的剩余资金）
		401	留成收入（属于同级财政拨款形成的部分）
206	专项应付款	301	基建拨款（余额中属于非同级财政拨款的剩余资金）
		401	留成收入（属于非同级财政拨款形成的部分）

注：①含1年，以下同。
②不含1年，以下同。

关于测绘事业单位执行《政府会计制度——行政事业单位会计科目和报表》的衔接规定

财会〔2018〕16 号　2018 年 7 月 22 日

我部于 2017 年 10 月 24 日印发了《政府会计制度——行政事业单位会计科目和报表》（财会〔2017〕25 号，以下简称新制度）。目前执行《测绘事业单位会计制度》（财会字〔1999〕1 号）和财政部有关事业单位会计核算的补充规定（以下简称原制度）的测绘事业单位，自 2019 年 1 月 1 日起执行新制度，不再执行原制度。为了确保新旧会计制度顺利过渡，现对测绘事业单位执行新制度的有关衔接问题规定如下。

一、新旧制度衔接总要求

（一）自 2019 年 1 月 1 日起，测绘事业单位应当严格按照新制度的规定进行会计核算、编制财务报表和预算会计报表。

（二）测绘事业单位应当按照本规定做好新旧制度衔接的相关工作，主要包括以下几个方面：

1. 根据原账编制 2018 年 12 月 31 日的科目余额表，并按照本规定要求，编制原账的部分科目余额明细表（参见附表 1 和附表 2）。

2. 按照新制度设立 2019 年 1 月 1 日的新账。

3. 按照本规定要求，登记新账的财务会计科目余额和预算结余科目余额，包括将原账科目余额转入新账财务会计科目、按照原账科目余额登记新账预算结余科目（测绘事业单位新旧会计制度转账、登记新账科目对照表参见附表 3），将未入账事项登记新账科目，并对相关新账科目余额进行调整。原账科目是指按照原制度规定设置的会计科目。

4. 按照登记及调整后新账的各会计科目余额，编制 2019 年 1 月 1 日的科目余额表，作为新账各会计科目的期初余额。

5. 根据新账各会计科目期初余额，按照新制度编制 2019 年 1 月 1 日资产负债表。

（三）及时调整会计信息系统。测绘事业单位应当按照新制度要求对原有会计信息系统进行及时更新和调试，实现数据正确转换，确保新旧账套的有序衔接。

二、财务会计科目的新旧衔接

（一）将 2018 年 12 月 31 日原账会计科目余额转入新账财务会计科目。

1. 资产类。

（1）“现金”科目。

新制度设置了“库存现金”科目，该科目的核算内容与原账的“现金”科目的核算内容基本相同。转账时，应当将原账的“现金”科目余额转入新账的“库存现金”科目。其中，还应当将原账的“现金”科目余额中属于新制度规定受托代理资产的金额，转入新账“库存现金”科目下的“受托代理资产”明细科目。

（2）“银行存款”科目。

新制度设置了“银行存款”和“其他货币资金”科目，原账设置了“银行存款”科目。转账时，应当将原账“银行存款”科目中核算的属于新制度规定的其他货币资金的金额，转入新账的“其他货币资金”科目；将原账“银行存款”科目余额减去其中属于其他货币资金金额后的差额，转入新账的“银行存款”科目。其中，还应当将原账“银行存款”科目余额中属于新制度规定受托代理资产的金额，转入新账“银行存款”科目下的“受托代理资产”明细科目。

（3）“财政应返还额度”“应收票据”“应收账款”“预付账款”“待摊费用”“无形资产”“待处理财产损溢”科目。

新制度设置了“财政应返还额度”“应收票据”“应收账款”“预付账款”“待摊费用”“无形资产”“待处理财产损溢”科目，其核算内容与原账的上述相应科目的核算内容基本相同。转账时，应当将原账的上述科目余额直接转入新账的相应科目。

（4）“备用金”科目。

新制度设置了“其他应收款”科目，该科目的核算内容包含了原账“备用金”科目的核算内容。转账时，应当将原账的“备用金”科目余额转入新账的“其他应收款”科目。

（5）“其他应收款”科目。

新制度设置了“其他应收款”科目，该科目的核算内容与原账“其他应收款”科目的核算内容基本相同。转账时，应当将原账的“其他应收款”科目余额转入新账的“其他应收款”科目。

新制度设置了“在途物品”科目，测绘事业单位在原账“其他应收款”科目中核算了已经付款或开出商业汇票、尚未收到物资的，应当将原账的“其他应收款”科目余额中已经付款或开出商业汇票、尚未收到物资的金额，转入新账的“在途物品”科目。

（6）“库存材料”“已完测绘项目”“经营产品”科目。

新制度设置了“库存物品”科目，原制度设置了“库存材料”“已完测绘项目”“经营产品”科目。转账时，应当将原账的“库存材料”“已完测绘项目”“经营产品”科目余额转入新账“库存物品”科目中的相关明细科目。

（7）“对外投资”科目。

新制度设置了“短期投资”“长期股权投资”和“长期债券投资”科目，原制度设置了“对外投资”科目。转账时，应当将原账的“对外投资”科目余额中属于短期投资［持有时间不超过1年（含1年）］的金额，转入新账的“短期投资”科目；将原账的“对外投资”科目余额中属于长期股权投资［持有时间超过1年（不含1年）］的金额，转入新账的“长期股权投资”科目；将原账的“对外投资”科目余额中属于长期债券投资［持有时间超过1年（不含1年）］的金额，转入新账的“长期债券投资”科目。

（8）“固定资产”科目。

新制度设置了“固定资产”科目，该科目的核算内容与原账的“固定资产”科目的核算内容基本相同。转账时，应当将原账的“固定资产”科目余额转入新账的“固定资产”科目。

测绘事业单位在原账的“固定资产”科目中核算了属于新制度规定的无形资产的，应当将原账的“固定资产”科目余额中属于无形资产的金额，转入新账的“无形资产”科目。

(9)“在建工程”科目。

新制度设置了“在建工程”和“预付账款——预付备料款、预付工程款”科目，原账在基建“并账”时设置了“在建工程”科目。转账时，应当将原账的“在建工程”科目余额中属于预付备料款、预付工程款的金额，转入新账“预付账款”科目中的相关明细科目；将原账的“在建工程”科目余额减去预付备料款、预付工程款金额后的差额，转入新账的“在建工程”科目。

测绘事业单位在原账“在建工程”科目中核算了按照新制度规定应当记入“工程物资”科目内容的，应当将原账“在建工程”科目余额中属于工程物资的金额，转入新账的“工程物资”科目。

(10)“零余额账户用款额度”科目。

由于原账的“零余额账户用款额度”科目年末无余额，该科目无需进行转账处理。

2. 负债类。

(1)“应付票据”“应付账款”“预收账款”“长期应付款”科目。

新制度设置了“应付票据”“应付账款”“预收账款”“长期应付款”科目，这些科目的核算内容与原账的上述相应科目的核算内容基本相同。转账时，应当将原账的上述科目余额直接转入新账的相应科目。

(2)“借入款项”科目。

新制度设置了“短期借款”和“长期借款”科目，原制度设置了“借入款项”科目。转账时，应当将原账的“借入款项”科目余额中属于短期借款[期限在1年内（含1年)]的金额，转入新账的“短期借款”科目；将原账的“借入款项”科目余额中属于长期借款[期限超过1年（不含1年)]的金额，转入新账的“长期借款”科目。

(3)“应付工资（离退休费)”“应付地方（部门）津贴补贴”“应付其他个人收入”“应付社会保障金”科目。

新制度设置了“应付职工薪酬”科目，原制度设置了“应付工资（离退休费)”“应付地方（部门）津贴补贴”“应付其他个人收入”“应付社会保障金”科目。转账时，应当将原账的“应付工资（离退休费)”“应付地方（部门）津贴补贴”“应付其他个人收入”“应付社会保障金”科目余额，转入新账“应付职工薪酬”科目中的相关明细科目。

(4)“应缴预算款”“应缴财政专户款”科目。

新制度设置了“应缴财政款”科目，原制度设置了“应缴预算款”“应缴财政专户款”科目。转账时，应当将原账的“应缴预算款”“应缴财政专户款”科目余额，转入新账的“应缴财政款”科目。

（5）“应交税金”科目。

新制度设置了“应交增值税”和“其他应交税费”科目，原制度设置了“应交税金”科目。转账时，应当将原账的“应交税金”科目余额中属于应交增值税的金额，转入新账的“应交增值税”科目；将原账的“应交税金”科目余额减去属于应交增值税金额后的差额，转入新账的“其他应交税费”科目。

（6）“其他应付款”科目。

新制度设置了“其他应付款”科目，该科目的核算内容与原账“其他应付款”科目的核算内容基本相同。转账时，应当将原账的“其他应付款”科目余额，转入新账的“其他应付款”科目。其中，测绘事业单位在原账的“其他应付款”科目中核算了属于新制度规定的其他应交税费（如应交的教育费附加）、长期应付款［如存入期限超过1年（不含1年）的保证金］、受托代理负债的，应当将原账的“其他应付款”科目余额中属于其他应交税费、长期应付款、受托代理负债的金额，分别转入新账的“其他应交税费”“长期应付款”“受托代理负债”科目。

（7）“预提费用”科目。

新制度设置了“预提费用”科目。转账时，应当将原账的“预提费用”科目余额，转入新账的“预提费用”科目。其中，测绘事业单位在原账的“预提费用”科目中核算了借入款项的应付未付利息的，应当将原账的“预提费用”科目余额中属于应付利息的金额，转入新账的“应付利息”科目。

3. 净资产类。

（1）“事业基金”科目。

新制度设置了“累计盈余”科目，该科目的核算内容包含了原账“事业基金”科目的核算内容。转账时，应当将原账的“事业基金”科目余额转入新账的“累计盈余”科目。

（2）“固定基金”科目。

依据新制度，无需对原制度中“固定基金”科目对应内容进行核算。转账时，应当将原账的“固定基金”科目余额转入新账的“累计盈余”科目。

（3）“专用基金”科目。

新制度设置了“专用基金”科目，该科目的核算内容与原账“专用基金”

科目的核算内容基本相同。转账时，应当将原账的“专用基金”科目余额转入新账的“专用基金”科目。

（4）“财政补助结存”科目。

新制度设置了“累计盈余”科目，该科目的余额包含了原账的“财政补助结存”科目的余额内容。转账时，应当将原账的“财政补助结存”科目余额，转入新账的“累计盈余”科目。

（5）“非财政补助结转”“专款结存”科目。

新制度设置了“累计盈余”科目，该科目的余额包含了原账的“非财政补助结转”“专款结存”科目的余额内容。设置了“非财政补助结转”“专款结存”科目的测绘事业单位，转账时，应当将原账的“非财政补助结转”“专款结存”科目余额转入新账的“累计盈余”科目。

（6）“经营结余”科目。

新制度设置了“本期盈余”科目，该科目的核算内容包含了原账“经营结余”科目的核算内容。新制度规定“本期盈余”科目余额最终转入“累计盈余”科目，如果原账的“经营结余”科目有借方余额，转账时，应当将原账的“经营结余”科目借方余额，转入新账的“累计盈余”科目借方。

（7）“事业结余”“结余分配”科目。

由于原账的“事业结余”“结余分配”科目年末无余额，这两个科目无需进行转账处理。

4. 收入类、支出及成本费用类。

（1）“拨入专款”科目。

新制度未设置“拨入专款”科目。转账时，未设置“专款结存”科目的测绘事业单位，如果原账的“拨入专款”科目有余额，应当将原账的“拨入专款”科目余额中属于拨给本单位的金额，转入新账的“累计盈余”科目；将原账的“拨入专款”科目余额中属于拨给下属单位的金额，转入新账的“其他应付款”科目贷方。

（2）“拨出专款”科目。

新制度未设置“拨出专款”科目。转账时，未设置“专款结存”科目的测绘事业单位，如果原账的“拨出专款”科目有余额，应当将原账的“拨出专款”科目余额中属于使用拨入专款资金的金额，转入新账的“其他应付款”科目借方；将原账的“拨出专款”科目余额中属于使用本单位自有资金的金额，转入新账的“累计盈余”科目借方。

（3）“专款支出”科目。

新制度未设置“专款支出”科目。转账时，未设置“专款结存”科目的测绘事业单位，如果原账的“专款支出”科目有余额，应当将原账的“专款支出”科目余额，转入新账的“累计盈余”科目借方。

（4）“经营成本”科目。

新制度设置了“加工物品”科目，原制度设置了“经营成本”科目。转账时，应当将原账的“经营成本”科目余额，转入新账“加工物品”科目中的相关明细科目。

由于原账中收入类、支出及成本费用类科目除了“拨入专款”“拨出专款”“专款支出”“经营成本”以外的其他科目年末无余额，无需进行转账处理。

自2019年1月1日起，测绘事业单位应当按照新制度设置收入类、费用类科目并进行账务处理。

测绘事业单位存在其他本规定未列举的原账科目余额的，应当比照本规定转入新账的相应科目。新账的科目设有明细科目的，应将原账中对应科目的余额加以分析，分别转入新账中相应科目的相关明细科目。

测绘事业单位在进行新旧衔接的转账时，应当编制转账的工作分录，作为转账的工作底稿，并将转入新账的对应原科目余额及分拆原科目余额的依据作为原始凭证。

（二）将原未入账事项登记新账财务会计科目。

1. 应收股利。

测绘事业单位在新旧制度转换时，应当将2018年12月31日前未入账的应收股利（宣告派发尚未收到的股利）按照新制度规定记入新账。登记新账时，按照确定的应收股利金额，借记“应收股利”科目，贷记“累计盈余”科目。

2. 无形资产。

测绘事业单位在新旧制度转换时，应当将2018年12月31日前未入账的无形资产按照新制度规定记入新账。登记新账时，按照确定的无形资产金额，借记“无形资产”科目，按照截至2018年12月31日无形资产应当分期摊销的累计摊销金额，贷记“无形资产累计摊销”科目，按照两者的差额，贷记“累计盈余”科目。

3. 预计负债。

测绘事业单位在新旧制度转换时，应当将2018年12月31日按照新制度规定确认的预计负债记入新账。登记新账时，按照确定的预计负债金额，借记“累计盈余”科目，贷记“预计负债”科目。

测绘事业单位存在2018年12月31日前未入账的其他事项的，应当比照本规定登记新账的相应科目。

测绘事业单位对新账的财务会计科目补记未入账事项时，应当编制记账凭证，并将补充登记事项的确认依据作为原始凭证。

（三）对新账的相关财务会计科目余额按照新制度规定的会计核算基础进行调整。

1. 计提坏账准备。

新制度要求对单位收回后无需上缴财政的应收账款和其他应收款提取坏账准备。在新旧制度转换时，测绘事业单位应当按照2018年12月31日无需上缴财政的应收账款和其他应收款的余额计算应计提的坏账准备金额，借记“累计盈余”科目，贷记“坏账准备”科目。

2. 按照权益法调整长期股权投资账面余额。

对按照新制度规定应当采用权益法核算的长期股权投资，在新旧制度转换时，测绘事业单位应当在“长期股权投资”科目下设置“新旧制度转换调整”明细科目，依据被投资单位2018年12月31日财务报表的所有者权益账面余额，以及单位持有被投资单位的股权比例，计算应享有或应分担的被投资单位所有者权益的份额，按其与原已确认的长期股权投资的差额，调整长期股权投资的账面余额，借记或贷记“长期股权投资——新旧制度转换调整”科目，贷记或借记“累计盈余”科目。

3. 确认长期债券投资期末应收利息。

测绘事业单位应当按照新制度规定于2019年1月1日补记长期债券投资应收利息，按照长期债券投资的应收利息金额，借记“长期债券投资”科目［到期一次还本付息］或“应收利息”科目［分期付息、到期还本］，贷记“累计盈余”科目。

4. 补提折旧。

测绘事业单位在原账中尚未计提固定资产折旧的，应当全面核查截至2018年12月31日的固定资产的预计使用年限、已使用年限、尚可使用年限等，并于2019年1月1日对尚未计提折旧的固定资产补提折旧，按照应计提的折旧金额，借记“累计盈余”科目，贷记“固定资产累计折旧”科目。

5. 调整无形资产的累计摊销。

测绘事业单位在原账中尚未计提无形资产摊销的，应当全面核查截至2018年12月31日无形资产的预计使用年限、已使用年限、尚可使用年限等，并于2019年1月1日对前期尚未计提摊销的无形资产补提摊销，按照应计提的摊销金额，借记“累计盈余”科目，贷记“无形资产累计摊销”科目。

测绘事业单位对原账中尚未核销、分期摊销并直接冲减账面价值的无形资产，按照截至2018年12月31日累计摊销的金额，借记“无形资产”科目，贷记“无形资产累计摊销”科目；对尚未核销、已经一次全部摊销并直接冲减账面价值的无形资产，按照原入账成本，借记“无形资产”科目，按照截至2018年12月31日应计提的摊销金额，贷记“无形资产累计摊销”科目，按照两者的差额，贷记“累计盈余”科目。

6. 确认长期借款期末应付利息。

测绘事业单位应当按照新制度规定于2019年1月1日补记长期借款的应付利息金额，对其中资本化的部分，借记“在建工程”科目，对其中费用化的部分，借记“累计盈余”科目，按照全部长期借款应付利息金额，贷记“长期借款”科目［到期一次还本付息］或“应付利息”科目［分期付息、到期还本］。

测绘事业单位对新账的财务会计科目期初余额进行调整时，应当编制记账凭证，并将调整事项的确认依据作为原始凭证。

三、预算会计科目的新旧衔接

（一）“财政拨款结转”和“财政拨款结余”科目及对应的“资金结存”科目余额。

新制度设置了“财政拨款结转”“财政拨款结余”科目及对应的“资金结存”科目。在新旧制度转换时，应当对原账的“财政补助结存”科目余额进行逐项分析，按照其中属于结转资金的金额，加上各项结转转入的支出中已经计入支出尚未支付财政资金（如发生时列支的应付账款）的金额，减去已经支付财政资金尚未计入支出（如购买的库存材料、测绘项目成本中支付的款项、预付账款等）的金额，按照增减后的金额，登记新账的“财政拨款结转”科目及其明细科目贷方；按照原账的“财政补助结存”科目余额中属于结余资金的金额，登记新账的“财政拨款结余”科目及其明细科目贷方。

按照原账“财政应返还额度”科目余额登记新账“资金结存——财政应返还额度”科目的借方；按照新账的“财政拨款结转”和“财政拨款结余”科目贷方余额合计数，减去新账的“资金结存——财政应返还额度”科目借方余额后的差额，登记新账的“资金结存——货币资金”科目借方。

（二）“非财政拨款结转”科目及对应的“资金结存”科目余额。

新制度设置了“非财政拨款结转”科目及对应的“资金结存”科目。在新旧制度转换时，设置了“非财政补助结转”“专款结存”科目的测绘事业单位，应当对原账的“非财政补助结转”“专款结存”科目余额进行逐项分析，加上各项结转转入的支出中已经计入支出尚未支付非财政补助专项资金（如发生时列支的应付账款）的金额，减去已经支付非财政补助专项资金尚未计入支出（如购买的库存材料、测绘项目成本和经营产品中支付的款项、预付账款等）的金额，加上各项结转转入的收入中已经收到非财政补助专项资金尚未计入收入（如预收账款）的金额，减去已经计入收入尚未收到非财政补助专项资金（如应收账款）的金额，按照增减后的金额，登记新账的“非财政拨款结转”科目及其明细科目贷方；同时，按照相同的金额登记新账的“资金结存——货币资金”科目借方。

未设置“专款结存”科目的测绘事业单位，原账的“拨入专款”“专款支出”科目有余额的，还应当按照原账“拨入专款”科目余额中拨给本单位的部分减去“专款支出”科目余额后的差额，加上专款支出中已经计入支出尚未支付专款资金（如发生时列支的应付账款）的金额，减去已经支付专款资金尚未计入专款支出（如购买的库存材料、测绘项目成本和经营产品中支付的款项、预付账款、其他应收款中的预付款项等）的金额，按照增减后的金额，借记新账的“资金结存——货币资金”科目，贷记新账的“非财政拨款结转”科目。

（三）“非财政拨款结余”科目及对应的“资金结存”科目余额。

1. 登记“非财政拨款结余”科目余额。

新制度设置了“非财政拨款结余”科目及对应的“资金结存”科目。在新旧制度转换时，应当按照原账的“事业基金”科目余额，借记新账的“资金结存——货币资金”科目，贷记新账的“非财政拨款结余”科目。

2. 对新账“非财政拨款结余”科目及“资金结存”科目余额进行调整。

（1）调整应收票据、应收账款对非财政拨款结余的影响。

对原账的“应收票据”“应收账款”科目余额进行分析，区分其中发生时计入收入的金额和没有计入收入的金额。对发生时计入收入的金额，再区分计入专项资金收入的金额和计入非专项资金收入的金额，按照计入非专项资金收入的金额，借记“非财政拨款结余”科目，贷记“资金结存——货币资金”科目。

（2）调整预付账款对非财政拨款结余的影响。

对原账的“预付账款”科目余额进行分析，区分其中由财政补助资金预付的金额、非财政补助专项资金预付的金额和非财政补助非专项资金预付的金额，按照非财政补助非专项资金预付的金额，借记“非财政拨款结余”科目，贷记“资金结存——货币资金”科目。

（3）调整其他应收款对非财政拨款结余的影响。

按照新制度规定将原账其他应收款中的预付款项计入支出的，应当对原账的“其他应收款”科目余额进行分析，区分其中预付款项的金额（将来很可能列支）和非预付款项的金额，并对预付款项的金额划分为财政补助资金预付的金额、非财政补助专项资金预付的金额和非财政补助非专项资金预付的金额，按照非财政补助非专项资金预付的金额，借记“非财政拨款结余”科目，贷记“资金结存——货币资金”科目。

（4）调整库存材料、已完测绘项目、经营产品对非财政拨款结余的影响。

对原账的“库存材料”“已完测绘项目”“经营产品”科目余额进行分析，区分已经支付资金的金额和未支付资金的金额。对已经支付资金的金额，划分出其中财政补助资金支付的金额、非财政补助专项资金支付的金额和非财政补助非专项资金支付的金额，按照非财政补助非专项资金支付的金额，借记“非财政拨款结余”科目，贷记“资金结存——货币资金”科目。

（5）调整对外投资对非财政拨款结余的影响。

对原账的“对外投资”科目余额进行分析，区分其中支付货币资金取得的金额和其他方式取得的金额，按照支付货币资金取得的金额，借记“非财政拨款结余”科目，贷记“资金结存——货币资金”科目。

（6）调整借入款项对非财政拨款结余的影响。

按照原账的“借入款项”科目余额，借记“资金结存——货币资金”科目，贷记“非财政拨款结余”科目。

（7）调整应付票据、应付账款对非财政拨款结余的影响。

对原账的“应付票据”“应付账款”科目余额进行分析，区分其中发生时计入支出的金额和未计入支出的金额。将计入支出的金额划分出财政补助应付的金额、非财政补助专项资金应付的金额和非财政补助非专项资金应付的金额，按照非财政补助非专项资金应付的金额，借记“资金结存——货币资金”科目，贷记“非财政拨款结余”科目。

(8) 调整预收账款对非财政拨款结余的影响。

按照原账的“预收账款”科目余额中预收非财政非专项资金的金额，借记“资金结存——货币资金”科目，贷记“非财政拨款结余”科目。

(9) 调整经营成本对非财政拨款结余的影响。

对原账的“经营成本”科目余额进行分析，区分其中已支付资金的金额和未支付资金的金额。按照已支付资金的金额，借记“非财政拨款结余”科目，贷记“资金结存——货币资金”科目。

(10) 调整专用基金对非财政拨款结余的影响。

对原账的“专用基金”科目余额进行分析，划分出按照预算收入比例列支提取的专用基金，按照列支提取的专用基金的金额，借记“资金结存——货币资金”科目，贷记“非财政拨款结余”科目。

3. 测绘事业单位按照前述1、2两个步骤难以准确调整出“非财政拨款结余”科目及对应的“资金结存”科目余额的，在新旧制度转换时，可以在新账的“库存现金”“银行存款”“其他货币资金”“财政应返还额度”科目借方余额合计数基础上，对不纳入单位预算管理的资金进行调整（如减去新账中货币资金形式的受托代理资产、应缴财政款、已收取将来需要退回资金的其他应付款等，加上已支付将来需要收回资金的其他应收款等），按照调整后的金额减去新账的“财政拨款结转”“财政拨款结余”“非财政拨款结转”“专用结余”科目贷方余额合计数，加上“经营结余”科目借方余额后的金额，登记新账的“非财政拨款结余”科目贷方；同时，按照相同的金额登记新账的“资金结存——货币资金”科目借方。

（四）“专用结余”科目及对应的“资金结存”科目余额。

新制度设置了“专用结余”科目及对应的“资金结存”科目。在新旧制度转换时，测绘事业单位应当按照原账“专用基金”科目余额中通过非财政补助结余分配形成的金额，借记新账的“资金结存——货币资金”科目，贷记新账的“专用结余”科目。

（五）“经营结余”科目。

新制度设置了“经营结余”科目及对应的“资金结存”科目。如果原账的“经营结余”科目期末有借方余额，在新旧制度转换时，应当按照原账的“经营结余”科目余额，借记新账的“经营结余”科目，贷记新账的“资金结存——货币资金”科目。

（六）“其他结余”“非财政拨款结余分配”科目。

新制度设置了“其他结余”和“非财政拨款结余分配”科目。由于这两个科目年初无余额，在新旧制度转换时，无需对“其他结余”和“非财政拨款结余分配”科目进行新账年初余额登记。

（七）预算收入类、预算支出类会计科目。

由于预算收入类、预算支出类会计科目年初无余额，在新旧制度转换时，无需对预算收入类、预算支出类会计科目进行新账年初余额登记。

测绘事业单位自2019年1月1日起，应当按照新制度设置预算收入类、预算支出类科目并进行账务处理。

测绘事业单位存在2018年12月31日需要按照新制度预算会计核算基础调整预算会计科目期初余额的其他事项的，应当比照本规定调整新账的相应预算会计科目期初余额。

测绘事业单位对预算会计科目的期初余额登记和调整，应当编制记账凭证，并将期初余额登记和调整的依据制作原始凭证。

四、财务报表和预算会计报表的新旧衔接

（一）编制2019年1月1日资产负债表。

测绘事业单位应当根据2019年1月1日新账的财务会计科目余额，按照新制度编制2019年1月1日资产负债表（仅要求填列各项目“年初余额”）。

（二）2019年度财务报表和预算会计报表的编制。

测绘事业单位应当按照新制度规定编制2019年财务报表和预算会计报表。在编制2019年度收入费用表、净资产变动表、现金流量表和预算收入支出表、预算结转结余变动表时，不要求填列上年比较数。

测绘事业单位应当根据2019年1月1日新账财务会计科目余额，填列2019年净资产变动表各项目的“上年年末余额”；根据2019年1月1日新账预算会计科目余额，填列2019年预算结转结余变动表的“年初预算结转结余”项目和财政拨款预算收入支出表的“年初财政拨款结转结余”项目。

五、其他事项

截至2018年12月31日尚未进行基建“并账”的测绘事业单位，应当首

先参照《新旧事业单位会计制度有关衔接问题的处理规定》（财会〔2013〕2号），将基建账套相关数据并入2018年12月31日原账中的相关科目余额，再按照本规定将2018年12月31日原账相关会计科目余额转入新账相应科目。

附表1：

测绘事业单位原会计科目余额明细表一

总账科目	明细分类	金额	备注
现金	库存现金		
	其中：受托代理现金		
银行存款	银行存款		
	其中：受托代理银行存款		
	其他货币资金		
其他应收款	在途物品		已经付款或已开出商业汇票，尚未收到物资
	其他		
对外投资	短期投资		
	长期股权投资		
	长期债券投资		
固定资产	固定资产		
	无形资产		
在建工程	在建工程		
	工程物资		
	预付工程款、预付备料款		
借入款项	短期借款		
	长期借款		
应交税金	应交增值税		
	其他应交税费		
其他应付款	其他应交税费		
	长期应付款		
	受托代理负债		
	其他		

续表

总账科目	明细分类	金额	备注
预提费用	应付利息		
	其他		
拨入专款	拨给本单位专款		
	拨给下属单位专款		
拨出专款	使用拨入专款资金		
	使用本单位自有资金		

附表2：

测绘事业单位原会计科目余额明细表二

总账科目	明细分类	金额	备注
应收票据、应收账款	发生时不计入收入		如转让资产的应收票据、应收账款
	发生时计入收入		
	其中：专项收入		
	其他		
预付账款	财政补助资金预付		
	非财政补助专项资金预付		
	非财政补助非专项资金预付		
其他应收款	预付款项		如职工预借的差旅费等
	其中：财政补助资金预付		
	非财政补助专项资金预付		
	非财政补助非专项资金预付		
	需要收回及其他		如支付的押金、应收为职工垫付的款项等
库存材料、已完测绘项目、经营产品	已支付资金		
	其中：使用财政补助资金		
	使用非财政补助专项资金		
	使用非财政补助非专项资金		
	未支付资金		如无偿调入的库存物资等

续表

总账科目	明细分类	金额	备注
对外投资	用现金资产取得		
	用非现金资产或其他方式取得		
应付票据、应付账款	发生时不计入支出		
	发生时计入支出		
	其中：财政补助资金应付		
	非财政补助专项资金应付		
	非财政补助非专项资金应付		
预收账款	预收专项资金		
	预收非专项资金		
经营成本	已支付资金		
	未支付资金		

附表3：

测绘事业单位新旧会计制度转账、登记新账科目对照表

序号	新制度科目		原制度科目	
	编号	名称	编号	名称
一、资产类				
1	1001	库存现金	101	现金
2	1002	银行存款	102	银行存款
3	1021	其他货币资金		
4	1211	应收票据	105	应收票据
5	1212	应收账款	106	应收账款
6	1214	预付账款	108	预付账款
7	1218	其他应收款	109	备用金
8	1218	其他应收款	110	其他应收款
9	1301	在途物品		
10	1302	库存物品	115	库存材料
11			116	已完测绘项目
12			117	经营产品

续表

序号	新制度科目		原制度科目	
	编号	名称	编号	名称
一、资产类				
13	1401	待摊费用	118	待摊费用
14	1101	短期投资	119	对外投资
15	1501	长期股权投资		
16	1502	长期债券投资		
17	1601	固定资产	120	固定资产
18	1701	无形资产		
19	1611	工程物资		在建工程
20	1613	在建工程		
21	1214	预付账款		
22	1701	无形资产	124	无形资产
23	1201	财政应返还额度	125	财政应返还额度
24	1902	待处理财产损溢	130	待处理财产损溢
二、负债类				
25	2001	短期借款	201	借入款项
26	2501	长期借款		
27	2301	应付票据	202	应付票据
28	2302	应付账款	203	应付账款
29	2305	预收账款	204	预收账款
30	2201	应付职工薪酬	205	应付工资（离退休费）
31			206	应付社会保障金
32			212	应付地方（部门）津贴补贴
33			213	应付其他个人收入
34	2103	应缴财政款	208	应缴预算款
35			209	应缴财政专户款
36	2101	应交增值税	210	应交税金
37	2102	其他应交税费		

续表

序号	新制度科目		原制度科目	
	编号	名称	编号	名称
二、负债类				
38	2307	其他应付款	211	其他应付款
39	2102	其他应交税费		
40	2502	长期应付款		
41	2901	受托代理负债		
42	2304	应付利息	231	预提费用
43	2401	预提费用		
44	2502	长期应付款	261	长期应付款
三、净资产类				
45	3001	累计盈余	301	事业基金
46			302	固定基金
47	3101	专用基金	303	专用基金
48	3001	累计盈余	304	财政补助结存
49			305	非财政补助结转
50				专款结存
51	3001	累计盈余（借方）	307	经营结余（借方）
四、收入类				
52	3001	累计盈余	404	拨入专款
53	2307	其他应付款		
五、支出及成本费用类				
54	2307	其他应付款（借方）	502	拨出专款
55	3001	累计盈余（借方）		
56	3001	累计盈余（借方）	503	专款支出
57	1303	加工物品	535	经营成本

关于地质勘查事业单位执行《政府会计制度——行政事业单位会计科目和报表》的衔接规定

财会〔2018〕17 号　2018 年 7 月 22 日

我部于 2017 年 10 月 24 日印发了《政府会计制度——行政事业单位会计科目和报表》（财会〔2017〕25 号，以下简称新制度）。目前执行《地质勘查单位会计制度》（财会字〔1996〕15 号）和财政部有关事业单位会计核算的补充规定（以下简称原制度）的地质勘查事业单位（以下简称地勘单位），自 2019 年 1 月 1 日起执行新制度，不再执行原制度。为了确保新旧会计制度顺利过渡，现对地勘单位执行新制度的有关衔接问题规定如下：

一、新旧制度衔接总要求

（一）自 2019 年 1 月 1 日起，地勘单位应当严格按照新制度的规定进行会计核算、编制财务报表和预算会计报表。

（二）地勘单位应当按照本规定做好新旧制度衔接的相关工作，主要包括以下几个方面：

1. 根据原账编制 2018 年 12 月 31 日的科目余额表，并按照本规定要求，编制原账的部分科目余额明细表（参见附表 1、附表 2）。

2. 按照新制度设立 2019 年 1 月 1 日的新账。

3. 按照本规定要求，登记新账的财务会计科目余额和预算结余科目余额，包括将原账科目余额转入新账财务会计科目、按照原账科目余额登记新账预算结余科目（地勘单位新旧会计制度转账、登记新账科目对照表参见附表 3），将未入账事项登记新账科目，并对相关新账科目余额进行调整。原账科目是指按照原制度规定设置的会计科目。

4. 按照登记及调整后新账的各会计科目余额，编制2019年1月1日的科目余额表，作为新账各会计科目的期初余额。

5. 根据新账各会计科目期初余额，按照新制度编制2019年1月1日资产负债表。

（三）及时调整会计信息系统。地勘单位应当按照新制度要求对原有会计信息系统进行及时更新和调试，实现数据正确转换，确保新旧账套的有序衔接。

二、财务会计科目的新旧衔接

（一）将2018年12月31日原账会计科目余额转入新账财务会计科目。

1. 资产类。

（1）“现金”科目。

新制度设置了“库存现金”科目，该科目的核算内容与原账“现金”科目的核算内容基本相同。转账时，地勘单位应当将原账的“现金”科目余额转入新账的“库存现金”科目。其中，还应当将原账的“现金”科目余额中属于新制度规定受托代理资产的金额，转入新账“库存现金”科目下的“受托代理资产”明细科目。

（2）“银行存款”“其他货币资金”“财政应返还额度”“短期投资”“应收票据”“应收账款”“坏账准备”“预付账款”“待摊费用”“固定资产”“无形资产”“待处理财产损溢”科目。

新制度设置了“银行存款”“其他货币资金”“财政应返还额度”“短期投资”“应收票据”“应收账款”“坏账准备”“预付账款”“待摊费用”“固定资产”“无形资产”“待处理财产损溢”科目，其核算内容与原账的上述相应科目的核算内容基本相同。转账时，地勘单位应当将原账的上述科目余额直接转入新账的相应科目。其中，还应当将原账的“银行存款”科目余额中属于新制度规定受托代理资产的金额，转入新账“银行存款”科目下的“受托代理资产”明细科目。

（3）“备用金”科目。

新制度设置了“其他应收款”科目，该科目的核算内容包含了原账“备用金”科目的核算内容。转账时，应当将原账的“备用金”科目余额转入新账的“其他应收款”科目。

（4）“其他应收款”科目。

新制度设置了“其他应收款”科目，该科目的核算内容与原账“其他应收款”科目的核算内容基本相同。转账时，地勘单位应当将原账的“其他应收款”科目余额转入新账的“其他应收款”科目。

在原账的“其他应收款”科目中核算了属于新制度规定的应收股利和应收利息的地勘单位，应当将原账的“其他应收款”科目余额中属于应收股利、应收利息的金额，分别转入新账的“应收股利”“应收利息”科目。

（5）“器材采购”科目。

新制度设置了“在途物品”科目，该科目的核算内容与原账“器材采购”科目的核算内容基本相同。转账时，地勘单位应当将原账的“器材采购”科目余额转入新账的“在途物品”科目。

（6）“材料”“管材”“管材摊销”“器材成本差异”“产成品”“地质成果”科目。

新制度设置了“库存物品”科目，该科目的核算内容包含了原账“材料”“管材”“管材摊销”“器材成本差异”“产成品”“地质成果”科目的核算内容。转账时，地勘单位应当将原账的“材料”“管材”“管材摊销”“器材成本差异”“产成品”“地质成果”科目余额转入新账“库存物品”科目中的相关明细科目。地勘单位可以根据实际情况自行设置明细科目。

（7）“委托加工器材”科目。

新制度设置了“加工物品”科目，该科目的核算内容包含了原账“委托加工器材”科目的核算内容。转账时，地勘单位应当将原账的“委托加工器材”科目余额转入新账的“加工物品”科目。

（8）“长期投资”科目。

新制度设置了“长期股权投资”和“长期债券投资”科目，原制度设置了“长期投资”科目。转账时，地勘单位应当将原账的“长期投资”科目余额中属于股权投资的金额，转入新账的“长期股权投资”科目及其明细科目；将原账的“长期投资”科目余额中属于债券投资的金额，转入新账的“长期债券投资”科目及其明细科目，并将其中分期付息、到期还本的长期债券投资的应收利息金额，转入新账的“应收利息”科目。

（9）“拨付所属资金”科目。

新制度未设置“拨付所属资金”科目。如果所属单位为企业，转账时应当将原账的“拨付所属资金”科目相应余额转入新账的“长期股权投资”科目［成本法］或“长期股权投资——成本”科目［权益法］；如果所属单位为事业单位，转账时应当将原账的“拨付所属资金”科目的相应余额转入新账的“累计盈余”科目借方。地勘单位对本单位内部独立核算单位使用“拨付所属资金”科目的，该科目余额与内部独立核算单位的“上级拨入资金”科目余额冲销后，年末无余额。

(10)“累计折旧”科目。

新制度设置了“固定资产累计折旧”科目，该科目的核算内容与原账“累计折旧”科目的核算内容基本相同。转账时，地勘单位应当将原账的“累计折旧”科目余额转入新账的“固定资产累计折旧”科目。

(11)“固定资产清理”科目。

新制度设置了“待处理财产损溢”科目，该科目的核算内容包含了原账“固定资产清理”科目的核算内容。转账时，地勘单位应当将原账的“固定资产清理”科目余额转入新账的“待处理财产损溢”科目。

(12)“在建工程”科目。

新制度设置了“在建工程”“工程物资”科目，原制度设置了“在建工程”科目。转账时，地勘单位应当将原账的“在建工程”科目余额中属于工程物资的金额，转入新账的“工程物资”科目；将原账的“在建工程”科目余额减去属于工程物资的金额后的差额，转入新账的“在建工程”科目。

(13)“累计摊销”科目。

新制度设置了“无形资产累计摊销”科目，该科目的核算内容与原账“累计摊销”科目的核算内容基本相同。设置了“累计摊销”科目的地勘单位，转账时，应当将原账的“累计摊销”科目余额，转入新账的“无形资产累计摊销”科目。

(14)“递延资产”科目。

新制度设置了“长期待摊费用”科目，该科目的核算内容与原账“递延资产”科目的核算内容基本相同。转账时，地勘单位应当将原账的“递延资产”科目余额，转入新账的“长期待摊费用”科目。

(15)“零余额账户用款额度”科目。

由于原账的“零余额账户用款额度”科目年末无余额，无需进行转账处理。

(16)“内部往来”科目。

原账的“内部往来”科目属于单位内部核算科目，核算本单位内部各单位之间的往来款项，不在本单位的会计报表中反映。新旧衔接时不对原账的“内部往来”科目余额进行处理。

（17）“限额存款”科目。

由于原账的“限额存款”科目已经不再使用，无需进行转账处理。

2. 负债类。

（1）“短期借款”“应付票据”“应付账款”“预收账款”“长期应付款”科目。

新制度设置了“短期借款”“应付票据”“应付账款”“预收账款”“长期应付款”科目，这些科目的核算内容与原账的上述相应科目的核算内容基本相同。转账时，地勘单位应当将原账的上述科目余额直接转入新账的相应科目。

（2）“其他应付款”科目。

新制度设置了“其他应付款”科目，该科目的核算内容包含了原账“其他应付款”科目的核算内容。转账时，地勘单位应当将原账的“其他应付款”科目余额，转入新账的“其他应付款”科目。其中，地勘单位在原账的“其他应付款”科目中核算属于新制度规定的受托代理负债的，应当将原账的“其他应付款”科目余额中属于受托代理负债的金额，转入新账的“受托代理负债”科目。

（3）“应付工资”科目。

新制度设置了“应付职工薪酬”科目，原制度设置了“应付工资”科目。转账时，地勘单位应当将原账的“应付工资”科目余额中属于节余与收益分配转入的奖金金额，转入新账的“专用基金”科目，将原账的“应付工资”科目余额减去分配转入奖金后的差额，转入新账“应付职工薪酬”科目及其明细科目。

设置“应付工资（离退休费）”“应付地方（部门）津贴补贴”“应付其他个人收入”科目核算发放职工工资等的地勘单位，参照上述“应付工资”科目余额的转账处理，进行“应付工资（离退休费）”“应付地方（部门）津贴补贴”“应付其他个人收入”科目余额的转账。

（4）“应付福利费”科目。

新制度未设置“应付福利费”科目。转账时，地勘单位应当对原账的“应付福利费”科目余额进行分析，将其中属于职工福利基金的金额转入新账的“专用基金——职工福利基金”科目，将其他余额转入新账的“累计盈余”科目。

（5）“应交税金”科目。

新制度设置了“应交增值税”和“其他应交税费”科目，原制度设置了“应交税金”科目。转账时，地勘单位应当将原账的“应交税金”科目余额中属于应交增值税的金额，转入新账的“应交增值税”科目；将原账的“应交税金”科目余额减去属于应交增值税金额后的差额，转入新账的“其他应交税费”科目。

（6）“其他应交款”科目。

新制度未设置“其他应交款”科目。转账时，地勘单位应当将原账的“其他应交款”科目余额中属于应缴财政款的金额，转入新账的“应缴财政款”科目；将属于其他应交税费（如应交的教育费附加）的金额，转入新账的“其他应交税费”科目；将原账的“其他应交款”科目的其余余额，转入新账的“其他应付款”科目。

（7）“应缴国库款”和“应缴财政专户存款”科目。

新制度设置了“应缴财政款”科目，原制度设置了“应缴国库款”和“应缴财政专户存款”科目。设置了“应缴国库款”和“应缴财政专户存款”科目的地勘单位，转账时，应当将原账的“应缴国库款”和“应缴财政专户存款”科目余额，转入新账的“应缴财政款”科目。

（8）“预提费用”科目。

新制度设置了“预提费用”科目。转账时，地勘单位应当将原账的“预提费用”科目余额中属于预提短期借款应付未付利息的金额，转入新账的“应付利息”科目；将原账的“预提费用”科目余额减去属于预提短期借款利息金额后的差额，转入新账的“预提费用”科目。

（9）“长期借款”科目。

新制度设置了“长期借款”科目，该科目的核算内容与原账“长期借款”科目的核算内容基本相同。转账时，地勘单位应当将原账的“长期借款”科目余额，转入新账的“长期借款”科目。其中，在原账的“长期借款”科目中核算了分期付息、到期还本的长期借款应付利息的，应当将原账的“长期借款”科目余额中属于分期付息、到期还本的长期借款应付利息金额，转入新账的“应付利息”科目。

（10）“专项应付款”科目。

新制度未设置“专项应付款”科目。转账时，地勘单位应当将原账的“专项应付款”科目余额转入新账的“累计盈余”科目。

（11）“住房周转金”科目。

新制度未设置“住房周转金”科目。转账时，如果房产已经全部处理完毕，不需要和房管部门进行资金清算的，应当将原账的“住房周转金”科目余额转入新账的“累计盈余”科目；如果房产还未处理完毕，需要和房管部门进行资金清算的，应当将原账的“住房周转金”科目余额转入新账的“长期应付款”科目。地勘单位在原账的“住房周转金”科目中核算了职工集资建房资金的，应当将原账的“住房周转金”科目余额中属于职工集资建房资金的金额，转入新账的“长期应付款”科目。

3. 净资产类。

（1）“国家基金”科目。

新制度设置了“累计盈余”科目，该科目的核算内容包含了原账“国家基金”科目的核算内容。转账时，地勘单位应当将原账的“国家基金”科目余额转入新账的“累计盈余”科目。

（2）“上级拨入资金”科目。

新制度设置了“累计盈余”科目，地勘单位将上级单位拨付的资金、实物资产等计入原账的“上级拨入资金”科目的，转账时，应当将原账的“上级拨入资金”科目余额转入新账的“累计盈余”科目。

地勘单位的内部独立核算单位使用“上级拨入资金”科目的，该科目余额与地勘单位的“拨付所属资金”科目余额冲销后，年末无余额。

（3）“地勘发展基金”科目。

新制度设置了“累计盈余”科目，该科目的核算内容包含了原账“地勘发展基金”科目的核算内容。转账时，地勘单位应当将原账的“地勘发展基金”科目余额转入新账的“累计盈余”科目。

（4）“公益金”科目。

新制度设置了“专用基金”科目，该科目的核算内容包含了原账“公益金”科目的核算内容。转账时，地勘单位应当将原账的“公益金”科目余额转入新账的“专用基金——职工福利基金”科目。

（5）“节余与收益分配”科目。

新制度设置了“本年盈余分配”科目，该科目的核算内容与原账“节余与收益分配”科目的核算内容基本相同。新制度规定“本年盈余分配”科目余额最终转入“累计盈余”科目，如果原账的“节余与收益分配”科目有借方余额，转账时，地勘单位应当将原账的“节余与收益分配”科目借方余额，转入新账的“累计盈余”科目借方。

(6)“节余”“收益”科目。

由于原账的“节余”“收益”科目年末无余额，这两个科目无需进行转账处理。

4. 地勘拨款与支出类。

(1)“地勘工作拨款”“已完地质项目支出”“其他经费支出”科目。

转账时，地勘单位应当将原账的“地勘工作拨款”“已完地质项目支出”“其他经费支出”科目余额，转入新账的“累计盈余”科目。

(2)“未完地质项目支出”科目。

转账时，地勘单位应当将原账的“未完地质项目支出”科目余额，转入新账的“加工物品”科目。

5. 成本类。

(1)“地勘生产”“辅助生产”“多种经营生产”科目。

转账时，地勘单位应当将原账的“地勘生产”“辅助生产”“多种经营生产”科目余额，转入新账的“加工物品”科目。

(2)“间接费用”科目。

由于原账的“间接费用”科目年末无余额，无需进行转账处理。

6. 损益类。

由于原账中损益类科目年末无余额，无需进行转账处理。自2019年1月1日起，地勘单位应当按照新制度设置收入类、费用类科目并进行账务处理。

地勘单位存在其他本规定未列举的原账科目余额的，应当比照本规定转入新账的相应科目。新账的科目设有明细科目的，应将原账中对应科目的余额加以分析，分别转入新账中相应科目的相关明细科目。

地勘单位在进行新旧衔接的转账时，应当编制转账的工作分录，作为转账的工作底稿，并将转入新账的对应原科目余额及分拆原科目余额的依据作为原始凭证。

(二)将原未入账事项登记新账财务会计科目。

1. 应收股利。

地勘单位在新旧制度转换时，应当将2018年12月31日前未入账的应收股利（宣告派发尚未收到的股利）按照新制度规定记入新账。登记新账时，按照确定的应收股利金额，借记“应收股利”科目，贷记“累计盈余”科目。

2. 预计负债。

地勘单位在新旧制度转换时，应当将 2018 年 12 月 31 日按照新制度规定确认的预计负债记入新账。登记新账时，按照确定的预计负债金额，借记"累计盈余"科目，贷记"预计负债"科目。

地勘单位存在 2018 年 12 月 31 日前未入账的其他事项的，应当比照本规定登记新账的相应科目。

地勘单位对新账的财务会计科目补记未入账事项时，应当编制记账凭证，并将补充登记事项的确认依据作为原始凭证。

（三）对新账的相关财务会计科目余额按照新制度规定的会计核算基础进行调整。

1. 按照权益法调整长期股权投资账面余额。

对按照新制度规定应当采用权益法核算的长期股权投资，在新旧制度转换时，单位应当在"长期股权投资"科目下设置"新旧制度转换调整"明细科目，依据被投资单位 2018 年 12 月 31 日财务报表的所有者权益账面余额，以及单位持有被投资单位的股权比例，计算应享有或应分担的被投资单位所有者权益的份额，调整长期股权投资的账面余额，借记或贷记"长期股权投资——新旧制度转换调整"科目，贷记或借记"累计盈余"科目。

2. 调整无形资产累计摊销。

原账中未设置"累计摊销"科目的地勘单位，对尚未核销、已经分期摊销并直接冲减账面价值的无形资产，按照截至 2018 年 12 月 31 日无形资产累计摊销的金额，借记"无形资产"科目，贷记"无形资产累计摊销"科目。

地勘单位对新账的财务会计科目期初余额进行调整时，应当编制记账凭证，并将调整事项的确认依据作为原始凭证。

三、预算会计科目的新旧衔接

（一）"财政拨款结转""财政拨款结余"科目及对应的"资金结存"科目余额。

新制度设置了"财政拨款结转""财政拨款结余"科目及对应的"资金结存"科目。在新旧制度转换时，地勘单位应当对原账的"地勘工作拨款""已完地质项目支出""未完地质项目支出"等科目余额进行逐项分析，计算出属于本级政府财政拨款结转资金的金额，并对本级政府财政拨款结转金额进行收付实现制调整［加上支出中已经计入支出尚未支付财政资金（如发生时列支的应付账款）的金额，减去已经支付财政资金尚未计入支出（如预付账款、固定资产和无形资产的净值等）的金额］。按照分析、计算、调整后的金额，登记新账的“财政拨款结转”科目及其明细科目贷方。

地勘单位应当对原账的“地勘工作拨款”“已完地质项目支出”“未完地质项目支出”等科目余额进行逐项分析，计算出属于本级政府财政拨款结余资金的金额，登记新账的“财政拨款结余”科目及其明细科目贷方。

按照原账的“财政应返还额度”科目余额登记新账的“资金结存——财政应返还额度”科目借方；按照新账的“财政拨款结转”和“财政拨款结余”科目贷方余额合计数，减去新账的“资金结存——财政应返还额度”科目借方余额后的差额，登记新账的“资金结存——货币资金”科目借方。

（二）“非财政拨款结转”科目及对应的“资金结存”科目余额。

新制度设置了“非财政拨款结转”科目及对应的“资金结存”科目。在新旧制度转换时，地勘单位应当对原账的“地勘工作拨款”“已完地质项目支出”“未完地质项目支出”“其他经费支出”“专项应付款”等科目余额进行分析，计算出属于非财政拨款专项资金的金额，并进行收付实现制调整［加上支出中已经计入支出尚未支付非财政拨款专项资金（如发生时列支的应付账款）的金额，减去已经支付非财政拨款专项资金尚未计入支出（如预付账款、固定资产和无形资产的净值等）的金额，加上收入中已经收到非财政拨款专项资金尚未计入收入（如预收账款）的金额，减去已经计入收入尚未收到非财政拨款专项资金（如应收账款）的金额］。按照分析、计算、调整后的金额，登记新账的“非财政拨款结转”科目及其明细科目贷方；同时，按照相同的金额登记新账的“资金结存——货币资金”科目借方。

（三）“专用结余”科目及对应的“资金结存”科目余额。

新制度设置了“专用结余”科目及对应的“资金结存”科目。在新旧制度转换时，地勘单位应当按照原账“公益金”科目余额，加上原账的“应付工资”科目余额中分配转入的奖金的金额，借记新账的“资金结存——货币资金”科目，贷记新账的“专用结余”科目。

（四）“经营结余”科目及对应的“资金结存”科目余额。

新制度设置了“经营结余”科目及对应的“资金结存”科目。如果原账的“节余与收益分配”科目有借方余额，在新旧制度转换时，地勘单位应当按照原账的“节余与收益分配”科目借方余额中属于新制度规定的经营结余的金额，借记新账的“经营结余”科目，贷记新账的“资金结存——货币资金”科目。

（五）“非财政拨款结余”科目及对应的“资金结存”科目余额。

新制度设置了“非财政拨款结余”科目及对应的“资金结存”科目。在新旧制度转换时，地勘单位应当在新账的“库存现金”“银行存款”“其他货币资金”“财政应返还额度”科目借方余额合计数基础上，对不纳入单位预算管理的资金进行调整（如减去新账中货币资金形式的受托代理资产、应缴财政款、已收取将来需要退回资金的其他应付款等，加上已支付将来需要收回资金的其他应收款等），按照调整后的金额减去新账的“财政拨款结转”“财政拨款结余”“非财政拨款结转”“专用结余”科目贷方余额合计数，加上“经营结余”科目借方余额后的金额，登记新账的“非财政拨款结余”科目贷方；同时，按照相同的金额登记新账的“资金结存——货币资金”科目借方。

（六）“其他结余”和“非财政拨款结余分配”科目。

新制度设置了“其他结余”和“非财政拨款结余分配”科目。由于这两个科目年初无余额，在新旧制度转换时，地勘单位无需对“其他结余”和“非财政拨款结余分配”科目进行新账年初余额登记。

（七）预算收入类、预算支出类会计科目。

由于预算收入类、预算支出类会计科目年初无余额，在新旧制度转换时，无需对预算收入类、预算支出类会计科目进行新账年初余额登记。

地勘单位应当自2019年1月1日起，按照新制度设置预算收入类、预算支出类科目并进行账务处理。

地勘单位存在2018年12月31日需要按照新制度预算会计核算基础调整预算会计科目期初余额的其他事项的，应当比照本规定调整新账的相应预算会计科目期初余额。

地勘单位对预算会计科目的期初余额登记和调整，应当编制记账凭证，并将期初余额登记和调整的依据作为原始凭证。

四、财务报表和预算会计报表新旧衔接

（一）编制2019年1月1日资产负债表。

地勘单位应当根据2019年1月1日新账的财务会计科目余额，按照新制度编制2019年1月1日资产负债表（仅要求填列各项目“年初余额”）。

（二）2019 年度财务报表和预算会计报表的编制。

地勘单位应当按照新制度规定编制 2019 年财务报表和预算会计报表。在编制 2019 年度收入费用表、净资产变动表、现金流量表和预算收入支出表、预算结转结余变动表时，不要求填列上年比较数。

地勘单位应当根据 2019 年 1 月 1 日新账财务会计科目余额，填列 2019 年净资产变动表各项目的“上年年末余额”；根据 2019 年 1 月 1 日新账预算会计科目余额，填列 2019 年预算结转结余变动表的“年初预算结转结余”项目和财政拨款预算收入支出表的“年初财政拨款结转结余”项目。

五、其他事项

截至 2018 年 12 月 31 日尚未进行基建“并账”的地勘单位，应当首先参照《新旧事业单位会计制度有关衔接问题的处理规定》（财会〔2013〕2 号），将基建账套相关数据并入 2018 年 12 月 31 日原账中的相关科目余额，再按照本规定将 2018 年 12 月 31 日原账相关会计科目余额转入新账相应科目。

附表 1：

地勘单位原会计科目余额明细表一

总账科目	明细分类	金额	备注
现金	库存现金		
	其中：受托代理现金		
银行存款	银行存款		
	其中：受托代理银行存款		
其他应收款	应收股利		
	应收利息		
	其他		
长期投资	长期股权投资		
	长期债券投资		
	分期付息的债券投资应收利息		
拨付所属资金	拨付所属事业单位		
	拨付所属企业		

续表

总账科目	明细分类	金额	备注
在建工程	在建工程		
	工程物资		
应付工资	节余和收益分配转入的奖金		
	其他		
应付福利费	属于职工福利基金		
	其他		
应交税金	应交增值税		
	其他应交税金		
其他应付款	受托代理负债		代管款项等
	其他		
其他应交款	应缴财政款		
	其他应交税费		
	其他		
预提费用	预提应付利息		
	其他		
长期借款	分期付息的应付利息		
	其他		
住房周转金	应付款项		
	其他		

附表2：

地勘单位原会计科目余额明细表二

总账科目	明细分类	金额	备注
应收票据、应收账款	发生时不计入收入		如转让资产的应收票据、应收账款
	发生时计入收入		
	其中：专项收入		
	其他		

续表

<table>
<tr><th>总账科目</th><th>明细分类</th><th>金额</th><th>备注</th></tr>
<tr><td rowspan="3">预付账款</td><td>财政拨款资金预付</td><td></td><td></td></tr>
<tr><td>非财政拨款专项资金预付</td><td></td><td></td></tr>
<tr><td>其他</td><td></td><td></td></tr>
<tr><td rowspan="5">其他应收款</td><td>预付款项</td><td></td><td>如职工预借的差旅费等</td></tr>
<tr><td>其中：财政拨款资金预付</td><td></td><td></td></tr>
<tr><td>　　非财政拨款专项资金预付</td><td></td><td></td></tr>
<tr><td>　　其他</td><td></td><td></td></tr>
<tr><td>需要收回及其他</td><td></td><td>如支付的押金、应收为职工垫付的款项等</td></tr>
<tr><td rowspan="5">器材采购、委托加工器材、材料、管材、管材摊销、器材成本差异、产成品、地质成果、地勘生产、辅助生产、多种经营生产</td><td>支付资金：</td><td></td><td></td></tr>
<tr><td>其中：使用财政拨款资金支付</td><td></td><td></td></tr>
<tr><td>　　使用非财政拨款专项资金支付</td><td></td><td></td></tr>
<tr><td>　　其他</td><td></td><td></td></tr>
<tr><td>非支付资金</td><td></td><td>如无偿调入的材料等</td></tr>
<tr><td rowspan="5">固定资产净值、无形资产净值</td><td>支付资金取得</td><td></td><td></td></tr>
<tr><td>其中：使用财政拨款资金</td><td></td><td></td></tr>
<tr><td>　　使用非财政拨款专项资金</td><td></td><td></td></tr>
<tr><td>　　其他</td><td></td><td></td></tr>
<tr><td>非支付资金取得</td><td></td><td>如换入、无偿调入的固定资产等</td></tr>
<tr><td rowspan="3">在建工程</td><td>使用财政拨款资金</td><td></td><td></td></tr>
<tr><td>使用非财政拨款专项资金</td><td></td><td></td></tr>
<tr><td>其他</td><td></td><td></td></tr>
<tr><td rowspan="5">应付票据、应付账款</td><td>发生时不计入支出</td><td></td><td></td></tr>
<tr><td>发生时计入支出</td><td></td><td></td></tr>
<tr><td>其中：财政拨款资金应付</td><td></td><td></td></tr>
<tr><td>　　非财政拨款专项资金应付</td><td></td><td></td></tr>
<tr><td>　　其他</td><td></td><td></td></tr>
<tr><td rowspan="2">预收账款</td><td>预收专项资金</td><td></td><td></td></tr>
<tr><td>其他</td><td></td><td></td></tr>
</table>

续表

总账科目	明细分类	金额	备注
地勘工作拨款	拨入本级财政资金		
	其中：已完项目资金		
	未完项目资金		
	其他		
	拨入其他资金		
	其中：已完项目资金		
	未完项目资金		
	其他		
已完地质项目支出	本级政府财政拨款		
	非本级政府财政拨款		
未完地质项目支出	本级政府财政拨款		
	非本级政府财政拨款		
库存现金、银行存款、其他货币资金	不纳入单位预算管理的资金		包括货币资金形式的受托代理资产、应缴财政款、收到的将来需要退回资金的其他应付款等
	纳入单位预算管理的资金		

附表3：

地勘单位新旧会计制度转账、登记新账科目对照表

序号	新制度科目		原制度科目	
	编号	名称	编号	名称
一、资产类				
1	1001	库存现金	101	现金
2	1002	银行存款	102	银行存款
3	1021	其他货币资金	109	其他货币资金
4	1101	短期投资	111	短期投资
5	1201	财政应返还额度		财政应返还额度
6	1211	应收票据	112	应收票据

续表

序号	新制度科目		原制度科目	
	编号	名称	编号	名称
一、资产类				
7	1212	应收账款	113	应收账款
8	1219	坏账准备	114	坏账准备
9	1214	预付账款	115	预付账款
10	1218	其他应收款	118	备用金
11	1215	应收股利	119	其他应收款
12	1216	应收利息		
13	1218	其他应收款		
14	1301	在途物品	121	器材采购
15	1302	库存物品	123	材料
16			125	管材
17			126	管材摊销
18			132	器材成本差异
19	1303	加工物品	133	委托加工器材
20	1302	库存物品	135	产成品
21			137	地质成果
22	1401	待摊费用	139	待摊费用
23	1501	长期股权投资	141	长期投资
24	1502	长期债券投资		
25	1216	应收利息		
26	1501	长期股权投资	145	拨付所属资金
27	3001	累计盈余（借方）		
28	1601	固定资产	151	固定资产
29	1602	固定资产累计折旧	155	累计折旧
30	1902	待处理财产损溢	156	固定资产清理
31	1611	工程物资	159	在建工程
32	1613	在建工程		
33	1701	无形资产	161	无形资产
34	1702	无形资产累计摊销		累计摊销

续表

序号	新制度科目		原制度科目	
	编号	名称	编号	名称
一、资产类				
35	1901	长期待摊费用	171	递延资产
36	1902	待处理财产损溢	181	待处理财产损溢
二、负债类				
37	2001	短期借款	201	短期借款
38	2301	应付票据	202	应付票据
39	2302	应付账款	203	应付账款
40	2305	预收账款	204	预收账款
41	2307	其他应付款	209	其他应付款
42	2901	受托代理负债		
43	2201	应付职工薪酬	211	应付工资
44	3101	专用基金		
45	3001	累计盈余	214	应付福利费
46	3101	专用基金		
47	2101	应交增值税	221	应交税金
48	2102	其他应交税费		
49	2103	应缴财政款		应缴国库款
50				应缴财政专户款
51	2103	应缴财政款	229	其他应交款
52	2102	其他应交税费		
53	2307	其他应付款		
54	2304	应付利息	231	预提费用
55	2401	预提费用		
56	2501	长期借款	241	长期借款
57	2304	应付利息		
58	2502	长期应付款	251	长期应付款
59	3001	累计盈余	261	专项应付款
60	3001	累计盈余	271	住房周转金
61	2502	长期应付款		

续表

序号	新制度科目		原制度科目	
	编号	名称	编号	名称
三、净资产类				
62	3001	累计盈余	301	国家基金
63			305	上级拨入资金
64			311	地勘发展基金
65	3001	累计盈余（借方）	341	节余与收益分配（借方）
66	3101	专用基金	315	公益金
四、地勘拨款与支出类				
67	3001	累计盈余	401	地勘工作拨款
68	3001	累计盈余（借方）	412	已完地质项目支出
69	3001	累计盈余（借方）	413	其他经费支出
70	1303	加工物品	411	未完地质项目支出
五、成本类				
71	1303	加工物品	501	地勘生产
72			515	辅助生产
73			521	多种经营生产

关于高等学校执行《政府会计制度——行政事业单位会计科目和报表》的补充规定

财会〔2018〕19号　2018年8月14日

根据《政府会计准则——基本准则》，结合行业实际情况，现就高等学校[①]执行《政府会计制度——行政事业单位会计科目和报表》（以下简称新制度）作出如下补充规定。

一、关于在新制度相关一级科目下设置明细科目

（一）高等学校应当在新制度规定的“4101 事业收入”科目下设置“410101 教育事业收入”“410102 科研事业收入”明细科目。

1. “410101 教育事业收入”科目核算高等学校开展教学活动及其辅助活动实现的收入。

2. “410102 科研事业收入”科目核算高等学校开展科研活动及其辅助活动实现的收入。

（二）高等学校应当在新制度规定的“5001 业务活动费用”科目下设置“500101 教育费用”“500102 科研费用”明细科目。

1. “500101 教育费用”科目核算高等学校开展教学及其辅助活动、学生事务等活动所发生的，能够直接计入或采用一定方法计算后计入的各项费用。

2. “500102 科研费用”科目核算高等学校开展科研及其辅助活动所发生的，能够直接计入或采用一定方法计算后计入的各项费用。

---

① 本规定所指高等学校包括各级人民政府举办的全日制普通高等学校和成人高等学校。

（三）高等学校应当在新制度规定的“5101 单位管理费用”科目下设置“510101 行政管理费用”“510102 后勤保障费用”“510103 离退休费用”和“510109 单位统一负担的其他管理费用”明细科目。

1. “510101 行政管理费用”科目核算高等学校开展单位的行政管理活动所发生的各项费用。

2. “510102 后勤保障费用”科目核算高等学校统一负担的开展后勤保障活动所发生的各项费用。

3. “510103 离退休费用”科目核算高等学校统一负担的离退休人员工资、补助、活动经费等各项费用。

4. “510109 单位统一负担的其他管理费用”科目核算由高等学校统一负担的除行政管理费用、后勤保障费用、离退休费用之外的其他各项管理费用，如工会经费、诉讼费、中介费等。

（四）高等学校应当在新制度规定的“6101 事业预算收入”科目下设置“610101 教育事业预算收入”和“610102 科研事业预算收入”明细科目。

1. “610101 教育事业预算收入”科目核算高等学校开展教学活动及其辅助活动取得的现金流入。

2. “610102 科研事业预算收入”科目核算高等学校开展科研活动及其辅助活动取得的现金流入。

（五）高等学校应当在新制度规定的“7201 事业支出”科目下设置“720101 教育支出”“720102 科研支出”“720103 行政管理支出”“720104 后勤保障支出”“720105 离退休支出”“720109 其他事业支出”明细科目。

1. “720101 教育支出”科目核算高等学校开展教学及其辅助活动、学生事务等活动实际发生的各项现金流出。

2. “720102 科研支出”科目核算高等学校开展科研及其辅助活动实际发生的各项现金流出。

3. “720103 行政管理支出”科目核算高等学校开展单位的行政管理活动实际发生的各项现金流出。

4. “720104 后勤保障支出”科目核算高等学校开展后勤保障活动实际发生的各项现金流出。

5. “720105 离退休支出”科目核算高等学校实际发生的用于离退休人员的各项现金流出。

6. “720109 其他事业支出”科目核算高等学校发生的除教学、科研、后勤保障、行政管理、离退休支出之外的其他各项事业支出。

二、关于报表及编制说明

（一）关于收入费用表。

1. 新增项目。

高等学校应当在收入费用表的“（二）事业收入”项目下增加“其中：教育事业收入”“科研事业收入”项目，在“（十一）其他收入”项目下增加“其中：后勤保障单位净收入”项目，在“（一）业务活动费用”项目下增加“其中：教育费用”“科研费用”项目，在“（二）单位管理费用”项目下增加“其中：行政管理费用”“后勤保障费用”“离退休费用”“单位统一负担的其他管理费用”项目。详见附表1。

2. 新增项目的内容和填列方法。

（1）“其中：教育事业收入”项目，反映高等学校本期开展教学活动及其辅助活动实现的收入。本项目应当根据“事业收入——教育事业收入”科目的本期发生额填列。

（2）“科研事业收入”项目，反映高等学校本期开展科研活动及其辅助活动实现的收入。本项目应当根据“事业收入——科研事业收入”科目的本期发生额填列。

（3）“其中：后勤保障单位净收入”项目详见“（三）关于校内独立核算单位报表编制的规定”。

（4）“其中：教育费用”项目，反映高等学校本期开展教学及其辅助活动、学生事务等活动所发生的各项费用。本项目应当根据“业务活动费用——教育费用”科目的本期发生额填列。

（5）“科研费用”项目，反映高等学校本期开展科研及其辅助活动所发生的各项费用。本项目应当根据“业务活动费用——科研费用”科目的本期发生额填列。

（6）“其中：行政管理费用”项目，反映高等学校本期开展单位的行政管理活动所发生的各项费用。本项目应当根据“单位管理费用——行政管理费用”科目的本期发生额填列。

（7）“后勤保障费用”项目，反映高等学校本期统一负担的开展后勤保障活动所发生的各项费用。本项目应当根据“单位管理费用——后勤保障费用”

科目的本期发生额填列。

(8)"离退休费用"项目，反映高等学校本期统一负担的离退休人员工资、补助、活动经费等各项费用。本项目应当根据"单位管理费用——离退休费用"科目的本期发生额填列。

(9)"单位统一负担的其他管理费用"项目，反映本期由高等学校统一负担的除行政管理费用、后勤保障费用、离退休费用之外的各项管理费用。本项目应当根据"单位管理费用——单位统一负担的其他管理费用"科目的本期发生额填列。

(二)关于预算收入支出表。

1. 新增项目。

高等学校应当在预算收入支出表的"(二)事业预算收入"项目下增加"其中：教育事业预算收入""科研事业预算收入"项目，在"(九)其他预算收入"项目下"其中："后所列项目中增加"后勤保障单位净预算收入"项目，在"(二)事业支出"项目下增加"其中：教育支出""科研支出""行政管理支出""后勤保障支出""离退休支出""其他事业支出"项目。详见附表2。

2. 新增项目的内容和填列方法。

(1)"其中：教育事业预算收入"项目，反映高等学校本期开展教学及其辅助活动取得现金流入。本项目应当根据"事业预算收入——教育事业预算收入"科目的本年发生额填列。

(2)"科研事业预算收入"项目，反映高等学校本年开展科研及其辅助活动取得现金流入。本项目应当根据"事业预算收入——科研事业预算收入"科目的本年发生额填列。

(3)"后勤保障单位净预算收入"项目，详见"(三)关于校内独立核算单位报表编制的规定"。

(4)"其中：教育支出"项目，反映高等学校本年开展教学及其辅助活动、学生事务等活动实际发生的各项现金流出。本项目应当根据"事业支出——教育支出"科目的本年发生额填列。

(5)"科研支出"项目，反映高等学校本年开展科研及其辅助活动实际发生的各项现金流出。本项目应当根据"事业支出——科研支出"科目的本年发生额填列。

(6)"行政管理支出"项目，反映高等学校本年开展单位的行政管理活动实际发生的各项现金流出。本项目应当根据“事业支出——行政管理支出”科目的本年发生额填列。

（7）“后勤保障支出”项目，反映高等学校本年开展后勤保障活动实际发生的各项现金流出。本项目应当根据“事业支出——后勤保障支出”科目的本年发生额填列。

（8）“离退休支出”项目，反映高等学校本年实际发生的用于离退休人员的各项现金流出。本项目应当根据“事业支出——离退休支出”科目的本年发生额填列。

（9）“其他事业支出”项目，反映高等学校本年支付的除教学、科研、后勤保障、行政管理、离退休支出之外的其他各项事业支出。本项目应当根据“事业支出——其他事业支出”科目的本年发生额填列。

（三）关于校内独立核算单位报表编制的规定。

1. 关于高等学校报表编制的范围。

由高等学校及其所属单位举办的校内独立核算单位[①]，如研究院、分校、后勤部门等，应当按照新制度开展本单位的会计核算和报表编制工作。

高等学校在编制年度报表时，应当将校内独立核算单位纳入高等学校报表编制范围。

2. 关于将校内独立核算单位会计信息纳入高等学校报表的总原则。

将校内独立核算单位的会计信息纳入高等学校报表时，总的原则是将校内独立核算单位的报表信息并入学校相关报表的相应项目，并抵销学校内部业务或事项对学校报表的影响。

3. 关于具有后勤保障职能的校内独立核算单位[②]有关业务的特殊规定。

（1）高等学校编制包含校内独立核算单位的收入费用表时，对于具有后勤保障职能的校内独立核算单位，应当将其本年收入（不含从学校取得的补贴经费）、费用（不含使用学校补贴经费发生的费用）相抵后的净额计入本表中“其他收入”项目金额，并单独填列于该项目下的“后勤保障单位净收入”项目。如果具有后勤保障职能的全部校内独立核算单位本年收入（不含从学校取得的补贴经费）、费用（不含使用学校补贴经费发生的费用）相抵后的净

① 本规定所称校内独立核算单位，是指高等学校内部不具有法人资格的独立核算单位或部门。本规定所称校内独立核算单位不同于新制度所称附属单位。新制度所称附属单位，是指高等学校下属的具有法人资格的独立核算单位。

② 具有后勤保障职能的校内独立核算单位一般指校医院、食堂、水电暖中心、物业管理中心、宿舍管理中心等。

额合计数为负数，则以“－”号填列于“后勤保障单位净收入”项目。

（2）高等学校编制包含校内独立核算单位的预算收入支出表时，对于具有后勤保障职能的校内独立核算单位，应当将其本年收入（不含从学校取得的补贴经费）、支出（不含使用学校补贴经费发生的支出）相抵后的净额计入本表中“其他预算收入”项目金额，并单独填列于该项目下的“后勤保障单位净预算收入”项目。如果具有后勤保障职能的全部校内独立核算单位本年收入（不含从学校取得的补贴经费）、支出（不含使用学校补贴经费发生的支出）相抵后的净额合计数为负数，则以“－”号填列于“后勤保障单位净预算收入”项目。

4. 关于将校内独立核算单位会计信息纳入高等学校财务报表情况的披露。

高等学校应当在年度财务报表附注中提供将校内独立核算单位财务会计信息纳入学校财务报表情况的说明，包括将校内独立核算单位资产、负债和净资产并入学校资产负债表时对内部业务或事项抵销处理的情况，具有后勤保障职能的各校内独立核算单位本年收入、费用情况，将不具有后勤保障职能的其他校内独立核算单位的收入、费用并入学校收入费用表时对内部业务或事项抵销处理的情况。

高等学校在编制年度预算会计报表时，可参照上述规定，以适当形式提供将校内独立核算单位预算会计信息纳入高等学校预算会计报表的说明。

三、关于留本基金的会计处理

（一）会计科目设置。

1. 高等学校应当在“3101 专用基金”科目下设置“留本基金”明细科目，核算高等学校使用捐赠资金建立的具有永久性保留本金或在一定时期内保留本金的限定性基金。高等学校如有两个以上留本基金，应当按照每个留本基金设置明细科目进行核算。在每个留本基金明细科目下还应当设置“本金”和“收益”明细科目；在“本金”明细科目下，还应当设置“已投资”和“未投资”两个明细科目。

2. 高等学校应当在“1218 其他应收款”科目下设置“留本基金委托投资”明细科目，核算高等学校将留本基金委托给基金会进行的投资。

（二）主要账务处理（假设只有一个留本基金）。

1. 高等学校形成留本基金时，根据取得的留本基金数额，借记“银行存款”科目，贷记“专用基金——留本基金——本金——未投资”科目。

2. 高等学校委托基金会进行投资。

（1）投资时，按照转给基金会的留本基金数额，借记“其他应收款——留本基金委托投资”科目，贷记“银行存款”科目；同时，按照相同的金额，借记“专用基金——留本基金——本金——未投资”科目，贷记“专用基金——留本基金——本金——已投资”科目。

（2）收到基金会交回的投资收益，按照实际收到的金额，借记“银行存款”科目，贷记“专用基金——留本基金——收益”科目。

（3）从基金会收回使用留本基金委托的投资，按照收回的金额，借记“银行存款”科目，按照收回的留本基金本金金额，贷记“其他应收款——留本基金委托投资”科目，按照两者的差额，贷记或借记“专用基金——留本基金——收益”科目。同时，按照收回的留本基金本金金额，借记“专用基金——留本基金——本金——已投资”科目，贷记“专用基金——留本基金——本金——未投资”科目。

3. 高等学校直接使用留本基金进行投资。

（1）投资时，按照动用留本基金投资的数额，借记“短期投资”“长期债券投资”等科目，贷记“银行存款”科目；同时，按照相同的金额，借记“专用基金——留本基金——本金——未投资”科目，贷记“专用基金——留本基金——本金——已投资”科目。

（2）期末，对持有的留本基金投资确认应计利息收入时，按照确认的应计利息，借记“应收利息”“长期债券投资”科目，贷记“专用基金——留本基金——收益”科目。

（3）收到留本基金投资获得的利息时，按照实际收到的金额，借记“银行存款”科目，贷记“应收利息”科目。

（4）收回留本基金投资时，按照收回的金额，借记“银行存款”科目，按照收回的投资本金及相关利息金额，贷记“短期投资”“长期债券投资”等科目，按照两者的差额，贷记或借记“专用基金——留本基金——收益”科目。同时，按照收回的留本基金本金金额，借记“专用基金——留本基金——本金——已投资”科目，贷记“专用基金——留本基金——本金——未投资”科目。

4. 高等学校按照协议将留本基金收益转增本金时，按照转增的金额，借记“专用基金——留本基金——收益”科目，贷记“专用基金——留本基金——本金——未投资”科目。

5. 高等学校按照协议可以使用留本基金取得的收益时，按照可以使用的金额，借记“专用基金——留本基金——收益”科目，贷记“捐赠收入”科目；同时，按照相同的金额，借记“资金结存——货币资金”科目，贷记“捐赠预算收入”科目。使用留本基金收益时，按照使用的金额，借记“业务活动费用”等科目，贷记“银行存款”等科目；同时，借记“事业支出——教育支出”等科目，贷记“资金结存——货币资金”科目。

6. 按照协议规定的留本基金限定期限到期，高等学校将留本基金转为可以使用的资金，按照转为可以使用的资金数额，借记“专用基金——留本基金——本金——未投资”科目，贷记“捐赠收入”科目；同时按照相同的金额，借记“资金结存——货币资金”科目，贷记“捐赠预算收入”科目。

四、关于受托代理业务的账务处理

（一）高等学校应当在“1891 受托代理资产”科目下设置“应收及暂付款”“固定资产”“无形资产”明细科目。

1. 发生涉及受托代理资金的各种应收及暂付款项时，按照实际发生金额，借记“受托代理资产——应收及暂付款”科目，贷记“银行存款——受托代理资产”“库存现金——受托代理资产”等科目；收回其他应收款项或报销时，借记“库存现金——受托代理资产”“银行存款——受托代理资产”“受托代理负债”等科目，贷记“受托代理资产——应收及暂付款”科目。

2. 使用受托代理资金购置固定资产或无形资产时，借记“受托代理资产——固定资产”或“受托代理资产——无形资产”科目，贷记“银行存款——受托代理资产”“库存现金——受托代理资产”等科目。受托代理资产科目下“固定资产”“无形资产”不计提折旧和摊销。受托代理的固定资产、无形资产报废、转交时，按照受托代理的固定资产、无形资产账面余额，借记“受托代理负债”科目，贷记“受托代理资产”科目及其明细科目。

（二）高等学校核算的因公房出售形成的公共维修基金（个人缴纳部分），通过“受托代理负债”科目进行核算。

五、关于受托加工物品的账务处理

（一）高等学校收到委托单位支付的资金用于加工设备、材料等时，借记

“银行存款”等科目，贷记“预收账款”科目；同时，按照收到的资金，借记“资金结存——货币资金”科目，贷记“事业预算收入”等科目。

（二）高等学校对受托加工物品进行加工时，按照加工消耗的料、工、费等，借记“加工物品——受托加工物品”科目，贷记“库存物品”“应付职工薪酬”“银行存款”等科目；同时，对加工中支付的资金，在支付时按照实际支付的金额，借记“事业支出——科研支出”科目，贷记“资金结存——货币资金”科目。

（三）高等学校将加工完成的产品交付委托方时，按照受托加工产品的成本，借记“业务活动费用——科研费用”科目，贷记“加工物品——受托加工物品”科目，同时，确认委托方的委托加工收入，按照预收账款账面余额，借记“预收账款”科目，按照应确认的收入金额，贷记“事业收入”等科目，按照委托方补付或退回委托方的金额，借记或贷记“银行存款”等科目（同时借记或贷记“资金结存”科目，贷记或借记“事业预算收入”等科目）。涉及增值税业务的，相关账务处理参见“应缴增值税”科目。

六、关于计提和使用项目间接费用或管理费的账务处理

（一）高等学校按规定从科研项目收入中计提项目间接费用或管理费时，除按新制度规定借记“单位管理费用”科目外，也可根据实际情况借记“业务活动费用”等科目。

（二）高等学校使用计提的项目间接费用或管理费购买固定资产、无形资产的，在财务会计下，按照固定资产、无形资产的成本金额，借记“固定资产”“无形资产”科目，贷记“银行存款”等科目；同时，按照相同的金额，借记“预提费用——项目间接费用或管理费”科目，贷记“累计盈余”科目。在预算会计下，按照相同的金额，借记“事业支出”等科目，贷记“资金结存”科目。

七、关于附属单位工资返还的账务处理

高等学校附属单位职工薪酬按规定自行负担，但需由高等学校代为发放时，高等学校按照实际垫付的金额，借记“其他应收款”科目，贷记“应付职工薪酬”科目。高等学校收到附属单位交来的返还款时，借记“银行存款”科目，贷记“其他应收款”科目。

八、关于出资成立非企业法人单位的账务处理

高等学校经批准出资成立非企业法人单位，如教育基金会、研究院等，应当借记“其他费用”科目，贷记“银行存款”科目；同时，借记“其他支出”科目，贷记“资金结存——货币资金”科目。

九、关于按合同完成进度确认事业收入

高等学校以合同完成进度确认事业收入时，应当根据业务实质，选择累计实际发生的合同成本占合同预计总成本的比例、已经完成的合同工作量占合同预计总工作量的比例、已经完成的时间占合同期限的比例、实际测定的完工进度等方法，合理确定合同完成进度。

十、关于固定资产折旧年限

通常情况下，高等学校应当按照附表 3 规定确定各类应计提折旧的固定资产的折旧年限。

十一、生效日期

本规定自 2019 年 1 月 1 日起施行。

附表 1：

收入费用表

会政财 02 表

编制单位：______　　　　____年____月　　　　单位：元

项目	本月数	本年累计数
一、本期收入		
（一）财政拨款收入		
其中：政府性基金收入		

续表

项目	本月数	本年累计数
（二）事业收入		
其中：教育事业收入		
科研事业收入		
（三）上级补助收入		
（四）附属单位上缴收入		
（五）经营收入		
（六）非同级财政拨款收入		
（七）投资收益		
（八）捐赠收入		
（九）利息收入		
（十）租金收入		
（十一）其他收入		
其中：后勤保障单位净收入		
二、本期费用		
（一）业务活动费用		
其中：教育费用		
科研费用		
（二）单位管理费用		
其中：行政管理费用		
后勤保障费用		
离退休费用		
单位统一负担的其他管理费用		
（三）经营费用		
（四）资产处置费用		
（五）上缴上级费用		
（六）对附属单位补助费用		
（七）所得税费用		
（八）其他费用		
三、本期盈余		

附表 2:

预算收入支出表

会政预 01 表

编制单位：______ ____年 单位：元

项目	本年数	上年数
一、本年预算收入		
（一）财政拨款预算收入		
其中：政府性基金收入		
（二）事业预算收入		
其中：教育事业预算收入		
科研事业预算收入		
（三）上级补助预算收入		
（四）附属单位上缴预算收入		
（五）经营预算收入		
（六）债务预算收入		
（七）非同级财政拨款预算收入		
（八）投资预算收益		
（九）其他预算收入		
其中：利息预算收入		
捐赠预算收入		
租金预算收入		
后勤保障单位净预算收入		
二、本年预算支出		
（一）行政支出		
（二）事业支出		
其中：教育支出		
科研支出		
行政管理支出		
后勤保障支出		
离退休支出		
（三）经营支出		

续表

项目	本年数	上年数
（四）上缴上级支出		
（五）对附属单位补助支出		
（六）投资支出		
（七）债务还本支出		
（八）其他支出		
其中：利息支出		
捐赠支出		
三、本年预算收支差额		

附表3：

高等学校固定资产折旧年限表

固定资产类别	折旧年限（年）	备注
一、房屋及构筑物		
1. 房屋		
钢结构	50	
钢筋混凝土结构	50	
砖混结构	30	
砖木结构	30	
2. 简易房	8	
3. 房屋附属设施	8	围墙、停车设施等
4. 构筑物	8	池、罐、槽、塔等
二、通用设备		
1. 计算机设备	6	计算机、网络设备、安全设备、终端设备、存储设备等
2. 办公设备	6	电话机、传真机、摄像机、刻录机等
3. 车辆	8	载货汽车、牵引汽车、乘用车、专用车辆等
4. 图书档案设备	5	

续表

固定资产类别	折旧年限（年）	备注
5. 机械设备	10	锅炉、液压机械、金属加工设备、泵、风机、气体压缩机、气体分离及液化设备、分离及干燥设备等
6. 电气设备	5	电机、变压器、电源设备、生活用电器等
7. 雷达、无线电和卫星导航设备	10	
8. 通信设备、广播、电视、电影设备	5	
9. 仪器仪表、电子和通信测量仪器、计量标准器具及量具、衡器	5	
10. 除上述以外其他通用设备	5	
三、专用设备		
1. 探矿、采矿、选矿和造块设备	10	
2. 石油天然气开采专用设备	10	
3. 石油和化学工业专用设备	10	
4. 炼焦和金属冶炼轧制设备	10	
5. 电力工业专用设备	20	
6. 核工业专用设备	20	
7. 航空航天工业专用设备	20	
8. 非金属矿物制品工业专用设备	10	
9. 工程机械	10	
10. 农业和林业机械	10	
11. 木材采集和加工设备	10	
12. 食品加工专用设备	10	
13. 饮料加工设备	10	
14. 烟草加工设备	10	
15. 粮油作物和饲料加工设备	10	
16. 纺织设备	10	
17. 缝纫、服饰、制革和毛皮加工设备	10	
18. 造纸和印刷机械	10	
19. 化学药品和中药专用设备	5	

续表

固定资产类别	折旧年限（年）	备注
20. 医疗设备	5	
21. 电工、电子专用生产设备	5	
22. 安全生产设备	10	
23. 邮政专用设备	10	
24. 环境污染防治设备	10	
25. 公安专用设备	3	
26. 水工机械	10	
27. 殡葬设备及用品	5	
28. 铁路运输设备	10	
29. 水上交通运输设备	10	
30. 航空器及其配套设备	10	
31. 专用仪器仪表	5	
32. 文艺设备	5	
33. 体育设备	5	
34. 娱乐设备	5	
四、家具、用具、装具		
1. 家具	15	
其中：学生用家具	5	
2. 用具、装具	5	

关于高等学校执行《政府会计制度——行政事业单位会计科目和报表》的衔接规定

财会〔2018〕19号　2018年8月14日

我部于2017年10月24日印发了《政府会计制度——行政事业单位会计科目和报表》(财会〔2017〕25号，以下简称新制度)。原执行《高等学校会计制度》(财会〔2013〕30号，以下简称原制度）的高等学校[①]，自2019年1月1日起执行新制度，不再执行原制度。为了确保新旧会计制度顺利过渡，现对高等学校执行新制度及《关于高等学校执行〈政府会计制度——行政事业单位会计科目和报表〉的补充规定》(以下简称补充规定）有关衔接问题规定如下。

一、新旧制度衔接总要求

（一）自2019年1月1日起，高等学校应当严格按照新制度及补充规定进行会计核算、编制财务报表和预算会计报表。

（二）高等学校应当按照本规定做好新旧制度衔接的相关工作，主要包括以下几个方面：

1. 根据原账编制2018年12月31日的科目余额表，并按照本规定要求，编制原账的部分科目余额明细表（参见附表1、附表2)。

2. 按照新制度及补充规定设立2019年1月1日的新账。

3. 按照本规定要求，登记新账的财务会计科目余额和预算结余科目余额，

① 本规定所指高等学校包括各级人民政府举办的全日制普通高等学校和成人高等学校。

包括将原账科目余额转入新账财务会计科目、按照原账科目余额登记新账预算结余科目（高等学校新旧会计制度转账、登记新账科目对照表见附表3），将未入账事项登记新账科目，并对相关新账科目余额进行调整。原账科目是指按照原制度规定设置的会计科目。

4. 按照登记及调整后新账的各会计科目余额，编制2019年1月1日的科目余额表，作为新账各会计科目的期初余额。

5. 根据新账各会计科目期初余额，按照新制度编制2019年1月1日资产负债表。

（三）及时调整会计信息系统。高等学校应当按照新制度及补充规定要求对原有会计信息系统进行及时更新和调试，实现数据正确转换，确保新旧账套的有序衔接。

二、财务会计科目的新旧衔接

（一）将2018年12月31日原账会计科目余额转入新账财务会计科目。

1. 资产类。

（1）“库存现金”“财政应返还额度”“短期投资”“应收票据”“应收账款”“无形资产”科目。

新制度设置了“库存现金”“财政应返还额度”“短期投资”“应收票据”“应收账款”“无形资产”科目，其核算内容与原账的上述相应科目的核算内容基本相同。转账时，应当将原账的上述科目余额直接转入新账的相应科目。其中，还应当将原账的“库存现金”科目余额中属于新制度规定受托代理资产的金额转入新账的“库存现金”科目下“受托代理资产”明细科目。

（2）“银行存款”科目。

新制度设置了“银行存款”和“其他货币资金”科目，原制度设置了“银行存款”科目。转账时，高等学校应当将原账“银行存款”科目中核算的属于新制度规定的其他货币资金的金额，转入新账的“其他货币资金”科目；将原账“银行存款”科目余额减去其中属于其他货币资金余额后的差额，转入新账的“银行存款”科目。其中，还应当将原账的“银行存款”科目余额中属于新制度规定受托代理资产的金额，转入新账“银行存款”科目下的“受托代理资产”明细科目。

（3）“预付账款”科目。

新制度设置了“预付账款”科目，该科目的核算内容与原账“预付账款”科目的核算内容基本相同。转账时，高等学校应当将原账的“预付账款”科目余额转入新账的“预付账款”科目。

新制度设置了“受托代理资产”科目，高等学校在原账的“预付账款”科目中核算了使用受托代理资金的预付账款的，应当将原账的“预付账款”科目余额中使用受托代理资金的金额转入新账的“受托代理资产——应收及暂付款”科目。

（4）“其他应收款”科目。

新制度设置了“其他应收款”科目，该科目的核算内容与原账的“其他应收款”科目的核算内容基本相同。转账时，高等学校应当将原账的“其他应收款”科目余额转入新账的“其他应收款”科目。

新制度设置了“在途物品”科目，高等学校如果有在原账“其他应收款”科目中核算已经付款或开出商业汇票、尚未收到物资的款项，应当将原账的“其他应收款”科目余额中已经付款或开出商业汇票、尚未收到物资的款项金额转入新账的“在途物品”科目。

新制度设置了“受托代理资产”科目，高等学校如果有使用受托代理资金支付其他应收款的，应当将原账的“其他应收款”科目余额中使用受托代理资金的金额转入新账的“受托代理资产——应收及暂付款”科目。

（5）“存货”科目。

新制度设置了“库存物品”和“加工物品”科目，原制度设置了“存货”科目。转账时，高等学校应当将原账的“存货”科目余额中属于在加工存货的金额，转入新账的“加工物品”科目；将原账的“存货”科目余额减去属于在加工存货的金额后的差额，转入新账的“库存物品”科目。

高等学校在原账的“存货”科目中核算了属于新制度规定的受托代理物资的，应当将原账的“存货”科目余额中属于受托代理物资的金额，转入新账的“受托代理资产”科目。

（6）“长期投资”科目。

新制度设置了“长期股权投资”和“长期债券投资”科目，原制度设置了“长期投资”科目。转账时，高等学校应当将原账的“长期投资”科目余额中属于股权投资的金额转入新账的“长期股权投资”科目及其明细科目；将原账的“长期投资”科目余额中属于债券投资的金额，转入新账的“长期债券投资”科目及其明细科目。

高等学校原账的“长期投资”科目核算的内容中，如果有被投资单位属于非企业法人单位的，应当在转账时先将对非企业法人单位出资的金额从原账的“长期投资”科目余额转出，借记原账的“非流动资产基金——长期投资”科目，贷记原账的“长期投资”科目。

（7）“固定资产”科目。

新制度设置了“固定资产”科目，该科目的核算内容与原账“固定资产”科目的核算内容基本相同。转账时，高等学校应当将原账的“固定资产”科目余额转入新账的“固定资产”科目。

高等学校有使用受托代理资金购买的固定资产的，当将原账的“固定资产”科目余额中使用受托代理资金购买固定资产的金额转入新账的“受托代理资产——固定资产”科目借方。

（8）“累计折旧”科目。

新制度设置了“固定资产累计折旧”科目，该科目的核算内容与原账“累计折旧”科目的核算内容基本相同。转账时，高等学校已经计提了固定资产折旧的，应当将原账的“累计折旧”科目余额，转入新账的“固定资产累计折旧”科目。

高等学校有使用受托代理资金购买的固定资产并计提了折旧的，应当将原账的“累计折旧”科目余额中对使用受托代理资金购买固定资产计提折旧的金额转入新账的“累计盈余”科目。

（9）“在建工程”科目。

新制度设置了“在建工程”和“预付账款——预付备料款、预付工程款”科目，原制度设置了“在建工程”科目。转账时，高等学校应当将原账的“在建工程”科目余额（基建“并账”后的金额，下同）中属于预付备料款、预付工程款的金额，转入新账的“预付账款”科目相关明细科目；将原账的“在建工程”科目余额减去预付备料款、预付工程款金额后的差额，转入新账的“在建工程”科目。

高等学校在原账“在建工程”科目中核算了按照新制度规定应当记入“工程物资”科目内容的，应当将原账“在建工程”科目余额中属于工程物资的金额，转入新账的“工程物资”科目。

（10）“累计摊销”科目。

新制度设置了“无形资产累计摊销”科目，该科目的核算内容与原账“累计摊销”科目的核算内容基本相同。转账时，高等学校已经计提了无形资产摊销的，应当将原账的“累计摊销”科目余额，转入新账的“无形资产累计摊销”科目。

（11）“待处置资产损溢”科目。

新制度设置了“待处理财产损溢”科目，该科目的核算内容与原账的“待处置资产损溢”科目的核算内容基本相同。转账时，高等学校应当将原账的“待处置资产损溢”科目余额，转入新账的“待处理财产损溢”科目。

（12）“零余额账户用款额度”科目。

由于原账的“零余额账户用款额度”科目年末无余额，无需进行转账处理。

2. 负债类。

（1）“短期借款”“应付职工薪酬”“应付票据”“应付账款”“预收账款”“长期借款”“长期应付款”科目。

新制度设置了“短期借款”“应付职工薪酬”“应付票据”“应付账款”“预收账款”“长期借款”“长期应付款”科目，这些科目的核算内容与原账的上述相应科目的核算内容基本相同。转账时，高等学校应当将原账的上述科目余额直接转入新账的相应科目。

（2）“应缴税费”科目。

新制度设置了“应交增值税”和“其他应交税费”科目，原制度设置了“应缴税费”科目。转账时，高等学校应当将原账的“应缴税费——应缴增值税”科目余额，转入新账“应交增值税”科目中的相关明细科目；将原账的“应缴税费”科目余额减去属于应缴增值税余额后的差额，转入新账的“其他应交税费”科目。

（3）“应缴国库款”“应缴财政专户款”科目。

新制度设置了“应缴财政款”科目，原制度设置了“应缴国库款”“应缴财政专户款”科目。转账时，高等学校应当将原账的“应缴国库款”“应缴财政专户款”科目余额转入新账的“应缴财政款”科目。

（4）“其他应付款”科目。

新制度设置了“其他应付款”科目，该科目的核算内容与原账“其他应付款”科目的核算内容基本相同。转账时，高等学校应当将原账的“其他应付款”科目余额，转入新账的“其他应付款”科目。其中，高等学校在原账的“其他应付款”科目中核算了属于新制度规定的受托代理负债的，应当将原账的“其他应付款”科目余额中属于受托代理负债的余额，转入新账的

“受托代理负债”科目。

(5)“代管款项”科目。

新制度设置了“受托代理负债”科目，原账的“代管款项”科目的核算内容包括了受托代理负债的内容。转账时，高等学校应当对原账中“代管款项”科目余额进行分析，将其中属于新制度规定受托代理负债的余额转入新账的“受托代理负债”科目；将不属于受托代理负债的余额，根据偿还期限分别转入新账的“其他应付款”和“长期应付款”科目。

3. 净资产类。

(1)“事业基金”科目。

新制度设置了“累计盈余”科目。该科目核算内容包含了原账“事业基金”科目的核算内容。转账时，高等学校应当将原账的“事业基金”科目余额，转入新账的“累计盈余”科目。

(2)“非流动资产基金”科目。

依据新制度，无需对原制度中“非流动资产基金”科目对应内容进行核算。转账时，高等学校应当将原账的“非流动资产基金”科目余额转入新账的“累计盈余”科目。

高等学校有使用受托代理资金购买的固定资产的，转账时，应当将“非流动资产基金——固定资产”科目余额中属于受托代理固定资产原值的金额转入新账的“受托代理负债”科目。

(3)“专用基金”科目。

新制度设置了“专用基金”科目，该科目的核算内容与原账“专用基金”科目的核算内容基本相同。转账时，高等学校应当将原账的“专用基金”科目余额转入新账的“专用基金”科目。

(4)“财政补助结转”“财政补助结余”“非财政补助结转”科目。

新制度设置了“累计盈余”科目，该科目的余额包含了原账的“财政补助结转”“财政补助结余”“非财政补助结转”科目的余额内容。转账时，高等学校应当将原账的“财政补助结转”“财政补助结余”“非财政补助结转”科目余额，转入新账的“累计盈余”科目。

(5)“经营结余”科目。

新制度设置了“本期盈余”科目，该科目的核算内容包含了原账“经营结余”科目的核算内容。新制度规定“本期盈余”科目余额最终转入“累计盈余”科目，如果原账的“经营结余”科目有借方余额，转账时，高等学校应当将原账的“经营结余”科目借方余额转入新账的“累计盈余”科目借方。

（6）“事业结余”“非财政补助结余分配”科目。

由于原账的“事业结余”“非财政补助结余分配”科目年末无余额，这两个科目无需进行转账处理。

4. 收入类、支出类。

由于原账中收入类、支出类科目年末无余额，无需进行转账处理。自2019年1月1日起，高等学校应当按照新制度设置收入类、费用类科目并进行账务处理。

高等学校存在其他本规定未列举的原账科目余额的，应当比照本规定转入新账的相应科目。新账的科目设有明细科目的，应将原账中对应科目的余额加以分析，分别转入新账中相应科目的相关明细科目。

高等学校在进行新旧衔接的转账时，应当编制转账的工作分录，作为转账的工作底稿，并将转入新账的对应原科目余额及分拆原科目余额的依据作为原始凭证。

（二）将原未入账事项登记新账财务会计科目。

1. 应收股利。

高等学校在新旧制度转换时，应当将2018年12月31日前未入账的应收股利按照新制度规定记入新账。登记新账时，按照确定的应收股利金额，借记“应收股利”科目，贷记“累计盈余”科目。

2. 研发支出。

高等学校在新旧制度转换时，应当将2018年12月31日前未入账的自行研究开发项目开发阶段的费用按照新制度规定记入新账。登记新账时，按照确定的开发阶段费用金额，借记“研发支出”科目，贷记“累计盈余”科目。

3. 受托代理资产。

高等学校在新旧制度转换时，应当将2018年12月31日前未入账的受托代理资产按照新制度规定记入新账。登记新账时，按照确定的受托代理资产金额，借记“受托代理资产”科目，贷记“受托代理负债”科目。

4. 盘盈资产。

高等学校在新旧制度转换时，应当将2018年12月31日前未入账的盘盈资产按照新制度规定记入新账。登记新账时，按照确定的盘盈资产及其成本，借记有关资产科目，按照盘盈资产成本的合计金额，贷记“累计盈余”科目。

5. 应付质量保证金。

高等学校在新旧制度转换时，应当将2018年12月31日前未入账的应付质量保证金按照新制度规定记入新账。登记新账时，按照确定未入账的应付质量保证金金额，借记“累计盈余”科目，贷记“其他应付款”科目［扣留期在1年以内（含1年）］、“长期应付款”科目［扣留期超过1年］。

6. 预计负债。

高等学校在新旧制度转换时，应当将2018年12月31日按照新制度规定确认的预计负债记入新账。登记新账时，按照确定的预计负债金额，借记“累计盈余”科目，贷记“预计负债”科目。

高等学校存在2018年12月31日前未入账的其他事项，应当比照本规定登记新账的相应科目。

高等学校对新账的财务会计科目补记未入账事项时，应当编制记账凭证，并将补充登记事项的确认依据作为原始凭证。

（三）对新账的相关财务会计科目余额按照新制度规定的会计核算基础进行调整。

1. 计提坏账准备。

新制度要求对单位收回后无需上缴财政的应收账款和其他应收款提取坏账准备。在新旧制度转换时，高等学校应当按照2018年12月31日无需上缴财政的应收账款和其他应收款的余额计算应计提的坏账准备金额，借记“累计盈余”科目，贷记“坏账准备”科目。

2. 按照权益法调整长期股权投资账面余额。

对按照新制度规定应当采用权益法核算的长期股权投资，在新旧制度转换时，单位应当在“长期股权投资”科目下设置“新旧制度转换调整”明细科目，依据被投资单位2018年12月31日财务报表的所有者权益账面余额，以及单位持有被投资单位的股权比例，计算应享有或应分担的被投资单位所有者权益的份额，调整长期股权投资的账面余额，借记或贷记“长期股权投资——新旧制度转换调整”科目，贷记或借记“累计盈余”科目。

高等学校对已经持有，且处于停产、半停产、连年亏损、资不抵债、主要靠政府补贴和学校续贷维持经营的被投资单位的投资，在新旧制度转换时可继续采用成本法进行核算。

3. 确认长期债券投资期末应收利息。

高等学校应当按照新制度规定于2019年1月1日补记长期债券投资应收利息，按照长期债券投资的应收利息金额，借记“长期债券投资”科目［到期一次还本付息］或“应收利息”科目［分期付息、到期还本］，贷记“累计盈余”科目。

4. 补提折旧。

高等学校在原账中尚未计提固定资产折旧的，应当全面核查截至2018年12月31日的固定资产的预计使用年限、已使用年限、尚可使用年限等，并于2019年1月1日对尚未计提折旧的固定资产补提折旧，按照应计提的折旧金额，借记“累计盈余”科目，贷记“固定资产累计折旧”科目。

5. 补提摊销。

高等学校在原账中尚未计提无形资产摊销的，应当全面核查截至2018年12月31日无形资产的预计使用年限、已使用年限、尚可使用年限等，并于2019年1月1日对前期尚未计提摊销的无形资产补提摊销，按照应计提的摊销金额，借记“累计盈余”科目，贷记“无形资产累计摊销”科目。

6. 确认长期借款期末应付利息。

高等学校应当按照新制度规定于2019年1月1日补记长期借款的应付利息金额，对其中资本化的部分，借记“在建工程”科目，对其中费用化的部分，借记“累计盈余”科目，按照全部长期借款应付利息金额，贷记“长期借款”科目［到期一次还本付息］或“应付利息”科目［分期付息、到期还本］。

高等学校对新账的财务会计科目期初余额进行调整时，应当编制记账凭证，并将调整事项的确认依据作为原始凭证。

三、预算会计科目的新旧衔接

（一）“财政拨款结转”和“财政拨款结余”科目及对应的“资金结存”科目余额。

新制度设置了“财政拨款结转”“财政拨款结余”科目及对应的“资金结存”科目。在新旧制度转换时，高等学校应当对原账的“财政补助结转”科目及对应科目余额进行逐项分析，加上已经计入支出尚未支付财政资金（如发生时列支的应付票据、应付账款、应缴税费、应付职工薪酬等）的金额，减去已经支付财政资金尚未计入支出（如购入的存货、预付账款、其他应收款等）的金额，按照增减后的金额，登记新账的“财政拨款结转”科目及其明细科目贷方；按照原账“财政补助结余”科目余额，登记新账的“财政拨款结余”科目及其明细科目贷方。

按照原账“财政应返还额度”科目余额登记新账的“资金结存——财政应返还额度”科目借方。按照新账的“财政拨款结转”和“财政拨款结余”科目贷方余额合计数，减去新账的“资金结存——财政应返还额度”科目借方余额后的差额，登记新账的“资金结存——货币资金”科目借方。

（二）“非财政拨款结转”科目及对应的“资金结存”科目余额。

新制度设置了“非财政拨款结转”科目及对应的“资金结存”科目。在新旧制度转换时，高等学校应当对原账的“非财政补助结转”及对应科目余额进行逐项分析，加上已经计入支出尚未支付非财政补助专项资金（如发生时列支的应付票据、应付账款、应缴税费、应付职工薪酬等）的金额，减去已经支付非财政补助专项资金尚未计入支出（如购入的存货、预付账款等）的金额，加上已经收到非财政补助专项资金尚未计入预算收入（如预收账款等）的金额，减去已经计入预算收入尚未收到非财政补助专项资金（如应收票据、应收账款、其他应收款等）的金额，按照增减后的金额，登记新账的“非财政拨款结转”科目及其明细科目贷方；同时，按照相同的金额，登记新账“资金结存——货币资金”科目的借方。

（三）“专用结余”科目及对应的“资金结存”科目余额。

新制度设置了“专用结余”科目及对应的“资金结存”科目。在新旧制度转换时，高等学校应当按照原账“专用基金”科目余额中通过非财政补助结余分配形成的金额，借记新账的“资金结存——货币资金”科目，贷记新账的“专用结余”科目。

（四）“经营结余”科目及对应的“资金结存”科目余额。

新制度设置了“经营结余”科目。如果原账的“经营结余”科目期末有借方余额，在新旧制度转换时，按照原账的“经营结余”科目余额，借记新账的“经营结余”科目，贷记新账的“资金结存——货币资金”科目。

（五）“非财政拨款结余”科目及对应的“资金结存”科目余额。

1. 登记“非财政拨款结余”科目余额。

新制度设置了“非财政拨款结余”科目及对应的“资金结存”科目。在新旧制度转换时，高等学校应当按照原账的“事业基金”科目余额，借记新账的“资金结存——货币资金”科目，贷记新账的“非财政拨款结余”科目。

2. 对新账“非财政拨款结余”科目及“资金结存”科目余额进行调整。

（1）调整短期投资对非财政拨款结余的影响。

高等学校应当按照原账的“短期投资”科目余额，借记“非财政拨款结余”科目，贷记“资金结存——货币资金”科目。

（2）调整应收票据、应收账款对非财政拨款结余的影响。

高等学校应当对原账的“应收票据”“应收账款”科目余额进行分析，区分计入专项资金收入的金额和计入非专项资金收入的金额，按照计入非专项资金收入的金额借记“非财政拨款结余”科目，贷记“资金结存——货币资金”科目。

（3）调整预付账款对非财政拨款结余的影响。

高等学校应当对原账的“预付账款”科目余额进行分析，区分其中由财政补助资金预付的金额、非财政补助专项资金预付的金额和非财政补助非专项资金预付的金额，按照非财政补助非专项资金预付的金额，借记“非财政拨款结余”科目，贷记“资金结存——货币资金”科目。

（4）调整其他应收款对非财政拨款结余的影响。

高等学校按照新制度规定将原账其他应收款中的预付款项计入支出的，应当对原账的“其他应收款”科目余额进行分析，区分其中预付款项的金额（将来很可能列支）和非预付款项的金额，并对预付款项的金额划分为财政补助资金预付的金额、非财政补助专项资金预付的金额和非财政补助非专项资金预付的金额，按照非财政补助非专项资金预付的金额，借记“非财政拨款结余”科目，贷记“资金结存——货币资金”科目。

（5）调整存货对非财政拨款结余的影响。

高等学校应当对原账的“存货”科目余额进行分析，区分购入的存货金额和非购入的存货金额。对购入的存货金额划分出其中使用财政补助资金购入的金额、使用非财政补助专项资金购入的金额和使用非财政补助非专项资金购入的金额，按照使用非财政补助非专项资金购入的金额，借记“非财政拨款结余”科目，贷记“资金结存——货币资金”科目。

（6）调整长期股权投资对非财政拨款结余的影响。

高等学校应当对原账的“长期投资”科目余额中属于股权投资的余额（不含对非企业法人投资）进行分析，区分其中用现金资产取得的金额和用非现金资产及其他方式取得的金额，按照用现金资产取得的金额，借记“非财政拨款结余”科目，贷记“资金结存——货币资金”科目。

按照原制度核算长期投资、而且对应科目为“非流动资产基金——长期投资”的，不作此项调整。

（7）调整长期债券投资对非财政拨款结余的影响。

高等学校应当按照原账的“长期投资”科目余额中属于债券投资的余额，借记“非财政拨款结余”科目，贷记“资金结存——货币资金”科目。

按照原制度核算长期投资、而且对应科目为“非流动资产基金——长期投资”的，不作此项调整。

（8）调整短期借款、长期借款对非财政拨款结余的影响。

高等学校应当按照原账的“短期借款”“长期借款”科目余额，借记“资金结存——货币资金”科目，贷记“非财政拨款结余”科目。

（9）调整应付票据、应付账款对非财政拨款结余的影响。

高等学校应当对原账的“应付票据”“应付账款”科目余额进行分析，区分财政补助应付的金额、非财政补助专项资金应付的金额和非财政补助非专项资金应付的金额，按照非财政补助非专项资金应付的金额借记“资金结存——货币资金”科目，贷记“非财政拨款结余”科目。

（10）调整应缴增值税对非财政拨款结余的影响。

高等学校应当对原账“应缴税费——应缴增值税”科目余额进行分析，划分出与非财政补助专项资金相关的金额和与非财政补助非专项资金相关的金额。按照与非财政补助非专项资金相关的金额，计算应调整非财政拨款结余的金额。

应调整金额如为正数，按照该金额借记“资金结存——货币资金”科目，贷记“非财政拨款结余”科目；如为负数，按照该金额借记“非财政拨款结余”科目，贷记“资金结存——货币资金”科目。

（11）调整其他应缴税费对非财政拨款结余的影响。

高等学校应当对原账“应缴税费”科目余额中非增值税的其他应缴税费金额进行分析，划分出财政补助应交金额、非财政补助专项资金应交金额和非财政补助非专项资金应交金额，按照非财政补助非专项资金应交金额，借记“资金结存——货币资金”科目，贷记“非财政拨款结余”科目。

（12）调整预收账款对非财政拨款结余的影响。

高等学校应当按照原账的“预收账款”科目余额中预收非财政非专项资金的金额，借记“资金结存——货币资金”科目，贷记“非财政拨款结余”科目。

（13）调整其他应付款对非财政拨款结余的影响。

高等学校应当对原账的“其他应付款”科目余额（扣除属于受托代理负

债的金额）进行分析，区分其中支出类的金额（确认其他应付款时计入了支出）和周转类的金额（如收取的押金、保证金等），并对支出类的金额划分为财政补助资金列支的金额、非财政补助专项资金列支的金额和非财政补助非专项资金列支的金额，按照非财政补助非专项资金列支的金额，借记“资金结存——货币资金”科目，贷记“非财政拨款结余”科目。

（14）调整专用基金对非财政拨款结余的影响。

高等学校应当对原账的“专用基金”科目余额进行分析，划分出按照收入比例列支提取的专用基金（如列支提取的职工福利基金、列支提取的学生奖助基金等），按照列支提取的专用基金的金额，借记“资金结存——货币资金”科目，贷记“非财政拨款结余”科目。

3. 高等学校按照前述1、2两个步骤难以准确调整出“非财政拨款结余”科目及对应的“资金结存”科目余额的，在新旧制度转换时，可以在新账的“库存现金”“银行存款”“其他货币资金”“财政应返还额度”科目借方余额合计数基础上，对不纳入单位预算管理的资金进行调整（如减去新账中货币资金形式的受托代理资产、应缴财政款、已收取将来需要退回资金的其他应付款，加上已支付将来需要收回资金的其他应收款），按照调整后的金额减去新账的“财政拨款结转”“财政拨款结余”“非财政拨款结转”“专用结余”科目贷方余额合计数，加上“经营结余”科目借方余额后的金额，登记新账的“非财政拨款结余”科目贷方；同时，按照相同的金额登记新账的“资金结存——货币资金”科目借方。

（六）“其他结余”“非财政拨款结余分配”科目。

新制度设置了“其他结余”和“非财政拨款结余分配”科目。由于这两个科目年初无余额，在新旧制度转换时，无需对“其他结余”和“非财政拨款结余分配”科目进行新账年初余额登记。

（七）预算收入类、预算支出类会计科目。

由于预算收入类、预算支出类会计科目年初无余额，在新旧制度转换时，高等学校无需对预算收入类、预算支出类会计科目进行新账年初余额登记。

高等学校自2019年1月1日起，应当按照新制度设置预算收入类、预算支出类科目并进行账务处理。

高等学校存在2018年12月31日需要按照新制度预算会计核算基础调整预算会计科目期初余额的其他事项的，应当比照本规定调整新账的相应预算会计科目期初余额。

高等学校对预算会计科目期初余额登记和调整，应当编制记账凭证，并将期初余额登记和调整的依据作为原始凭证。

四、财务报表和预算会计报表的新旧衔接

（一）编制 2019 年 1 月 1 日资产负债表。

高等学校应当根据 2019 年 1 月 1 日新账的财务会计科目余额，按照新制度编制 2019 年 1 月 1 日资产负债表（仅要求填列各项目“年初余额”）。

（二）2019 年度财务报表和预算会计报表的编制。

高等学校应当按照新制度及补充规定编制 2019 年财务报表和预算会计报表。在编制 2019 年度收入费用表、净资产变动表、现金流量表和预算收入支出表、预算结转结余变动表时，不要求填列上年比较数。

高等学校应当根据 2019 年 1 月 1 日新账财务会计科目余额，填列 2019 年净资产变动表各项目的“上年年末余额”；根据 2019 年 1 月 1 日新账预算会计科目余额，填列 2019 年预算结转结余变动表的“年初预算结转结余”项目和财政拨款预算收入支出表的“年初财政拨款结转结余”项目。

五、其他事项

（一）截至 2018 年 12 月 31 日尚未进行基建“并账”的高等学校，应当首先按照《新旧高等学校会计制度有关衔接问题的处理规定》（财会〔2014〕3 号），将基建账套相关数据并入 2018 年 12 月 31 日原账中的相关科目余额，再按照本规定将 2018 年 12 月 31 日原账相关会计科目余额转入新账相应科目。

（二）2019 年 1 月 1 日前执行新制度及补充规定的高等学校，应当按照本规定做好新旧制度衔接工作。

附表 1：

高等学校原会计科目余额明细表一

总账科目	明细分类	金额	备注
库存现金	库存现金		
	其中：受托代理现金		

续表

总账科目	明细分类	金额	备注
银行存款	银行存款		
	其中：受托代理银行存款		
	其他货币资金		
预付账款	使用受托代理资金预付		
	其他		
其他应收款	在途物品		已经付款或已开出商业汇票，尚未收到物资
	使用受托代理资金应收		
	其他		
存货	在加工存货		
	非在加工存货		
	受托代理资产		
长期投资	长期股权投资		
	其中：对企业法人单位的投资		
	长期债券投资		
固定资产	固定资产		
	受托代理固定资产		
累计折旧	固定资产累计折旧		
	受托代理固定资产累计折旧		
在建工程	在建工程		
	工程物资		
	预付工程款、预付备料款		
应缴税费	应缴增值税		
	其他应缴税费		
其他应付款	其他应付款		
	受托代理负债		
代管款项	受托代理负债		
	其他应付款		
	长期应付款		

附表2：

高等学校原会计科目余额明细表二

总账科目	明细分类	金额	备注
应收票据、应收账款	发生时不计入收入		如转让资产的应收票据、应收账款
	发生时计入收入		
	其中：专项收入		
	其他		
预付账款（扣除属于受托代理资产的预付款）	财政补助资金预付		
	非财政补助专项资金预付		
	非财政补助非专项资金预付		
其他应收款（扣除属于受托代理资产的应收款）	预付款项		如职工预借的差旅费等
	其中：财政补助资金预付		
	非财政补助专项资金预付		
	非财政补助非专项资金预付		
	需要收回及其他		如支付的押金、应收为职工垫付的款项等
存货（扣除属于受托代理资产的存货）	购入存货		
	其中：使用财政补助资金购入		
	使用非财政补助专项资金购入		
	使用非财政补助非专项资金购入		
	非购入存货		如无偿调入、接受捐赠的存货等
长期投资（扣除对非企业法人股权投资）	长期股权投资		
	其中：用现金资产取得		
	用非现金资产或其他方式取得		
	长期债券投资		
应付票据、应付账款	发生时不计入支出		
	发生时计入支出		
	其中：财政补助资金应付		
	非财政补助专项资金应付		
	非财政补助非专项资金应付		

续表

总账科目	明细分类	金额	备注
预收账款	预收专项资金		
	预收非专项资金		
应缴税费——应缴增值税	非财政补助专项资金应交		
	非财政补助非专项资金应交		
应缴税费——应缴其他税费	财政补助资金应交		
	非财政补助专项资金应交		
	非财政补助非专项资金应交		
其他应付款（扣除属于受托代理负债的金额）	支出类		确认其他应付款时确认了支出
	其中：财政补助资金应付		
	非财政补助专项资金应付		
	非财政补助非专项资金应付		
	周转类		如收取的押金、保证金等
专用基金	从非财政补助结余分配中提取		
	从收入中列支提取		
	其他		

附表 3：

高等学校新旧会计制度转账、登记新账科目对照表

序号	新制度会计科目		原制度会计科目	
	编号	名称	编号	名称
一、资产类				
1	1001	库存现金	1001	库存现金
2	1002	银行存款	1002	银行存款
3	1021	其他货币资金		
4	1101	短期投资	1101	短期投资
5	1201	财政应返还额度	1201	财政应返还额度
6	1211	应收票据	1211	应收票据
7	1212	应收账款	1212	应收账款

续表

<table>
<tr><th rowspan="2">序号</th><th colspan="2">新制度会计科目</th><th colspan="2">原制度会计科目</th></tr>
<tr><th>编号</th><th>名称</th><th>编号</th><th>名称</th></tr>
<tr><td colspan="5">一、资产类</td></tr>
<tr><td>8</td><td>1214</td><td>预付账款</td><td rowspan="2">1213</td><td rowspan="2">预付账款</td></tr>
<tr><td>9</td><td>1891</td><td>受托代理资产</td></tr>
<tr><td>10</td><td>1218</td><td>其他应收款</td><td rowspan="3">1215</td><td rowspan="3">其他应收款</td></tr>
<tr><td>11</td><td>1301</td><td>在途物品</td></tr>
<tr><td>12</td><td>1891</td><td>受托代理资产</td></tr>
<tr><td>13</td><td>1302</td><td>库存物品</td><td rowspan="3">1301</td><td rowspan="3">存货</td></tr>
<tr><td>14</td><td>1303</td><td>加工物品</td></tr>
<tr><td>15</td><td>1891</td><td>受托代理资产</td></tr>
<tr><td>16</td><td>1501</td><td>长期股权投资</td><td rowspan="2">1401</td><td rowspan="2">长期投资</td></tr>
<tr><td>17</td><td>1502</td><td>长期债券投资</td></tr>
<tr><td>18</td><td>1601</td><td>固定资产</td><td rowspan="2">1501</td><td rowspan="2">固定资产</td></tr>
<tr><td>19</td><td>1891</td><td>受托代理资产</td></tr>
<tr><td>20</td><td>1602</td><td>固定资产累计折旧</td><td rowspan="2">1502</td><td rowspan="2">累计折旧</td></tr>
<tr><td>21</td><td>3001</td><td>累计盈余</td></tr>
<tr><td>22</td><td>1611</td><td>工程物资</td><td rowspan="3">1511</td><td rowspan="3">在建工程</td></tr>
<tr><td>23</td><td>1613</td><td>在建工程</td></tr>
<tr><td>24</td><td>1214</td><td>预付账款</td></tr>
<tr><td>25</td><td>1701</td><td>无形资产</td><td>1601</td><td>无形资产</td></tr>
<tr><td>26</td><td>1702</td><td>无形资产累计摊销</td><td>1602</td><td>累计摊销</td></tr>
<tr><td>27</td><td>1902</td><td>待处理财产损溢</td><td>1701</td><td>待处置资产损溢</td></tr>
<tr><td colspan="5">二、负债类</td></tr>
<tr><td>28</td><td>2001</td><td>短期借款</td><td>2001</td><td>短期借款</td></tr>
<tr><td>29</td><td>2101</td><td>应交增值税</td><td rowspan="2">2101</td><td rowspan="2">应缴税费</td></tr>
<tr><td>30</td><td>2102</td><td>其他应交税费</td></tr>
<tr><td>31</td><td rowspan="2">2103</td><td rowspan="2">应缴财政款</td><td>2102</td><td>应缴国库款</td></tr>
<tr><td>32</td><td>2103</td><td>应缴财政专户款</td></tr>
<tr><td>33</td><td>2201</td><td>应付职工薪酬</td><td>2201</td><td>应付职工薪酬</td></tr>
<tr><td>34</td><td>2301</td><td>应付票据</td><td>2301</td><td>应付票据</td></tr>
</table>

续表

序号	新制度会计科目		原制度会计科目	
	编号	名称	编号	名称
二、负债类				
35	2302	应付账款	2302	应付账款
36	2305	预收账款	2303	预收账款
37	2307	其他应付款	2305	其他应付款
38	2901	受托代理负债	3101	非流动资产基金
39	2501	长期借款	2401	长期借款
40	2502	长期应付款	2402	长期应付款
41	2901	受托代理负债	2501	代管款项
42	2307	其他应付款		
43	2502	长期应付款		
三、净资产类				
44	3001	累计盈余	3001	事业基金
45			3101	非流动资产基金
46	3101	专用基金	3201	专用基金
47	3001	累计盈余	3301	财政补助结转
48			3302	财政补助结余
49			3401	非财政补助结转
50	3001	累计盈余（借方）	3403	经营结余（借方）
四、预算结余类				
51	8101	财政拨款结转	3301	财政补助结转
52	8102	财政拨款结余	3302	财政补助结余
53	8201	非财政拨款结转	3401	非财政补助结转
54	8202	非财政拨款结余	3001	事业基金
55	8301	专用结余	3201	专用基金
56	8401	经营结余	3403	经营结余
57	8001	资金结存（借方）	3301	财政补助结转
			3302	财政补助结余
			3401	非财政补助结转
			3001	事业基金
			3201	专用基金
			3403	经营结余

关于中小学校执行《政府会计制度——行政事业单位会计科目和报表》的补充规定

财会〔2018〕20号　2018年8月14日

根据《政府会计准则——基本准则》，结合行业实际情况，现就中小学校[①]执行《政府会计制度——行政事业单位会计科目和报表》（以下简称新制度）作出如下补充规定。

一、关于“事业支出”科目的明细核算要求

中小学校对“事业支出”科目的明细核算除了遵循新制度规定外，还应当参照本规定附表1。

二、关于报表及编制说明

（一）新增项目及填列方法。

中小学校应当在收入费用表的“（十一）其他收入”项目下增加“其中：食堂净收入”项目；应当在预算收入支出表的“（九）其他预算收入”项目下“其中:”后所列项目中增加“食堂净预算收入”项目。

“其中：食堂净收入”和“食堂净预算收入”两个项目的内容及填列方法详见本规定“三、关于中小学校食堂业务的会计处理”。

① 本规定所指的中小学校包括各级人民政府和接受国家经常性资助的社会力量举办的普通中小学校、中等职业学校、特殊教育学校、工读教育学校、成人中学和成人初等学校。各级人民政府和接受国家经常性资助的社会力量举办的幼儿园依照本规定执行。

（二）关于报表附注。

中小学校应当在财务报表附注中按照本规定附表 1 的格式披露事业支出的基本情况。

三、关于中小学校食堂业务的会计处理

中小学校食堂实行独立核算或对食堂收支等主要业务实行独立核算的，年末应当将食堂的报表信息并入学校相关报表的相应项目，并抵销中小学校与食堂的内部业务或事项对中小学校报表的影响。

但是，中小学校在编制收入费用表时，应当将食堂本年收入和费用相抵后的净额并入本表“其他收入”项目金额，并单独填列于该项目下的“食堂净收入”项目。如果食堂收入和费用相抵后的净额合计数为负数，则以“－”号填列。中小学校在编制预算收入支出表时，应当将食堂本年预算收支相抵后的净额并入本表“其他预算收入”项目金额，并单独填列于该项目下的“食堂净预算收入”项目。如果食堂预算收入和支出相抵后的净额合计数为负数，则以“－”号填列。

中小学校应当在年度财务报表附注中提供将食堂财务会计信息纳入学校财务报表情况的说明，包括内部业务或事项抵销处理的情况，食堂本年收入、费用情况。

四、固定资产折旧年限

通常情况下，中小学校应当按照附表 2 规定确定各类应计提折旧的固定资产的折旧年限。

五、生效日期

本规定自 2019 年 1 月 1 日起施行。

附表1：

中小学校事业支出明细表

项目	事业支出（按照经费来源划分）												
	合计	同级财政拨款			事业收入			非同级财政拨款			其他资金		
		小计	基本支出	项目支出	小计	基本支出	项目支出	小计	基本支出	项目支出	小计	基本支出	项目支出
一、工资福利支出													
基本工资													
津贴补贴													
奖金													
伙食补助费													
绩效工资													
基本养老保险缴费													
职业年金缴费													
基本医疗保险缴费													
其他社会保障缴费													
住房公积金													
医疗费													
外聘教职工工资													

续表

项目	事业支出（按照经费来源划分）												
	合计	同级财政拨款			事业收入			非同级财政拨款			其他资金		
		小计	基本支出	项目支出	小计	基本支出	项目支出	小计	基本支出	项目支出	小计	基本支出	项目支出
外聘教职工社会保障缴费													
其他工资福利支出													
二、商品和服务支出													
办公费													
印刷费													
咨询费													
手续费													
水费													
电费													
邮电费													
取暖费													
学校安保费													
校园保洁费													
校园绿化费													
其他物业管理费													
市内差旅费													

续表

项目	事业支出（按照经费来源划分）												
	合计	同级财政拨款			事业收入			非同级财政拨款			其他资金		
		小计	基本支出	项目支出	小计	基本支出	项目支出	小计	基本支出	项目支出	小计	基本支出	项目支出
国内差旅费													
教师出国（境）培训费													
其他教职工出国（境）培训费													
教职工出国（境）考察费													
仪器设备维修（护）费													
信息系统维修（护）费													
房屋建筑物维修（护）费													
其他维修（护）费													
租赁费													
会议费													
教师培训费													
其他培训费													
公务接待费													
实验耗材费													
体育耗材费													
其他材料费													

续表

项目	事业支出（按照经费来源划分）												
	合计	同级财政拨款			事业收入			非同级财政拨款			其他资金		
		小计	基本支出	项目支出	小计	基本支出	项目支出	小计	基本支出	项目支出	小计	基本支出	项目支出
劳务费													
委托业务费													
工会经费													
福利费													
校车运行维护费													
公务用车运行维护费													
其他交通费													
学生活动费													
学生出国（境）活动费													
教师工会和党团活动													
学校财产和责任保险费用													
税费和附加费													
财务及审计费													
诉讼费													
其他商品和服务支出													

续表

项目	合计	事业支出（按照经费来源划分）											
		同级财政拨款			事业收入			非同级财政拨款			其他资金		
		小计	基本支出	项目支出	小计	基本支出	项目支出	小计	基本支出	项目支出	小计	基本支出	项目支出
三、对个人和家庭补助支出													
离休费													
退休费													
退职费													
抚恤金													
生活补助													
医疗费补助													
其中：（1）学生医疗费													
（2）教职工医疗费													
助学金													
其中：（1）助学金													
（2）奖学金													
（3）书本费													
（4）伙食补贴													
（5）学生校外践习津贴													
奖励金													

续表

项目	事业支出（按照经费来源划分）												
	合计	同级财政拨款			事业收入			非同级财政拨款			其他资金		
		小计	基本支出	项目支出	小计	基本支出	项目支出	小计	基本支出	项目支出	小计	基本支出	项目支出
其他对个人和家庭补助支出													
四、资本性支出													
房屋建筑物购建													
办公设备购置													
专用设备购置													
仪器设备大型修缮													
房屋建筑物大型修缮													
信息网络及软件购置更新													
文物和陈列品购置													
图书购置													
无形资产购置													
其他资本性支出													
合计													

附表2：

中小学校固定资产折旧年限表

固定资产类别	折旧年限	备注
一、房屋及构筑物		
1. 房屋		
钢结构	50年	
钢筋混凝土结构	50年	
砖混结构	30年	
砖木结构	30年	
2. 简易房	8年	
3. 房屋附属设施	8年	围墙、停车设施等
4. 构筑物	8年	池、罐、槽、塔等
二、通用设备		
1. 计算机设备	6年	计算机、网络设备、安全设备、终端设备、存储设备等
2. 办公设备	6年	电话机、传真机、复印机、投影仪、多功能一体机、录音设备、电子白板、LED显示屏、触控一体机等
3. 车辆	8年	校车、乘用车、载货汽车、专用车辆等
4. 图书档案设备	5年	
5. 机械设备	10年	电梯、制冷空调、锅炉等
6. 电气设备	5年	电机、变压器、电源设备、生活用电器等
7. 通信设备	5年	
8. 广播、电视、电影设备	5年	
9. 仪器仪表	5年	
10. 电子和通信测量设备	5年	
11. 计量标准器具及量具、衡器	5年	
三、专用设备		
1. 专用仪器仪表	5年	教学专用仪器等
2. 文艺设备	5年	乐器、舞台设备、影剧院设备等

续表

固定资产类别	折旧年限	备注
3. 体育设备	5年	田赛设备、径赛设备、球类设备、体育运动辅助设备等
4. 娱乐设备	5年	
5. 公安专用设备	3年	
6. 其他专用设备	10年	
四、家具、用具及装具		
1. 家具	15年	
其中：学生用家具（教学用）	5年	
2. 用具和装具	5年	

关于中小学校执行《政府会计制度——行政事业单位会计科目和报表》的衔接规定

财会〔2018〕20号　2018年8月14日

我部于2017年10月24日印发了《政府会计制度——行政事业单位会计科目和报表》（财会〔2017〕25号，以下简称新制度）。目前执行《中小学校会计制度》（财会〔2013〕27号，以下简称原制度）的中小学校[①]，自2019年1月1日起执行新制度，不再执行原制度。为了确保新旧会计制度顺利过渡，现对中小学校执行新制度及《关于中小学校执行〈政府会计制度——行政事业单位会计科目和报表〉的补充规定》（以下简称补充规定）的有关衔接问题规定如下。

一、新旧制度衔接总要求

（一）自2019年1月1日起，中小学校应当严格按照新制度及补充规定进行会计核算、编制财务报表和预算会计报表。

（二）中小学校应当按照本规定做好新旧制度衔接的相关工作，主要包括以下几个方面：

1. 根据原账编制2018年12月31日的科目余额表，并按照本规定要求，编制原账的部分科目余额明细表（参见附表1、附表2）。

2. 按照新制度及补充规定设立2019年1月1日的新账。

① 本规定所指的中小学校包括各级人民政府和接受国家经常性资助的社会力量举办的普通中小学校、中等职业学校、特殊教育学校、工读教育学校、成人中学和成人初等学校。各级人民政府和接受国家经常性资助的社会力量举办的幼儿园依照本规定执行。

3. 按照本规定要求，登记新账的财务会计科目余额和预算结余科目余额，包括将原账科目余额转入新账财务会计科目、按照原账科目余额登记新账预算结余科目（中小学校新旧会计制度转账、登记新账科目对照表见附表3），将未入账事项登记新账科目，并对相关新账科目余额进行调整。原账科目是指按照原制度规定设置的会计科目。

4. 按照登记及调整后新账的各会计科目余额，编制2019年1月1日的科目余额表，作为新账各会计科目的期初余额。

5. 根据新账各会计科目期初余额，按照新制度编制2019年1月1日资产负债表。

（三）及时调整会计信息系统。中小学校应当按照新制度及补充规定要求对原有会计信息系统进行及时更新和调试，实现数据正确转换，确保新旧账套的有序衔接。

二、财务会计科目的新旧衔接

（一）将2018年12月31日原账会计科目余额转入新账财务会计科目。

1. 资产类。

（1）"库存现金""财政应返还额度""短期投资""固定资产""无形资产"科目。

新制度设置了"库存现金""财政应返还额度""短期投资""固定资产""无形资产"科目，其核算内容与原账的上述相应科目的核算内容基本相同。转账时，中小学校应当将原账的上述科目余额直接转入新账的相应科目。其中，还应当将原账的"库存现金"科目余额中属于新制度规定受托代理资产的金额，转入新账的"库存现金"科目下"受托代理资产"明细科目。

（2）"银行存款"科目。

新制度设置了"银行存款"和"其他货币资金"科目，原制度设置了"银行存款"科目。转账时，中小学校应当将原账"银行存款"科目中核算的属于新制度规定的其他货币资金的金额，转入新账"其他货币资金"科目；将原账"银行存款"科目余额减去其中属于其他货币资金余额后的差额，转入新账的"银行存款"科目。其中，还应当将原账的"银行存款"科目余额中属于新制度规定受托代理资产的金额，转入新账"银行存款"科目下的"受托代理资产"明细科目。

（3）“应收账款”科目。

新制度设置了“应收票据”“应收账款”“预付账款”科目，这三个科目的核算内容与原账的“应收账款”科目的核算内容基本相同。转账时，中小学校应当将原账的“应收账款”科目余额中属于新制度规定的应收票据的金额转入新账的“应收票据”科目；将原账的“应收账款”科目余额中属于新制度规定的应收账款的金额转入新账的“应收账款”科目；将原账的“应收账款”科目余额中属于新制度规定的预付账款的金额转入新账的“预付账款”科目。

（4）“其他应收款”科目。

新制度设置了“其他应收款”科目，该科目的核算内容与原账“其他应收款”科目的核算内容基本相同。转账时，中小学校应当将原账的“其他应收款”科目余额，转入新账的“其他应收款”科目。

新制度设置了“在途物品”科目，中小学校在原账“其他应收款”科目中核算了已经付款或开出商业汇票、尚未收到物资的款项，应当将原账的“其他应收款”科目余额中已经付款或开出商业汇票、尚未收到物资的款项金额，转入新账的“在途物品”科目。

（5）“存货”科目。

新制度设置了“库存物品”和“加工物品”科目，原制度设置了“存货”科目。转账时，中小学校应当将原账的“存货”科目余额中属于在加工存货的金额，转入新账的“加工物品”科目；将原账的“存货”科目余额减去属于在加工存货的金额后的差额，转入新账的“库存物品”科目。

中小学校在原账的“存货”科目中核算了属于新制度规定的受托代理物资的，应当将原账的“存货”科目余额中属于受托代理物资的金额，转入新账的“受托代理资产”科目。

（6）“长期投资”科目。

新制度设置了“长期股权投资”和“长期债券投资”科目，原制度设置了“长期投资”科目。转账时，中小学校应当将原账的“长期投资”科目余额中属于股权投资的金额，转入新账的“长期股权投资”科目及其明细科目；将原账的“长期投资”科目余额中属于债券投资的金额，转入新账的“长期债券投资”科目及其明细科目。

（7）“在建工程”科目。

新制度设置了“在建工程”和“预付账款——预付备料款、预付工程款”

科目，原制度设置了“在建工程”科目。转账时，中小学校应当将原账的“在建工程”科目余额（基建“并账”后的金额，下同）中属于预付备料款、预付工程款的金额，转入新账的“预付账款”科目相关明细科目；将原账的“在建工程”科目余额减去预付备料款、预付工程款金额后的差额，转入新账的“在建工程”科目。

中小学校在原账“在建工程”科目中核算了按照新制度规定应当记入“工程物资”科目内容的，应当将原账“在建工程”科目余额中属于工程物资的金额，转入新账的“工程物资”科目。

（8）“待处置资产损溢”科目。

新制度设置了“待处理财产损溢”科目，该科目的核算内容与原账“待处置资产损溢”科目的核算内容基本相同。转账时，中小学校应当将原账的“待处置资产损溢”科目余额，转入新账的“待处理财产损溢”科目。

（9）“零余额账户用款额度”科目。

由于原账的“零余额账户用款额度”科目年末无余额，该科目无需进行转账处理。

2. 负债类。

（1）“短期借款”“应付职工薪酬”“长期借款”“长期应付款”科目。

新制度设置了“短期借款”“应付职工薪酬”“长期借款”“长期应付款”科目，这些科目的核算内容与原账的上述相应科目的核算内容基本相同。转账时，中小学校应当将原账的上述科目余额直接转入新账的相应科目。

（2）“应缴税费”科目。

新制度设置了“应交增值税”和“其他应交税费”科目，原制度设置了“应缴税费”科目。转账时，中小学校应当将原账的“应缴税费——应缴增值税”科目余额，转入新账“应交增值税”科目中的相关明细科目；将原账的“应缴税费”科目余额减去属于应缴增值税余额后的差额，转入新账的“其他应交税费”科目。

（3）“应缴国库款”“应缴财政专户款”科目。

新制度设置了“应缴财政款”科目，原制度设置了“应缴国库款”“应缴财政专户款”科目。转账时，中小学校应当将原账的“应缴国库款”“应缴财政专户款”科目余额，转入新账的“应缴财政款”科目。

（4）“应付账款”科目。

新制度设置了“应付票据”“应付账款”“预收账款”科目，这三个科目的核算内容与原账的“应付账款”科目的核算内容基本相同。转账时，中小学校应当将原账的“应付账款”科目余额中属于应付票据的金额转入新账的“应付票据”科目；将原账的“应付账款”科目余额中属于应付账款的金额转入新账的“应付账款”科目；将原账的“应付账款”科目余额中属于预收账款的金额转入新账的“预收账款”科目。

（5）“其他应付款”科目。

新制度设置了“其他应付款”科目，该科目的核算内容与原账“其他应付款”科目的核算内容基本相同。转账时，中小学校应当将原账的“其他应付款”科目余额，转入新账的“其他应付款”科目。其中，中小学校在原账的“其他应付款”科目中核算了属于新制度规定的受托代理负债的，应当将原账的“其他应付款”科目余额中属于受托代理负债的余额，转入新账的“受托代理负债”科目。

（6）“代管款项”科目。

新制度设置了“受托代理负债”科目，原账的“代管款项”科目的核算内容包括了受托代理负债的内容。转账时，中小学校应当对原账中“代管款项”科目余额进行分析，将其中属于新制度规定受托代理负债的余额转入新账的“受托代理负债”科目；将不属于受托代理负债的余额，根据偿还期限分别转入新账中“其他应付款”和“长期应付款”科目。

3. 净资产类。

（1）“事业基金”科目。

新制度设置了“累计盈余”科目。该科目的余额包含了原账的“事业基金”科目的核算内容。转账时，中小学校应当将原账的“事业基金”科目余额转入新账的“累计盈余”科目。

（2）“非流动资产基金”科目。

依据新制度，无需进行原制度中“非流动资产基金”科目对应内容的核算。转账时，中小学校应当将原账的“非流动资产基金”科目余额转入新账的“累计盈余”科目。

（3）“专用基金”科目。

新制度设置了“专用基金”科目，该科目的核算内容与原账的“专用基金”科目的核算内容基本相同。转账时，中小学校应当将原账的“专用基金”科目余额转入新账的“专用基金”科目。

（4）“财政补助结转”“财政补助结余”“非财政补助结转”科目。

新制度设置了“累计盈余”科目，该科目的余额包含了原账的“财政补助结转”“财政补助结余”“非财政补助结转”科目的余额内容。转账时，中小学校应当将原账的“财政补助结转”“财政补助结余”“非财政补助结转”科目余额，转入新账的“累计盈余”科目。

(5)“经营结余”科目。

新制度设置了“本期盈余”科目，该科目的核算内容包含了原账“经营结余”科目的核算内容。新制度规定“本期盈余”科目余额最终转入“累计盈余”科目，如果原账的“经营结余”科目有借方余额，转账时，中小学校应当将原账的“经营结余”科目借方余额，转入新账的“累计盈余”科目借方。

(6)“事业结余”“非财政补助结余分配”科目。

由于原账的“事业结余”“非财政补助结余分配”科目年末无余额，这两个科目无需进行转账处理。

4. 收入类、支出类。

由于原账中收入类、支出类科目年末无余额，无需进行转账处理。自2019年1月1日起，应当按照新制度设置收入类、费用类科目并进行账务处理。

中小学校存在其他本规定未列举的原账科目余额的，应当比照本规定转入新账的相应科目。新账的科目设有明细科目的，应将原账中对应科目的余额加以分析，分别转入新账中相应科目的相关明细科目。

中小学校在进行新旧衔接的转账时，应当编制转账的工作分录，作为转账的工作底稿，并将转入新账的对应原科目余额及分拆原科目余额的依据作为原始凭证。

(二)将原未入账事项登记新账财务会计科目。

1. 应收股利。

中小学校在新旧制度转换时，应当将2018年12月31日前未入账的应收股利按照新制度规定记入新账。登记新账时，按照确定的应收股利金额，借记“应收股利”科目，贷记“累计盈余”科目。

2. 受托代理资产。

中小学校在新旧制度转换时，应当将2018年12月31日前未入账的受托代理资产按照新制度规定记入新账。登记新账时，按照确定的受托代理资产金额，借记“受托代理资产”科目，贷记“受托代理负债”科目。

3. 盘盈资产。

中小学校在新旧制度转换时，应当将2018年12月31日前未入账的盘盈资产按照新制度规定记入新账。登记新账时，按照确定的盘盈资产及其成本，分别借记有关资产科目，按照盘盈资产成本的合计金额，贷记“累计盈余”科目。

4. 应付质量保证金。

中小学校在新旧制度转换时，应当将2018年12月31日前未入账的应付质量保证金按照新制度规定记入新账。登记新账时，按照确定未入账的应付质量保证金金额，借记“累计盈余”科目，贷记“其他应付款”科目［扣留期在1年以内（含1年）］、“长期应付款”科目［扣留期超过1年］。

5. 预计负债。

中小学校在新旧制度转换时，应当将2018年12月31日按照新制度规定确认的预计负债记入新账。登记新账时，按照确定的预计负债金额，借记“累计盈余”科目，贷记“预计负债”科目。

中小学校存在2018年12月31日前未入账的其他事项的，应当比照本规定登记新账的相应科目。

中小学校对新账的财务会计科目补记未入账事项时，应当编制记账凭证，并将补充登记事项的确认依据作为原始凭证。

（三）对新账的相关财务会计科目余额按照新制度规定的会计核算基础进行调整。

1. 计提坏账准备。

新制度要求对中小学校收回后无需上缴财政的应收账款和其他应收款提取坏账准备。在新旧制度转换时，中小学校应当按照2018年12月31日无需上缴财政的应收账款和其他应收款的余额计算应计提的坏账准备金额，借记“累计盈余”科目，贷记“坏账准备”科目。

2. 按照权益法调整长期股权投资账面余额。

对按照新制度规定应当采用权益法核算的长期股权投资，在新旧制度转换时，中小学校应当在“长期股权投资”科目下设置“新旧制度转换调整”明细科目，依据被投资单位2018年12月31日财务报表的所有者权益账面余额，以及中小学校持有被投资单位的股权比例，计算应享有或应分担的被投资单位所有者权益的份额，调整长期股权投资的账面余额，借记或贷记“长期股权投资——新旧制度转换调整”科目，贷记或借记“累计盈余”科目。

3. 确认长期债券投资期末应收利息。

中小学校应当按照新制度规定于 2019 年 1 月 1 日补记长期债券投资应收利息，按照长期债券投资的应收利息金额，借记“长期债券投资”科目［到期一次还本付息］或“应收利息”科目［分期付息、到期还本］，贷记“累计盈余”科目。

4. 补提折旧。

中小学校在原账中尚未计提固定资产折旧的，应当全面核查截至 2018 年 12 月 31 日的固定资产的预计使用年限、已使用年限、尚可使用年限等，并于 2019 年 1 月 1 日对尚未计提折旧的固定资产补提折旧，按照应计提的折旧金额，借记“累计盈余”科目，贷记“固定资产累计折旧”科目。

5. 补提摊销。

中小学校在原账中尚未计提无形资产摊销的，应当全面核查截至 2018 年 12 月 31 日无形资产的预计使用年限、已使用年限、尚可使用年限等，并于 2019 年 1 月 1 日对前期尚未计提摊销的无形资产补提摊销，按照应计提的摊销金额，借记“累计盈余”科目，贷记“无形资产累计摊销”科目。

6. 确认长期借款期末应付利息。

中小学校应当按照新制度规定于 2019 年 1 月 1 日补记长期借款的应付利息金额，对其中资本化的部分，借记“在建工程”科目，对其中费用化的部分，借记“累计盈余”科目，按照全部长期借款应付利息金额，贷记“长期借款”科目［到期一次还本付息］或“应付利息”科目［分期付息、到期还本］。

中小学校对新账的财务会计科目期初余额进行调整时，应当编制记账凭证，并将调整事项的确认依据作为原始凭证。

三、预算会计科目的新旧衔接

（一）“财政拨款结转”和“财政拨款结余”科目及对应的“资金结存”科目余额。

新制度设置了“财政拨款结转”“财政拨款结余”科目及对应的“资金结存”科目。在新旧制度转换时，中小学校应当对原账的“财政补助结转”科目及对应科目余额进行逐项分析，加上已经计入支出尚未支付财政资金（如发生时列支的应付账款、应缴税费、应付职工薪酬等）的金额，减去已经支付财政资金尚未计入支出（如购入的存货、预付账款、其他应收款等）的金额，按照增减后的金额，登记新账的“财政拨款结转”科目及其明细科目贷方；按照原账“财政补助结余”科目余额，登记新账的“财政拨款结余”科目及其明细科目贷方。

按照原账“财政应返还额度”科目余额登记新账“资金结存——财政应返还额度”科目借方。按照新账的“财政拨款结转”和“财政拨款结余”科目贷方余额合计数减去新账的“资金结存——财政应返还额度”科目借方余额后的差额，登记新账的“资金结存——货币资金”科目借方。

（二）“非财政拨款结转”科目及对应的“资金结存”科目余额。

新制度设置了“非财政拨款结转”科目及对应的“资金结存”科目。在新旧制度转换时，中小学校应当对原账的“非财政补助结转”科目及对应科目余额进行逐项分析，在原账的“非财政补助结转”科目余额基础上，加上已经计入支出尚未支付非财政补助专项资金（如发生时列支的应付票据、应付账款、应缴税费、应付职工薪酬等）的金额，减去已经支付非财政补助专项资金尚未计入支出（如购入的存货、预付账款、其他应收款等）的金额，加上已经收到非财政补助专项资金尚未计入预算收入（如预收账款等）的金额，减去已经计入预算收入尚未收到非财政补助专项资金（如应收票据、应收账款等）的金额，按照增减后的金额登记新账的“非财政拨款结转”科目及其明细科目贷方；同时，按照相同的金额登记新账“资金结存——货币资金”科目借方。

（三）“专用结余”科目及对应的“资金结存”科目余额。

新制度设置了“专用结余”科目及对应的“资金结存”科目。在新旧制度转换时，中小学校应当按照原账“专用基金”科目余额中通过非财政补助结余分配形成的金额，借记新账的“资金结存——货币资金”科目，贷记新账的“专用结余”科目。

（四）“经营结余”科目及对应的“资金结存”科目余额。

新制度设置了“经营结余”科目及对应的“资金结存”科目。如果原账的“经营结余”科目期末有借方余额，在新旧制度转换时，按照原账的“经营结余”科目余额，借记新账的“经营结余”科目，贷记新账的“资金结存”科目。

（五）“非财政拨款结余”科目及对应的“资金结存”科目余额。

1. 登记“非财政拨款结余”科目余额。

新制度设置了“非财政拨款结余”科目及对应的“资金结存”科目。在新旧制度转换时，中小学校应当按照原账的“事业基金”科目余额，借记新账的“资金结存——货币资金”科目，贷记新账的“非财政拨款结余”科目。

2. 对新账“非财政拨款结余”科目及“资金结存”科目余额进行调整。

（1）调整短期投资对非财政拨款结余的影响。

中小学校应当按照原账的“短期投资”科目余额，借记“非财政拨款结余”科目，贷记“资金结存——货币资金”科目。

（2）调整应收票据、应收账款对非财政拨款结余的影响。

中小学校应当对原账的“应收票据”“应收账款”科目余额进行分析，区分其中发生时计入预算收入的金额和没有计入预算收入的金额。对发生时计入收入的金额，再区分计入专项资金收入的金额和计入非专项资金收入的金额，按照计入非专项资金收入的金额，借记“非财政拨款结余”科目，贷记“资金结存——货币资金”科目。

（3）调整预付账款对非财政拨款结余的影响。

中小学校应当对原账的“预付账款”科目余额进行分析，区分其中由财政补助资金预付的金额、非财政补助专项资金预付的金额和非财政补助非专项资金预付的金额，按照非财政补助非专项资金预付的金额，借记“非财政拨款结余”科目，贷记“资金结存——货币资金”科目。

（4）调整其他应收款对非财政拨款结余的影响。

中小学校按照新制度规定将原账其他应收款中的预付款项计入支出的，应当对原账的“其他应收款”科目余额进行分析，区分其中预付款项的金额（将来很可能列支）和非预付款项的金额，并对预付款项的金额划分为财政补助资金预付的金额、非财政补助专项资金预付的金额和非财政补助非专项资金预付的金额，按照非财政补助非专项资金预付的金额，借记“非财政拨款结余”科目，贷记“资金结存——货币资金”科目。

（5）调整存货对非财政拨款结余的影响。

中小学校应当对原账的“存货”科目余额进行分析，区分购入的存货金额和非购入的存货金额。对购入的存货金额划分出其中使用财政补助资金购入的金额、使用非财政补助专项资金购入的金额和使用非财政补助非专项资金购入的金额，按照使用非财政补助非专项资金购入的金额，借记“非财政拨款结余”科目，贷记“资金结存——货币资金”科目。

（6）调整长期股权投资对非财政拨款结余的影响。

中小学校应当对原账的“长期投资”科目余额中属于股权投资的余额进

行分析，区分其中用现金资产取得的金额和用非现金资产及其他方式取得的金额，按照用现金资产取得的金额，借记“非财政拨款结余”科目，贷记“资金结存——货币资金”科目。

按照原制度核算长期投资、而且对应科目为“非流动资产基金——长期投资”的，不作此项调整。

（7）调整长期债券投资对非财政拨款结余的影响。

中小学校应当按原账的“长期投资”科目余额中属于债券投资的余额，借记“非财政拨款结余”科目，贷记“资金结存——货币资金”科目。

按照原制度核算长期投资、而且对应科目为“非流动资产基金——长期投资”的，不作此项调整。

（8）调整短期借款、长期借款对非财政拨款结余的影响。

中小学校应当按照原账的“短期借款”“长期借款”科目余额，借记“资金结存——货币资金”科目，贷记“非财政拨款结余”科目。

（9）调整应缴税费、应付职工薪酬对非财政拨款结余的影响。

中小学校应当对原账的“应缴税费”“应付职工薪酬”科目余额进行分析，将计入支出尚未支付的金额划分出财政补助应付的金额、非财政补助专项资金应付的金额和非财政补助非专项资金应付的金额，按照非财政补助非专项资金应付的金额，借记“资金结存——货币资金”科目，贷记“非财政拨款结余”科目。

（10）调整应付票据、应付账款对非财政拨款结余的影响。

中小学校应当对原账的“应付票据”“应付账款”科目余额进行分析，区分其中发生时计入支出的金额和未计入支出的金额。将计入支出的金额划分出财政补助应付的金额、非财政补助专项资金应付的金额和非财政补助非专项资金应付的金额，按照非财政补助非专项资金应付的金额，借记“资金结存——货币资金”科目，贷记“非财政拨款结余”科目。

（11）调整预收账款对非财政拨款结余的影响。

中小学校应当按照原账的“预收账款”科目余额中预收非财政非专项资金的金额，借记“资金结存——货币资金”科目，贷记“非财政拨款结余”科目。

（12）调整专用基金对非财政拨款结余的影响。

中小学校应当对原账的“专用基金”科目余额进行分析，划分出按照预算收入比例列支提取的专用基金，按照列支提取的专用基金的金额，借记“资金结存——货币资金”科目，贷记“非财政拨款结余”科目。

3. 中小学校按照前述1、2两个步骤难以准确调整出“非财政拨款结余”科目及对应的“资金结存”科目余额的，在新旧制度转换时，可以在新账的“库存现金”“银行存款”“其他货币资金”“财政应返还额度”科目借方余额合计数基础上，对不纳入单位预算管理的资金进行调整（如减去新账中货币资金形式的受托代理资产、应缴财政款、已收取将来需要退回资金的其他应付款，加上已支付将来需要收回资金的其他应收款），按照调整后的金额减去新账的“财政拨款结转”“财政拨款结余”“非财政拨款结转”“专用结余”科目贷方余额合计数，加上“经营结余”科目借方余额后的金额，登记新账的“非财政拨款结余”科目贷方；同时，按照相同的金额登记新账的“资金结存——货币资金”科目借方。

（六）“其他结余”“非财政拨款结余分配”科目。

新制度设置了“其他结余”和“非财政拨款结余分配”科目。由于这两个科目年初无余额，在新旧制度转换时，无需对“其他结余”和“非财政拨款结余分配”科目进行新账年初余额登记。

（七）预算收入类、预算支出类会计科目。

由于预算收入类、预算支出类会计科目年初无余额，在新旧制度转换时，无需对预算收入类、预算支出类会计科目进行新账年初余额登记。

中小学校应当自2019年1月1日起，按照新制度设置预算收入类、预算支出类科目并进行账务处理。

中小学校存在2018年12月31日需要按照新制度预算会计核算基础调整预算会计科目期初余额的其他事项的，应当比照本规定调整新账的相应预算会计科目期初余额。

中小学校对预算会计科目的期初余额登记和调整，应当编制记账凭证，并将期初余额登记和调整的依据作为原始凭证。

四、财务报表和预算会计报表新旧衔接

（一）编制2019年1月1日资产负债表。

中小学校应当根据2019年1月1日新账的财务会计科目余额，按照新制度编制2019年1月1日资产负债表（仅要求填列各项目“年初余额”）。

（二）2019年度财务报表和预算会计报表的编制。

中小学校应当按照新制度及补充规定编制2019年财务报表和预算会计报

表。在编制2019年度收入费用表、净资产变动表、现金流量表和预算收入支出表、预算结转结余变动表时，不要求填列上年比较数。

中小学校应当根据2019年1月1日新账财务会计科目余额，填列2019年净资产变动表各项目的“上年年末余额”；根据2019年1月1日新账预算会计科目余额，填列2019年预算结转结余变动表的“年初预算结转结余”项目和财政拨款预算收入支出表的“年初财政拨款结转结余”项目。

五、其他事项

（一）截至2018年12月31日尚未进行基建“并账”的中小学校，应当首先按照《新旧中小学校会计制度有关衔接问题的处理规定》（财会〔2014〕5号），将基建账套相关数据并入2018年12月31日原账中的相关科目余额，再按照本规定将2018年12月31日原账相关会计科目余额转入新账相应科目。

（二）2019年1月1日前执行新制度及补充规定的中小学校，应当按照本规定做好新旧制度衔接工作。

附表1：

中小学校原会计科目余额明细表一

总账科目	明细分类	金额	备注
库存现金	库存现金		
	其中：受托代理现金		
银行存款	银行存款		
	其中：受托代理银行存款		
	其他货币资金		
应收账款	应收票据		
	应收账款		
	预收账款		
其他应收款	在途物品		已经付款，尚未收到物资
	其他		
存货	库存物品		
	受托代理物资		

续表

总账科目	明细分类	金额	备注
长期投资	长期股权投资		
	长期债券投资		
在建工程	在建工程		
	工程物资		
	预付工程款、预付备料款		
应缴税费	应缴增值税		
	其他应缴税费		
应付账款	应付票据		
	应付账款		
	预收账款		
其他应付款	其他应付款		
	受托代理负债		
代管款项	受托代理负债		
	其他应付款		
	长期应付款		

附表2：

中小学校原会计科目余额明细表二

总账科目	明细分类	金额	备注
应收账款	应收票据和应收账款		
	其中：发生时不计入收入		如转让资产的应收票据和应收账款
	发生时计入收入		
	其中：专项收入		
	其他		
	预付账款		
	其中：财政补助资金预付		
	非财政补助专项资金预付		
	非财政补助非专项资金预付		

续表

总账科目	明细分类	金额	备注
其他应收款	预付款项		如职工预借的差旅费等
	其中：财政补助资金预付		
	非财政补助专项资金预付		
	非财政补助非专项资金预付		
	需要收回及其他		如支付的押金、应收为职工垫付的款项等
存货	购入存货		
	其中：使用财政补助资金购入		
	使用非财政补助专项资金购入		
	使用非财政补助非专项购入		
	非购入存货		如无偿调入、接受捐赠的存货等
长期投资	长期股权投资		
	其中：用现金资产取得		
	用非现金资产或其他方式取得		
	长期债券投资		
应付账款	应付票据和应付账款		
	其中：发生时不计入支出		
	发生时计入支出		
	其中：财政补助资金应付		
	非财政补助专项资金应付		
	非财政补助非专项资金应付		
	预收账款		
	其中：预收专项资金		
	预收非专项资金		
专用基金	从非财政补助结余分配中提取		
	从收入中列支提取		
	其他		

附表 3：

中小学校新旧会计制度转账、登记新账科目对照表

<table>
<tr><th rowspan="2">序号</th><th colspan="2">新制度会计科目</th><th colspan="2">原制度会计科目</th></tr>
<tr><th>编号</th><th>名称</th><th>编号</th><th>名称</th></tr>
<tr><td colspan="5">一、资产类</td></tr>
<tr><td>1</td><td>1001</td><td>库存现金</td><td>1001</td><td>库存现金</td></tr>
<tr><td>2</td><td>1002</td><td>银行存款</td><td rowspan="2">1002</td><td rowspan="2">银行存款</td></tr>
<tr><td>3</td><td>1021</td><td>其他货币资金</td></tr>
<tr><td>4</td><td>1101</td><td>短期投资</td><td>1101</td><td>短期投资</td></tr>
<tr><td>5</td><td>1201</td><td>财政应返还额度</td><td>1201</td><td>财政应返还额度</td></tr>
<tr><td>6</td><td>1211</td><td>应收票据</td><td rowspan="3">1212</td><td rowspan="3">应收账款</td></tr>
<tr><td>7</td><td>1212</td><td>应收账款</td></tr>
<tr><td>8</td><td>1214</td><td>预付账款</td></tr>
<tr><td>9</td><td>1218</td><td>其他应收款</td><td rowspan="2">1215</td><td rowspan="2">其他应收款</td></tr>
<tr><td>10</td><td>1301</td><td>在途物品</td></tr>
<tr><td>11</td><td>1302</td><td>库存物品</td><td rowspan="2">1301</td><td rowspan="2">存货</td></tr>
<tr><td>12</td><td>1891</td><td>受托代理资产</td></tr>
<tr><td>13</td><td>1501</td><td>长期股权投资</td><td rowspan="2">1401</td><td rowspan="2">长期投资</td></tr>
<tr><td>14</td><td>1502</td><td>长期债券投资</td></tr>
<tr><td>15</td><td>1601</td><td>固定资产</td><td>1501</td><td>固定资产</td></tr>
<tr><td>16</td><td>1611</td><td>工程物资</td><td rowspan="3">1511</td><td rowspan="3">在建工程</td></tr>
<tr><td>17</td><td>1613</td><td>在建工程</td></tr>
<tr><td>18</td><td>1214</td><td>预付账款</td></tr>
<tr><td>19</td><td>1701</td><td>无形资产</td><td>1601</td><td>无形资产</td></tr>
<tr><td>20</td><td>1902</td><td>待处理财产损溢</td><td>1701</td><td>待处置资产损溢</td></tr>
<tr><td colspan="5">二、负债类</td></tr>
<tr><td>21</td><td>2001</td><td>短期借款</td><td>2001</td><td>短期借款</td></tr>
<tr><td>22</td><td>2101</td><td>应交增值税</td><td rowspan="2">2101</td><td rowspan="2">应缴税费</td></tr>
<tr><td>23</td><td>2102</td><td>其他应交税费</td></tr>
<tr><td>24</td><td rowspan="2">2103</td><td rowspan="2">应缴财政款</td><td>2102</td><td>应缴国库款</td></tr>
<tr><td>25</td><td>2103</td><td>应缴财政专户款</td></tr>
</table>

续表

序号	新制度会计科目		原制度会计科目	
	编号	名称	编号	名称
二、负债类				
26	2201	应付职工薪酬	2201	应付职工薪酬
27	2301	应付票据	2302	应付账款
28	2302	应付账款		
29	2305	预收账款		
30	2307	其他应付款	2305	其他应付款
31	2901	受托代理负债		
32	2501	长期借款	2401	长期借款
33	2502	长期应付款	2402	长期应付款
34	2901	受托代理负债	2501	代管款项
35	2307	其他应付款		
36	2502	长期应付款		
三、净资产类				
37	3001	累计盈余	3001	事业基金
38			3101	非流动资产基金
39	3101	专用基金	3201	专用基金
40	3001	累计盈余	3301	财政补助结转
41			3302	财政补助结余
42			3401	非财政补助结转
43	3001	累计盈余（借方）	3403	经营结余（借方）
四、预算结余类				
44	8101	财政拨款结转	3301	财政补助结转
45	8102	财政拨款结余	3302	财政补助结余
46	8201	非财政拨款结转	3401	非财政补助结转
47	8202	非财政拨款结余	3001	事业基金
48	8301	专用结余	3201	专用基金
49	8401	经营结余	3403	经营结余

续表

<table>
<tr><th rowspan="2">序号</th><th colspan="2">新制度会计科目</th><th colspan="2">原制度会计科目</th></tr>
<tr><th>编号</th><th>名称</th><th>编号</th><th>名称</th></tr>
<tr><td colspan="5">四、预算结余类</td></tr>
<tr><td rowspan="6">50</td><td rowspan="6">8001</td><td rowspan="6">资金结存（借方）</td><td>3301</td><td>财政补助结转</td></tr>
<tr><td>3302</td><td>财政补助结余</td></tr>
<tr><td>3401</td><td>非财政补助结转</td></tr>
<tr><td>3001</td><td>事业基金</td></tr>
<tr><td>3201</td><td>专用基金</td></tr>
<tr><td>3403</td><td>经营结余</td></tr>
</table>

关于科学事业单位执行《政府会计制度——行政事业单位会计科目和报表》的补充规定

财会〔2018〕23号　2018年8月20日

根据《政府会计准则——基本准则》，结合行业实际情况，现就科学事业单位[①]执行《政府会计制度——行政事业单位会计科目和报表》（以下简称新制度）作出如下补充规定。

一、关于在新制度一级科目下设置明细科目

（一）科学事业单位应当在新制度规定的"4101 事业收入"科目下设置"410101 科研收入""410102 非科研收入"明细科目。

1. "410101 科研收入"明细科目核算科学事业单位开展科研活动及其辅助活动实现的收入。

2. "410102 非科研收入"明细科目核算科学事业单位开展科研活动以外的其他业务活动及其辅助活动实现的收入，包括技术活动收入、学术活动收入、科普活动收入、试制产品活动收入、教学活动收入等。

技术活动收入是指科学事业单位对外提供技术咨询、技术服务等活动实现的收入。

学术活动收入是指科学事业单位开展学术交流、学术期刊出版等活动实现的收入。

科普活动收入是指科学事业单位开展科学知识宣传、讲座和科技展览等活动实现的收入。

① 其他主要从事科学研究活动的事业单位可参照执行本规定。

试制产品活动收入是指科学事业单位试制中间试验产品等活动实现的收入。

教学活动收入是指科学事业单位开展教学活动实现的收入。

（二）科学事业单位应当在新制度规定的“5001 业务活动费用”科目下设置“500101 科研活动费用”“500102 非科研活动费用”明细科目。

1. “500101 科研活动费用”明细科目核算科学事业单位开展科研活动及其辅助活动发生的各项费用。

2. “500102 非科研活动费用”明细科目核算科学事业单位开展科研活动以外的其他业务活动及其辅助活动发生的各项费用，包括技术活动费用、学术活动费用、科普活动费用、试制产品活动费用和教学活动费用等。

技术活动费用是指科学事业单位对外提供技术咨询、技术服务等活动发生的各项费用。

学术活动费用是指科学事业单位开展学术交流、学术期刊出版等活动发生的各项费用。

科普活动费用是指科学事业单位开展科学知识宣传、讲座和科技展览等活动发生的各项费用。

试制产品活动费用是指科学事业单位试制中间试验产品等活动发生的各项费用。

教学活动费用是指科学事业单位开展教学活动发生的各项费用。

（三）科学事业单位应当在新制度规定的“6101 事业预算收入”科目下设置“610101 科研预算收入”“610102 非科研预算收入”明细科目。

1. “610101 科研预算收入”明细科目核算科学事业单位开展科研活动及其辅助活动取得的现金流入。

2. “610102 非科研预算收入”明细科目核算科学事业单位开展科研活动以外的其他业务活动及其辅助活动取得的现金流入，包括技术活动预算收入、学术活动预算收入、科普活动预算收入、试制产品活动预算收入、教学活动预算收入等。

技术活动预算收入是指科学事业单位对外提供技术咨询、技术服务等活动取得的现金流入。

学术活动预算收入是指科学事业单位开展学术交流、学术期刊出版等活动取得的现金流入。

科普活动预算收入是指科学事业单位开展科学知识宣传、讲座和科技展览等活动取得的现金流入。

试制产品活动预算收入是指科学事业单位试制中间试验产品等活动取得的

现金流入。

教学活动预算收入是指科学事业单位开展教学活动取得的现金流入。

（四）科学事业单位应当在新制度规定的“7201 事业支出”科目下设置“720101 科研支出”“720102 非科研支出”“720103 管理支出”明细科目。

1. “720101 科研支出”明细科目核算科学事业单位开展科研活动及其辅助活动发生的各项现金流出。

2. “720102 非科研支出”明细科目核算科学事业单位开展科研活动以外的其他业务活动及其辅助活动发生的各项现金流出，包括技术活动支出、学术活动支出、科普活动支出、试制产品活动支出和教学活动支出等。

技术活动支出是指科学事业单位对外提供技术咨询、技术服务等活动发生的各项现金流出。

学术活动支出是指科学事业单位开展学术交流、学术期刊出版等活动发生的各项现金流出。

科普活动支出是指科学事业单位开展科学知识宣传、讲座和科技展览等活动发生的各项现金流出。

试制产品活动支出是指科学事业单位试制中间试验产品等活动发生的各项现金流出。

教学活动支出是指科学事业单位开展教学活动发生的各项现金流出。

3. “720103 管理支出”明细科目核算科学事业单位行政及后勤管理部门开展管理活动发生的各项现金流出，包括单位行政及后勤管理部门发生的人员经费、公用经费，以及由单位统一负担的离退休人员经费、工会经费、诉讼费、中介费等现金流出。

二、关于报表及编制说明

（一）关于收入费用表。

1. 新增项目。

科学事业单位应当在收入费用表的“（二）事业收入”项目下增加“其中：科研收入”“非科研收入”项目，在“（一）业务活动费用”项目下增加“其中：科研活动费用”“非科研活动费用”项目，详见附表 1。

2. 新增项目的内容和填列方法。

（1）“其中：科研收入”项目，反映科学事业单位本期开展科研活动及其辅助活动实现的收入。本项目应当根据“事业收入——科研收入”科目的本期发生额填列。

(2)“非科研收入”项目，反映科学事业单位本期开展科研活动以外的其他业务活动及其辅助活动实现的收入。本项目应当根据“事业收入——非科研收入”科目的本期发生额填列。

(3)“其中：科研活动费用”项目，反映科学事业单位本期开展科研活动及其辅助活动发生的各项费用。本项目应当根据“业务活动费用——科研活动费用”科目的本期发生额填列。

(4)“非科研活动费用”项目，反映科学事业单位本期开展科研活动以外的其他业务活动及其辅助活动发生的各项费用。本项目应当根据“业务活动费用——非科研活动费用”科目的本期发生额填列。

(二)关于预算收入支出表。

1. 新增项目。

科学事业单位应当在预算收入支出表的“(二)事业预算收入”项目下增加“其中：科研预算收入”“非科研预算收入”项目，在“(二)事业支出”项目下增加“其中：科研支出”“非科研支出”“管理支出”项目，详见附表2。

2. 新增项目的内容和填列方法。

(1)“其中：科研预算收入”项目，反映科学事业单位本期开展科研活动及其辅助活动取得的现金流入。本项目应当根据“事业预算收入——科研预算收入”科目的本期发生额填列。

(2)“非科研预算收入”项目，反映科学事业单位本期开展科研活动以外的其他业务活动及其辅助活动取得的现金流入。本项目应当根据“事业预算收入——非科研预算收入”科目的本期发生额填列。

(3)“其中：科研支出”项目，反映科学事业单位本期开展科研活动及其辅助活动发生的各项现金流出。本项目应当根据“事业支出——科研支出”科目的本期发生额填列。

(4)“非科研支出”项目，反映科学事业单位本期开展科研活动以外的其他业务活动及其辅助活动发生的各项现金流出。本项目应当根据“事业支出——非科研支出”科目的本期发生额填列。

(5)“管理支出”项目，反映科学事业单位本期行政及后勤管理部门开展管理活动发生的各项现金流出，以及由单位统一负担的其他现金流出。本项目应当根据“事业支出——管理支出”科目的本期发生额填列。

（三）关于附注。

科学事业单位应当在财务报表附注中披露以下信息：

1. 收入费用表有关项目的说明。

（1）关于“非科研收入”项目，披露“技术活动收入”“学术活动收入”“科普活动收入”“试制产品活动收入”和“教学活动收入”等构成项目的金额。

（2）关于“非科研活动费用”项目，披露“技术活动费用”“学术活动费用”“科普活动费用”“试制产品活动费用”和“教学活动费用”等构成项目的金额。

2. 预算收入支出表有关项目的说明。

（1）关于“非科研预算收入”项目，披露“技术活动预算收入”“学术活动预算收入”“科普活动预算收入”“试制产品活动预算收入”和“教学活动预算收入”等构成项目的金额。

（2）关于“非科研支出”项目，披露“技术活动支出”“学术活动支出”“科普活动支出”“试制产品活动支出”和“教学活动支出”等构成项目的金额。

三、关于合作项目款的账务处理

本规定所称合作项目款是指科学事业单位从非同级政府财政部门取得的，需要与其他单位合作完成的科技项目（课题）款项。科学事业单位对合作项目款核算的账务处理如下：

（一）从付款方预收款项时，在财务会计下，按照收到的款项金额，借记“银行存款”等科目，贷记“预收账款”科目；同时，在预算会计下，按照相同的金额，借记“资金结存——货币资金”科目，贷记“事业预算收入”科目。

（二）按照合同规定将合作项目款转拨合作单位时，在财务会计下，按照实际转拨的金额，借记“预收账款”科目，贷记“银行存款”等科目；同时，在预算会计下，按照相同的金额，借记“事业预算收入”科目［转拨当年收到的合作项目款］或“非财政拨款结转”科目［转拨以前年度收到的合作项目款］，贷记“资金结存——货币资金”科目。

（三）按照合同完成进度确认本单位科研收入时，按照计算确认收入的金额，借记“预收账款”科目，贷记“事业收入”科目。

（四）发生因科技项目（课题）终止等情形，需按照规定将项目剩余资金退回项目（课题）立项部门时，对本单位承担项目使用的剩余资金，在财务会计下，按照实际退回的金额，借记“预收账款”科目［尚未确认收入］或“事业收入”科目［已经确认收入］，贷记“银行存款”等科目；同时，在预算会计下，按照相同的金额，借记“事业预算收入”科目［本年度取得的合作项目款］或“非财政拨款结转”科目［以前年度取得的合作项目款］，贷记“资金结存——货币资金”科目。

对合作单位承担项目使用的剩余资金，于收回时按照收回的金额，借记“银行存款”等科目，贷记“其他应付款”科目；转退回给项目（课题）立项部门时，借记“其他应付款”科目，贷记“银行存款”等科目。

四、关于计提和使用项目间接费用或管理费的账务处理

（一）科学事业单位按规定从科研项目收入中计提项目间接费用或管理费时，除按新制度规定借记“单位管理费用”科目外，也可根据实际情况借记“业务活动费用”等科目。

（二）科学事业单位使用计提的项目间接费用或管理费购买固定资产、无形资产的，在财务会计下，按照固定资产、无形资产的成本金额，借记“固定资产”“无形资产”科目，贷记“银行存款”等科目；同时，按照相同的金额，借记“预提费用——项目间接费用或管理费”科目，贷记“累计盈余”科目。在预算会计下，按照相同的金额，借记“事业支出”等科目，贷记“资金结存”科目。

五、关于按合同完成进度确认事业收入

科学事业单位以合同完成进度确认事业收入时，应当根据业务实质，选择累计实际发生的合同成本占合同预计总成本的比例、已经完成的合同工作量占合同预计总工作量的比例、已经完成的时间占合同期限的比例、实际测定的完工进度等方法，合理确定合同完成进度。

六、生效日期

本规定自 2019 年 1 月 1 日起施行。

附表 1：

收入费用表

会政财 02 表

编制单位：______　　　　____年____月　　　　单位：元

项目	本月数	本年累计数
一、本期收入		
（一）财政拨款收入		
其中：政府性基金收入		
（二）事业收入		
其中：科研收入		
非科研收入		
（三）上级补助收入		
（四）附属单位上缴收入		
（五）经营收入		
（六）非同级财政拨款收入		
（七）投资收益		
（八）捐赠收入		
（九）利息收入		
（十）租金收入		
（十一）其他收入		
二、本期费用		
（一）业务活动费用		
其中：科研活动费用		
非科研活动费用		
（二）单位管理费用		
（三）经营费用		
（四）资产处置费用		
（五）上缴上级费用		
（六）对附属单位补助费用		
（七）所得税费用		
（八）其他费用		
三、本期盈余		

附表2：

预算收入支出表

会政预01表

编制单位：______　　　　______年　　　　单位：元

项目	本年数	上年数
一、本年预算收入		
（一）财政拨款预算收入		
其中：政府性基金收入		
（二）事业预算收入		
其中：科研预算收入		
非科研预算收入		
（三）上级补助预算收入		
（四）附属单位上缴预算收入		
（五）经营预算收入		
（六）债务预算收入		
（七）非同级财政拨款预算收入		
（八）投资预算收益		
（九）其他预算收入		
其中：利息预算收入		
捐赠预算收入		
租金预算收入		
二、本年预算支出		
（一）行政支出		
（二）事业支出		
其中：科研支出		
非科研支出		
管理支出		
（三）经营支出		
（四）上缴上级支出		
（五）对附属单位补助支出		
（六）投资支出		

续表

项目	本年数	上年数
（七）债务还本支出		
（八）其他支出		
其中：利息支出		
捐赠支出		
三、本年预算收支差额		

关于科学事业单位执行《政府会计制度——行政事业单位会计科目和报表》的衔接规定

财会〔2018〕23号　2018年8月20日

我部于2017年10月24日印发了《政府会计制度——行政事业单位会计科目和报表》（财会〔2017〕25号，以下简称新制度）。目前执行《科学事业单位会计制度》（财会〔2013〕29号，以下简称原制度）的科学事业单位，自2019年1月1日起执行新制度，不再执行原制度。为了确保新旧会计制度顺利过渡，现对科学事业单位执行新制度及《关于科学事业单位执行〈政府会计制度——行政事业单位会计科目和报表〉的补充规定》（以下简称补充规定）的有关衔接问题规定如下：

一、新旧制度衔接总要求

（一）自2019年1月1日起，科学事业单位应当严格按照新制度及补充规定进行会计核算、编制财务报表和预算会计报表。

（二）科学事业单位应当按照本规定做好新旧制度衔接的相关工作，主要包括以下几个方面：

1. 根据原账编制2018年12月31日的科目余额表，并按照本规定要求，编制原账的部分科目余额明细表（参见附表1、附表2）。

2. 按照新制度及补充规定设立2019年1月1日的新账。

3. 按照本规定要求，登记新账的财务会计科目余额和预算结余科目余额，包括将原账科目余额转入新账财务会计科目、按照原账科目余额登记新账预算结余科目（科学事业单位新旧会计制度转账、登记新账科目对照表见附表3），将未入账事项登记新账科目，并对相关新账科目余额进行调整。原账科目是指按照原制度规定设置的会计科目。

4. 按照登记及调整后新账的各会计科目余额，编制 2019 年 1 月 1 日的科目余额表，作为新账各会计科目的期初余额。

5. 根据新账各会计科目期初余额，按照新制度编制 2019 年 1 月 1 日资产负债表。

（三）及时调整会计信息系统。科学事业单位应当按照新制度及补充规定要求对原有会计信息系统进行及时更新和调试，实现数据正确转换，确保新旧账套的有序衔接。

二、财务会计科目的新旧衔接

（一）将 2018 年 12 月 31 日原账会计科目余额转入新账财务会计科目。

1. 资产类。

（1）“库存现金”科目。

新制度设置了“库存现金”科目。转账时，科学事业单位应当将原账的“库存现金”科目余额直接转入新账的“库存现金”科目。其中，还应当将原账的“库存现金”科目余额中属于新制度规定受托代理资产的金额，转入新账“库存现金”科目下的“受托代理资产”明细科目。

（2）“银行存款”科目。

新制度设置了“银行存款”和“其他货币资金”科目，原制度设置了“银行存款”科目。转账时，科学事业单位应当将原账“银行存款”科目中核算的属于新制度规定的其他货币资金的金额，转入新账“其他货币资金”科目；将原账“银行存款”科目余额减去其中属于其他货币资金余额后的差额，转入新账的“银行存款”科目。其中，还应当将原账的“银行存款”科目余额中属于新制度规定受托代理资产的金额，转入新账“银行存款”科目下的“受托代理资产”明细科目。

（3）“财政应返还额度”“短期投资”“应收票据”“应收账款”“预付账款”“无形资产”“固定资产”科目。

新制度设置了“财政应返还额度”“短期投资”“应收票据”“应收账款”“预付账款”“无形资产”“固定资产”科目，其核算内容与原账的上述相应科目的核算内容基本相同。转账时，科学事业单位应当将原账的上述科目余额直接转入新账的相应科目。

新制度设置了“受托代理资产”科目，科学事业单位在原账上述科目中核算了属于新制度规定受托代理资产的，应当将原账上述科目余额中属于新制度规定受托代理资产的金额转入新账“受托代理资产”科目。

(4)“其他应收款”科目。

新制度设置了“其他应收款”科目，该科目的核算内容与原账“其他应收款”科目的核算内容基本相同。转账时，科学事业单位应当将原账的“其他应收款”科目余额，转入新账的“其他应收款”科目。

新制度设置了“在途物品”科目，科学事业单位在原账“其他应收款”科目中核算了已经付款或开出商业汇票、尚未收到物资的，应当将原账的“其他应收款”科目余额中已经付款或开出商业汇票、尚未收到物资的金额，转入新账的“在途物品”科目。

(5)“库存材料”科目。

新制度设置了“库存物品”“加工物品”科目，原制度设置了“库存材料”科目。转账时，科学事业单位应当将原账的“库存材料”科目余额中属于在加工材料的金额，转入新账的“加工物品”科目；将原账的“库存材料”科目余额减去属于在加工材料的金额后的差额，转入新账的“库存物品”科目。

(6)“科技产品”科目。

新制度设置了“库存物品”“加工物品”科目，原制度设置了“科技产品”科目。转账时，科学事业单位应当将原账的“科技产品”科目中“生产成本”明细科目余额转入新账的“加工物品”科目；将原账的“科技产品”科目中“产成品”明细科目余额转入新账的“库存物品”科目。

(7)“长期投资”科目。

新制度设置了“长期股权投资”和“长期债券投资”科目，原制度设置了“长期投资”科目。转账时，科学事业单位应当将原账的“长期投资”科目余额中属于股权投资的金额，转入新账的“长期股权投资”科目及其明细科目；将原账的“长期投资”科目余额中属于债券投资的金额，转入新账的“长期债券投资”科目及其明细科目。

(8)“累计折旧”科目。

新制度设置了“固定资产累计折旧”科目，该科目的核算内容与原账的“累计折旧”科目的核算内容基本相同。已经计提了固定资产折旧的科学事业单位，转账时，应当将原账的“累计折旧”科目余额转入新账的“固定资产累计折旧”科目。

(9)“在建工程”科目。

新制度设置了“在建工程”和“预付账款——预付备料款、预付工程款”科目，原制度设置了“在建工程”科目。转账时，科学事业单位应当将原账的“在建工程”科目余额（基建“并账”后的金额，下同）中属于预付备料款、预付工程款的金额，转入新账“预付账款”科目相关明细科目；将原账的“在建工程”科目余额减去预付备料款、预付工程款金额后的差额，转入新账的“在建工程”科目。

科学事业单位在原账“在建工程”科目中核算了按照新制度规定应当记入“工程物资”科目内容的，应当将原账“在建工程”科目余额中属于工程物资的金额，转入新账的“工程物资”科目。

(10)“累计摊销”科目。

新制度设置了“无形资产累计摊销”科目，该科目的核算内容与原账“累计摊销”科目的核算内容基本相同。已经计提了无形资产摊销的科学事业单位，转账时，应当将原账的“累计摊销”科目余额转入新账的“无形资产累计摊销”科目。

(11)“待处置资产损溢”科目。

新制度设置了“待处理财产损溢”科目，该科目的核算内容与原账“待处置资产损溢”科目的核算内容基本相同。转账时，科学事业单位应当将原账的“待处置资产损溢”科目余额，转入新账的“待处理财产损溢”科目。

(12)“零余额账户用款额度”科目。

由于原账的“零余额账户用款额度”科目年末无余额，该科目无需进行转账处理。

2. 负债类。

(1)“短期借款”“应付职工薪酬”“应付票据”“应付账款”“预收账款”“长期借款”“长期应付款”科目。

新制度设置了“短期借款”“应付职工薪酬”“应付票据”“应付账款”“预收账款”“长期借款”“长期应付款”科目，这些科目的核算内容与原账的上述相应科目的核算内容基本相同。转账时，科学事业单位应当将原账的上述科目余额直接转入新账的相应科目。

(2)“应缴税费”科目。

新制度设置了“应交增值税”和“其他应交税费”科目，原制度设置了

“应缴税费”科目。转账时，科学事业单位应当将原账的“应缴税费——应缴增值税”科目余额转入新账“应交增值税”科目中的相关明细科目；将原账的“应缴税费”科目余额减去属于应缴增值税余额后的差额，转入新账的“其他应交税费”科目。

（3）“应缴国库款”“应缴财政专户款”科目。

新制度设置了“应缴财政款”科目，原制度设置了“应缴国库款”“应缴财政专户款”科目。转账时，科学事业单位应当将原账的“应缴国库款”“应缴财政专户款”科目余额转入新账的“应缴财政款”科目。

（4）“其他应付款”科目。

新制度设置了“其他应付款”科目，该科目的核算内容与原账“其他应付款”科目的核算内容基本相同。转账时，科学事业单位应当将原账的“其他应付款”科目余额转入新账的“其他应付款”科目。其中，科学事业单位在原账的“其他应付款”科目中核算了属于新制度规定的受托代理负债的，应当将原账的“其他应付款”科目余额中属于受托代理负债的余额，转入新账的“受托代理负债”科目。

3. 净资产类。

（1）“事业基金”科目。

新制度设置了“累计盈余”科目，该科目的核算内容包含了原账“事业基金”科目的核算内容。转账时，科学事业单位应当将原账的“事业基金”科目余额转入新账的“累计盈余”科目。

（2）“非流动资产基金”科目。

依据新制度，无需对原制度中“非流动资产基金”科目对应内容进行核算。转账时，科学事业单位应当将原账的“非流动资产基金”科目余额转入新账的“累计盈余”科目。

（3）“专用基金”科目。

新制度设置了“专用基金”科目，该科目的核算内容与原账“专用基金”科目的核算内容基本相同。转账时，科学事业单位应当将原账的“专用基金”科目余额转入新账的“专用基金”科目。

（4）“财政补助结转”“财政补助结余”“非财政补助结转”科目。

新制度设置了“累计盈余”科目，该科目的余额包含了原账的“财政补助结转”“财政补助结余”“非财政补助结转”科目的余额内容。转账时，科学事业单位应当将原账的“财政补助结转”“财政补助结余”“非财政补助结转”科目余额，转入新账的“累计盈余”科目。

（5）“经营结余”科目。

新制度设置了“本期盈余”科目，该科目的核算内容包含了原账“经营结余”科目的核算内容。新制度规定“本期盈余”科目余额最终转入“累计盈余”科目，如果原账的“经营结余”科目有借方余额，转账时，科学事业单位应当将原账的“经营结余”科目借方余额，转入新账的“累计盈余”科目借方。

（6）“事业结余”“非财政补助结余分配”科目。

由于原账的“事业结余”“非财政补助结余分配”科目年末无余额，这两个科目无需进行转账处理。

4. 收入类、支出类。

由于原账中收入类、支出类科目年末无余额，无需进行转账处理。自2019年1月1日起，科学事业单位应当按照新制度设置收入类、费用类科目并进行账务处理。

科学事业单位存在其他本规定未列举的原账科目余额的，应当比照本规定转入新账的相应科目。新账的科目设有明细科目的，应将原账中对应科目的余额加以分析，分别转入新账中相应科目的相关明细科目。

科学事业单位在进行新旧衔接的转账时，应当编制转账的工作分录，作为转账的工作底稿，并将转入新账的对应原科目余额及分拆原科目余额的依据作为原始凭证。

（二）将原未入账事项登记新账财务会计科目。

1. 应收股利。

科学事业单位在新旧制度转换时，应当将2018年12月31日前未入账的应收股利按照新制度规定记入新账。登记新账时，按照确定的应收股利金额，借记“应收股利”科目，贷记“累计盈余”科目。

2. 研发支出。

科学事业单位在新旧制度转换时，应当将2018年12月31日前未入账的自行研究开发项目开发阶段的费用按照新制度规定记入新账。登记新账时，按照确定的开发阶段费用金额，借记“研发支出”科目，贷记“累计盈余”科目。

3. 受托代理资产。

科学事业单位在新旧制度转换时，应当将2018年12月31日前未入账的受托代理资产按照新制度规定记入新账。登记新账时，按照确定的受托代理资产入账成本，借记“受托代理资产”科目，贷记“受托代理负债”科目。

4. 盘盈资产。

科学事业单位在新旧制度转换时，应当将2018年12月31日前未入账的盘盈资产按照新制度规定记入新账。登记新账时，按照确定的盘盈资产及其成本，分别借记有关资产科目，按照盘盈资产成本的合计金额，贷记“累计盈余”科目。

5. 预计负债。

科学事业单位在新旧制度转换时，应当将2018年12月31日按照新制度规定确认的预计负债记入新账。登记新账时，按照确定的预计负债金额，借记“累计盈余”科目，贷记“预计负债”科目。

6. 应付质量保证金。

科学事业单位在新旧制度转换时，应当将2018年12月31日前未入账的应付质量保证金按照新制度规定记入新账。登记新账时，按照确定未入账的应付质量保证金金额，借记“累计盈余”科目，贷记“其他应付款”科目［扣留期在1年以内（含1年）］、“长期应付款”科目［扣留期超过1年］。

科学事业单位存在2018年12月31日前未入账的其他事项的，应当比照本规定登记新账的相应科目。

科学事业单位对新账的财务会计科目补记未入账事项时，应当编制记账凭证，并将补充登记事项的确认依据作为原始凭证。

（三）对新账的相关财务会计科目余额按照新制度规定的会计核算基础进行调整。

1. 计提坏账准备。

新制度要求对单位收回后无需上缴财政的应收账款和其他应收款提取坏账准备。在新旧制度转换时，科学事业单位应当按照2018年12月31日无需上缴财政的应收账款和其他应收款的余额计算应计提的坏账准备金额，借记“累计盈余”科目，贷记“坏账准备”科目。

2. 按照权益法调整长期股权投资账面余额。

对按照新制度规定应当采用权益法核算的长期股权投资，在新旧制度转换时，科学事业单位应当在“长期股权投资”科目下设置“新旧制度转换调整”明细科目，依据被投资单位2018年12月31日财务报表的所有者权益账面余额，以及科学事业单位持有被投资单位的股权比例，计算应享有或应分担的被投资单位所有者权益的份额，调整长期股权投资的账面余额，借记或贷记“长期股权投资——新旧制度转换调整”科目，贷记或借记“累计盈余”科目。

3. 确认长期债券投资期末应收利息。

科学事业单位应当按照新制度规定于2019年1月1日补记长期债券投资应收利息，按照长期债券投资的应收利息金额，借记“长期债券投资”科目［到期一次还本付息］或“应收利息”科目［分期付息、到期还本］，贷记“累计盈余”科目。

4. 补提折旧。

科学事业单位在原账中尚未计提固定资产折旧的，应当全面核查截至2018年12月31日的固定资产的预计使用年限、已使用年限、尚可使用年限等，并于2019年1月1日对尚未计提折旧的固定资产补提折旧，按照应计提的折旧金额，借记“累计盈余”科目，贷记“固定资产累计折旧”科目。

5. 补提摊销。

科学事业单位在原账中尚未计提无形资产摊销的，应当全面核查截至2018年12月31日无形资产的预计使用年限、已使用年限、尚可使用年限等，并于2019年1月1日对前期尚未计提摊销的无形资产补提摊销，按照应计提的摊销金额，借记“累计盈余”科目，贷记“无形资产累计摊销”科目。

6. 确认长期借款期末应付利息。

科学事业单位应当按照新制度规定于2019年1月1日补记长期借款的应付利息金额，对其中资本化的部分，借记“在建工程”科目，对其中费用化的部分，借记“累计盈余”科目，按照全部长期借款应付利息金额，贷记“长期借款”科目［到期一次还本付息］或“应付利息”科目［分期付息、到期还本］。

科学事业单位对新账的财务会计科目期初余额进行调整时，应当编制记账凭证，并将调整事项的确认依据作为原始凭证。

三、预算会计科目的新旧衔接

（一）“财政拨款结转”和“财政拨款结余”科目及对应的“资金结存”科目余额。

新制度设置了“财政拨款结转”“财政拨款结余”科目及对应的“资金结

存”科目。在新旧制度转换时，科学事业单位应当对原账的“财政补助结转”科目余额进行逐项分析，加上各项结转转入的支出中已经计入支出尚未支付财政资金（如发生时列支的应付账款）的金额，减去已经支付财政资金尚未计入支出（如购入的库存材料、科技产品成本中支付的款项、预付账款等）的金额，按照增减后的金额，登记新账的“财政拨款结转”科目及其明细科目贷方；按照原账“财政补助结余”科目余额，登记新账的“财政拨款结余”科目及其明细科目贷方。

按照原账“财政应返还额度”科目余额登记新账的“资金结存——财政应返还额度”科目借方；按照新账的“财政拨款结转”和“财政拨款结余”科目贷方余额合计数，减去新账的“资金结存——财政应返还额度”科目借方余额后的差额，登记新账“资金结存——货币资金”科目借方。

（二）“非财政拨款结转”科目及对应的“资金结存”科目余额。

新制度设置了“非财政拨款结转”科目及对应的“资金结存”科目。在新旧制度转换时，科学事业单位应当对原账的“非财政补助结转”科目余额进行逐项分析，加上各项结转转入的支出中已经计入支出尚未支付非财政补助专项资金（如发生时列支的应付账款）的金额，减去已经支付非财政补助专项资金尚未计入支出（如购入的库存材料、科技产品成本中支付的款项、预付账款等）的金额，加上各项结转转入的收入中已经收到非财政补助专项资金尚未计入收入（如预收账款）的金额，减去已经计入收入尚未收到非财政补助专项资金（如应收账款）的金额，按照增减后的金额，登记新账的“非财政拨款结转”科目及其明细科目贷方；同时，按照相同的金额登记新账的“资金结存——货币资金”科目借方。

（三）“专用结余”科目及对应的“资金结存”科目余额。

新制度设置了“专用结余”科目及对应的“资金结存”科目。在新旧制度转换时，科学事业单位应当按照原账“专用基金”科目余额中通过非财政补助结余分配形成的金额，借记新账的“资金结存——货币资金”科目，贷记新账的“专用结余”科目。

（四）“经营结余”科目及对应的“资金结存”科目余额。

新制度设置了“经营结余”科目及对应的“资金结存”科目。如果原账的“经营结余”科目期末有借方余额，在新旧制度转换时，科学事业单位应当按照原账的“经营结余”科目余额，借记新账的“经营结余”科目，贷记新账的“资金结存——货币资金”科目。

（五）“非财政拨款结余”科目及对应的“资金结存”科目余额。

1. 登记“非财政拨款结余”科目余额。

新制度设置了“非财政拨款结余”科目及对应的“资金结存”科目。在新旧制度转换时，科学事业单位应当按照原账的“事业基金”科目余额，借记新账的“资金结存——货币资金”科目，贷记新账的“非财政拨款结余”科目。

2. 对新账“非财政拨款结余”科目及“资金结存”科目余额进行调整。

（1）调整短期投资对非财政拨款结余的影响。

科学事业单位应当按照原账的“短期投资”科目余额，借记“非财政拨款结余”科目，贷记“资金结存——货币资金”科目。

（2）调整应收票据、应收账款对非财政拨款结余的影响。

科学事业单位应当对原账的“应收票据”“应收账款”科目余额进行分析，区分其中发生时计入收入的金额和没有计入收入的金额。对发生时计入收入的金额，再区分计入专项资金收入的金额和计入非专项资金收入的金额，按照计入非专项资金收入的金额，借记“非财政拨款结余”科目，贷记“资金结存——货币资金”科目。

（3）调整预付账款对非财政拨款结余的影响。

科学事业单位应当对原账的“预付账款”科目余额进行分析，区分其中由财政补助资金预付的金额、非财政补助专项资金预付的金额和非财政补助非专项资金预付的金额，按照非财政补助非专项资金预付的金额，借记“非财政拨款结余”科目，贷记“资金结存——货币资金”科目。

（4）调整其他应收款对非财政拨款结余的影响。

科学事业单位应当对原账的“其他应收款”科目余额进行分析，区分其中预付款项的金额（将来很可能列支）和非预付款项的金额，并对预付款项的金额划分为财政补助资金预付的金额、非财政补助专项资金预付的金额和非财政补助非专项资金预付的金额，按照非财政补助非专项资金预付的金额，借记“非财政拨款结余”科目，贷记“资金结存——货币资金”科目。

（5）调整库存材料对非财政拨款结余的影响。

科学事业单位应当对原账的“库存材料”科目余额进行分析，区分购入的库存材料金额和非购入的库存材料金额。对购入的库存材料金额划分出其中使用财政补助资金购入的金额、使用非财政补助专项资金购入的金额和使用非财政补助非专项资金购入的金额，按照使用非财政补助非专项资金购入的金额，借记“非财政拨款结余”科目，贷记“资金结存——货币资金”科目。

（6）调整科技产品对非财政拨款结余的影响。

科学事业单位应当对原账的“科技产品”科目余额进行分析，区分其中已经支付资金的金额。对科技产品成本中已经支付资金的金额划分出其中使用非财政补助专项资金支付的金额和使用非财政补助非专项资金支付的金额，按照使用非财政补助非专项资金支付的金额，借记“非财政拨款结余”科目，贷记“资金结存——货币资金”科目。

（7）调整长期股权投资对非财政拨款结余的影响。

科学事业单位应当对原账的“长期投资”科目余额中属于股权投资的余额进行分析，区分其中用现金资产取得的金额和用非现金资产及其他方式取得的金额，按照用现金资产取得的金额，借记“非财政拨款结余”科目，贷记“资金结存——货币资金”科目。

按照原制度核算长期投资、而且对应科目为“非流动资产基金——长期投资”的，不作此项调整。

（8）调整长期债券投资对非财政拨款结余的影响。

科学事业单位应当按照原账的“长期投资”科目余额中属于债券投资的余额，借记“非财政拨款结余”科目，贷记“资金结存——货币资金”科目。

按照原制度核算长期投资、而且对应科目为“非流动资产基金——长期投资”的，不作此项调整。

（9）调整短期借款、长期借款对非财政拨款结余的影响。

科学事业单位应当按照原账的“短期借款”“长期借款”科目余额，借记“资金结存——货币资金”科目，贷记“非财政拨款结余”科目。

（10）调整应付票据、应付账款、应付职工薪酬、长期应付款对非财政拨款结余的影响。

科学事业单位应当对原账的“应付票据”“应付账款”“应付职工薪酬”“长期应付款”科目余额进行分析，区分其中发生时计入支出的金额和未计入支出的金额。将计入支出的金额划分出财政补助应付的金额、非财政补助专项资金应付的金额和非财政补助非专项资金应付的金额，按照非财政补助非专项资金应付的金额借记“资金结存——货币资金”科目，贷记“非财政拨款结余”科目。

（11）调整应缴增值税对非财政拨款结余的影响。

科学事业单位应当对原账“应缴税费——应缴增值税”科目余额进行分

析，划分出与非财政补助专项资金相关的金额和与非财政补助非专项资金相关的金额。按照与非财政补助非专项资金相关的金额，计算应调整非财政拨款结余的金额。

应调整金额如为正数，按照该金额借记“资金结存——货币资金”科目，贷记“非财政拨款结余”科目；如为负数，按照该金额借记“非财政拨款结余”科目，贷记“资金结存——货币资金”科目。

（12）调整其他应缴税费对非财政拨款结余的影响。

科学事业单位应当对原账“应缴税费”科目余额中非增值税的其他应交税费金额进行分析，划分出财政补助应交金额、非财政补助专项资金应交金额和非财政补助非专项资金应交金额，按照非财政补助非专项资金应交金额，借记“资金结存——货币资金”科目，贷记“非财政拨款结余”科目。

（13）调整预收账款对非财政拨款结余的影响。

科学事业单位应当按照原账的“预收账款”科目余额中预收非财政非专项资金的金额，借记“资金结存——货币资金”科目，贷记“非财政拨款结余”科目。

（14）调整其他应付款对非财政拨款结余的影响。

科学事业单位应当对原账的“其他应付款”科目余额（扣除属于受托代理负债的金额）进行分析，区分其中支出类的金额（确认其他应付款时计入支出）和周转类的金额（如收取的押金、保证金等），并对支出类的金额划分为财政补助资金列支的金额、非财政补助专项资金列支的金额和非财政补助非专项资金列支的金额，按照非财政补助非专项资金列支的金额，借记“资金结存——货币资金”科目，贷记“非财政拨款结余”科目。

（15）调整专用基金对非财政拨款结余的影响。

科学事业单位应当对原账的“专用基金”科目余额进行分析，划分出按照收入比例列支提取的专用基金，按照列支提取的专用基金的金额，借记“资金结存——货币资金”科目，贷记“非财政拨款结余”科目。

3. 科学事业单位按照前述 1、2 两个步骤难以准确调整出“非财政拨款结余”科目及对应的“资金结存”科目余额的，在新旧制度转换时，可以在新账的“库存现金”“银行存款”“其他货币资金”“财政应返还额度”科目借方余额合计数基础上，对不纳入单位预算管理的资金进行调整（如减去新账中货币资金形式的受托代理资产、应缴财政款、已收取将来需要退回资金的其他应付款等，加上已支付将来需要收回资金的其他应收款等），按照调整后的金额减去新账的“财政拨款结转”“财政拨款结余”“非财政拨款结转”“专用结余”科目贷方余额合计数，加上“经营结余”科目借方余额后的金额，登记新账的“非财政拨款结余”科目贷方；同时，按照相同的金额登记新账的“资金结存——货币资金”科目借方。

（六）“其他结余”“非财政拨款结余分配”科目。

新制度设置了“其他结余”和“非财政拨款结余分配”科目。由于这两个科目年初无余额，在新旧制度转换时，科学事业单位无需对“其他结余”和“非财政拨款结余分配”科目进行新账年初余额登记。

（七）预算收入类、预算支出类会计科目。

由于预算收入类、预算支出类会计科目年初无余额，在新旧制度转换时，科学事业单位无需对预算收入类、预算支出类会计科目进行新账年初余额登记。

科学事业单位应当自 2019 年 1 月 1 日起，按照新制度设置预算收入类、预算支出类科目并进行账务处理。

科学事业单位存在 2018 年 12 月 31 日需要按照新制度预算会计核算基础调整预算会计科目期初余额的其他事项的，应当比照本规定调整新账的相应预算会计科目期初余额。

科学事业单位对预算会计科目的期初余额登记和调整，应当编制记账凭证，并将期初余额登记和调整的依据作为原始凭证。

四、财务报表和预算会计报表的新旧衔接

（一）编制 2019 年 1 月 1 日资产负债表。

科学事业单位应当根据 2019 年 1 月 1 日新账的财务会计科目余额，按照新制度编制 2019 年 1 月 1 日资产负债表（仅要求填列各项目“年初余额”）。

（二）2019 年度财务报表和预算会计报表的编制。

科学事业单位应当按照新制度及补充规定编制 2019 年财务报表和预算会计报表。在编制 2019 年度收入费用表、净资产变动表、现金流量表和预算收入支出表、预算结转结余变动表时，不要求填列上年比较数。

科学事业单位应当根据 2019 年 1 月 1 日新账财务会计科目余额，填列 2019 年净资产变动表各项目的“上年年末余额”；根据 2019 年 1 月 1 日新账预算会计科目余额，填列 2019 年预算结转结余变动表的“年初预算结转结余”项目和财政拨款预算收入支出表的“年初财政拨款结转结余”项目。

五、其他事项

（一）截至2018年12月31日尚未进行基建“并账”的科学事业单位，应当首先按照《新旧科学事业单位会计制度有关衔接问题的处理规定》（财会〔2014〕4号），将基建账套相关数据并入2018年12月31日原账中的相关科目余额，再按照本规定将2018年12月31日原账相关会计科目余额转入新账相应科目。

（二）2019年1月1日前执行新制度及补充规定的科学事业单位，应当按照本规定做好新旧制度衔接工作。

附表1：

科学事业单位原会计科目余额明细表一

总账科目	明细分类	金额	备注
库存现金	库存现金		
	其中：受托代理现金		
银行存款	银行存款		
	其中：受托代理银行存款		
	其他货币资金		
其他应收款	在途物品		已经付款或已开出商业汇票，尚未收到物资
	其他		
库存材料	在加工材料		
	非在加工材料		
科技产品	生产成本		
	产成品		
长期投资	长期股权投资		
	长期债券投资		
在建工程	在建工程		
	工程物资		
	预付工程款、预付备料款		

续表

总账科目	明细分类	金额	备注
应缴税费	应交增值税		
	其他应交税费		
其他应付款	受托代理负债		
	其他		

附表2：

科学事业单位原会计科目余额明细表二

总账科目	明细分类	金额	备注
应收票据、应收账款	发生时不计入收入		如转让资产的应收票据、应收账款
	发生时计入收入		
	其中：专项收入		
	其他		
预付账款	财政补助资金预付		
	非财政补助专项资金预付		
	非财政补助非专项资金预付		
其他应收款	预付款项		如职工预借的差旅费等
	其中：财政补助资金预付		
	非财政补助专项资金预付		
	非财政补助非专项资金预付		
	需要收回及其他		如支付的押金、应收为职工垫付的款项等
库存材料、科技产品	购入存货		
	其中：使用财政补助资金购入		
	使用非财政补助专项资金购入		
	使用非财政补助非专项资金购入		
	非购入存货		

续表

<table>
<tr><th>总账科目</th><th>明细分类</th><th>金额</th><th>备注</th></tr>
<tr><td rowspan="4">长期投资</td><td>长期股权投资</td><td></td><td></td></tr>
<tr><td>其中：用现金资产取得</td><td></td><td></td></tr>
<tr><td>用非现金资产或其他方式取得</td><td></td><td></td></tr>
<tr><td>长期债券投资</td><td></td><td></td></tr>
<tr><td rowspan="5">应付票据、
应付账款、
应付职工薪酬、
长期应付款</td><td>发生时不计入支出</td><td></td><td></td></tr>
<tr><td>发生时计入支出</td><td></td><td></td></tr>
<tr><td>其中：财政补助资金应付</td><td></td><td></td></tr>
<tr><td>非财政补助专项资金应付</td><td></td><td></td></tr>
<tr><td>非财政补助非专项资金应付</td><td></td><td></td></tr>
<tr><td rowspan="2">预收账款</td><td>预收专项资金</td><td></td><td></td></tr>
<tr><td>预收非专项资金</td><td></td><td></td></tr>
<tr><td rowspan="2">应缴税费——
应缴增值税</td><td>非财政补助专项资金应交</td><td></td><td></td></tr>
<tr><td>非财政补助非专项资金应交</td><td></td><td></td></tr>
<tr><td rowspan="3">应缴税费——
应缴其他税费</td><td>财政补助应交</td><td></td><td></td></tr>
<tr><td>非财政补助专项资金应交</td><td></td><td></td></tr>
<tr><td>非财政补助非专项资金应交</td><td></td><td></td></tr>
<tr><td rowspan="5">其他应付款</td><td>支出类</td><td></td><td>确认其他应付款时确认支出</td></tr>
<tr><td>其中：财政补助资金应付</td><td></td><td></td></tr>
<tr><td>非财政补助专项资金应付</td><td></td><td></td></tr>
<tr><td>非财政补助非专项资金应付</td><td></td><td></td></tr>
<tr><td>周转类</td><td></td><td>如收取的押金、保证金等</td></tr>
<tr><td rowspan="3">专用基金</td><td>从非财政补助结余分配中提取</td><td></td><td></td></tr>
<tr><td>从收入中列支提取</td><td></td><td></td></tr>
<tr><td>其他</td><td></td><td></td></tr>
</table>

附表 3：

科学事业单位新旧会计制度转账、登记新账科目对照表

序号	新制度科目		原制度科目	
	编号	名称	编号	名称
一、资产类				
1	1001	库存现金	1001	库存现金
2	1002	银行存款	1002	银行存款
3	1021	其他货币资金		
4	1101	短期投资	1101	短期投资
5	1201	财政应返还额度	1201	财政应返还额度
6	1211	应收票据	1211	应收票据
7	1212	应收账款	1212	应收账款
8	1214	预付账款	1213	预付账款
9	1218	其他应收款	1215	其他应收款
10	1301	在途物品		
11	1302	库存物品	1301	库存材料
12	1303	加工物品		
13	1302	库存物品	1302	科技产品
14	1303	加工物品		
15	1501	长期股权投资	1401	长期投资
16	1502	长期债券投资		
17	1601	固定资产	1501	固定资产
18	1602	固定资产累计折旧	1502	累计折旧
19	1611	工程物资	1511	在建工程
20	1613	在建工程		
21	1214	预付账款		
22	1701	无形资产	1601	无形资产
23	1702	无形资产累计摊销	1602	累计摊销
24	1902	待处理财产损溢	1701	待处置资产损溢

续表

<table>
<tr><th rowspan="2">序号</th><th colspan="2">新制度科目</th><th colspan="2">原制度科目</th></tr>
<tr><th>编号</th><th>名称</th><th>编号</th><th>名称</th></tr>
<tr><td colspan="5">二、负债类</td></tr>
<tr><td>25</td><td>2001</td><td>短期借款</td><td>2001</td><td>短期借款</td></tr>
<tr><td>26</td><td>2101</td><td>应交增值税</td><td rowspan="2">2101</td><td rowspan="2">应缴税费</td></tr>
<tr><td>27</td><td>2102</td><td>其他应交税费</td></tr>
<tr><td>28</td><td rowspan="2">2103</td><td rowspan="2">应缴财政款</td><td>2102</td><td>应缴国库款</td></tr>
<tr><td>29</td><td>2103</td><td>应缴财政专户款</td></tr>
<tr><td>30</td><td>2201</td><td>应付职工薪酬</td><td>2201</td><td>应付职工薪酬</td></tr>
<tr><td>31</td><td>2301</td><td>应付票据</td><td>2301</td><td>应付票据</td></tr>
<tr><td>32</td><td>2302</td><td>应付账款</td><td>2302</td><td>应付账款</td></tr>
<tr><td>33</td><td>2305</td><td>预收账款</td><td>2303</td><td>预收账款</td></tr>
<tr><td>34</td><td>2307</td><td>其他应付款</td><td rowspan="2">2305</td><td rowspan="2">其他应付款</td></tr>
<tr><td>35</td><td>2901</td><td>受托代理负债</td></tr>
<tr><td>36</td><td>2501</td><td>长期借款</td><td>2401</td><td>长期借款</td></tr>
<tr><td>37</td><td>2502</td><td>长期应付款</td><td>2402</td><td>长期应付款</td></tr>
<tr><td colspan="5">三、净资产类</td></tr>
<tr><td>38</td><td rowspan="2">3001</td><td rowspan="2">累计盈余</td><td>3001</td><td>事业基金</td></tr>
<tr><td>39</td><td>3101</td><td>非流动资产基金</td></tr>
<tr><td>40</td><td>3101</td><td>专用基金</td><td>3201</td><td>专用基金</td></tr>
<tr><td>41</td><td rowspan="3">3001</td><td rowspan="3">累计盈余</td><td>3301</td><td>财政补助结转</td></tr>
<tr><td>42</td><td>3302</td><td>财政补助结余</td></tr>
<tr><td>43</td><td>3401</td><td>非财政补助结转</td></tr>
<tr><td>44</td><td>3001</td><td>累计盈余（借方）</td><td>3403</td><td>经营结余（借方）</td></tr>
<tr><td colspan="5">四、预算结余类</td></tr>
<tr><td>45</td><td>8101</td><td>财政拨款结转</td><td>3301</td><td>财政补助结转</td></tr>
<tr><td>46</td><td>8102</td><td>财政拨款结余</td><td>3302</td><td>财政补助结余</td></tr>
<tr><td>47</td><td>8201</td><td>非财政拨款结转</td><td>3401</td><td>非财政补助结转</td></tr>
<tr><td>48</td><td>8202</td><td>非财政拨款结余</td><td>3001</td><td>事业基金</td></tr>
<tr><td>49</td><td>8301</td><td>专用结余</td><td>3201</td><td>专用基金</td></tr>
<tr><td>50</td><td>8401</td><td>经营结余</td><td>3403</td><td>经营结余</td></tr>
</table>

续表

<table>
<tr><th rowspan="2">序号</th><th colspan="2">新制度科目</th><th colspan="2">原制度科目</th></tr>
<tr><th>编号</th><th>名称</th><th>编号</th><th>名称</th></tr>
<tr><td colspan="5">四、预算结余类</td></tr>
<tr><td>51</td><td rowspan="6">8001</td><td rowspan="6">资金结存（借方）</td><td>3301</td><td>财政补助结转</td></tr>
<tr><td>52</td><td>3302</td><td>财政补助结余</td></tr>
<tr><td>53</td><td>3401</td><td>非财政补助结转</td></tr>
<tr><td>54</td><td>3001</td><td>事业基金</td></tr>
<tr><td>55</td><td>3201</td><td>专用基金</td></tr>
<tr><td>56</td><td>3403</td><td>经营结余</td></tr>
</table>

关于医院执行《政府会计制度——行政事业单位会计科目和报表》的补充规定

财会〔2018〕24号　2018年8月27日

根据《政府会计准则——基本准则》，结合行业实际情况，现就公立医院[①]（以下简称医院）执行《政府会计制度——行政事业单位会计科目和报表》（以下简称新制度）作出如下补充规定。

一、关于在新制度相关一级科目下设置明细科目

（一）医院应当在新制度规定的“1212 应收账款”科目下设置如下明细科目。

1. “121201 应收在院病人医疗款”科目，核算医院因提供医疗服务而应向在院病人收取的医疗款。

2. “121202 应收医疗款”科目，核算医院因提供医疗服务而应向医疗保险机构、门急诊病人、出院病人等收取的医疗款，应当按照医疗保险机构、门急诊病人、出院病人等进行明细核算。医院应当在本科目下设置如下明细科目：

（1）“12120201 应收医保款”科目，核算医院因提供医疗服务而应向医疗保险机构收取的医疗款。

（2）“12120202 门急诊病人欠费”科目，核算门急诊病人应付未付医疗款。

---

① 本规定所指公立医院包括中华人民共和国境内各级各类独立核算的公立医院，含综合医院、中医院、中西医结合医院、民族医院、专科医院、门诊部（所）、疗养院等，不包括城市社区卫生服务中心（站）、乡镇卫生院等基层医疗卫生机构。

（3）“12120203 出院病人欠费”科目，核算出院病人应付未付医疗款。

3. “121203 其他应收账款”科目核算医院除应收在院病人医疗款、应收医疗款以外的其他应收账款，如医院因提供科研教学等服务、按合同或协议约定应向接受服务单位收取的款项。

（二）医院应当在新制度规定的“1219 坏账准备”科目下设置如下明细科目。

1. “121901 应收账款坏账准备”科目，核算医院按规定对“应收账款——应收医疗款”“应收账款——其他应收账款”提取的坏账准备。

2. “121902 其他应收款坏账准备”科目，核算医院按规定对其他应收款提取的坏账准备。

（三）医院应当在新制度规定的“1302 库存物品”科目下设置“130201 药品”“130202 卫生材料”“130203 低值易耗品”“130204 其他材料”和“130205 成本差异”明细科目。在“130202 卫生材料”科目下设置“13020201 血库材料”“13020202 医用气体”“13020203 影像材料”“13020204 化验材料”和“13020205 其他卫生材料”明细科目，分别核算相关物品的成本。

（四）医院应当在新制度规定的“1601 固定资产”“1602 固定资产累计折旧”科目下按照形成固定资产的经费性质（财政项目拨款经费、科教经费、其他经费）进行明细核算。

（五）医院应当在新制度规定的“1701 无形资产”“1702 无形资产累计摊销”科目下按照形成无形资产的经费性质（财政项目拨款经费、科教经费、其他经费）进行明细核算。

（六）医院应当根据核算需要，参照“1601 固定资产”“1701 无形资产”等科目，在新制度规定的“1613 在建工程”“1703 研发支出”等科目下按照经费性质（财政项目拨款经费、科教经费、其他经费）进行明细核算。

（七）医院应当在新制度规定的“2305 预收账款”科目下设置如下明细科目。

1. “230501 预收医疗款”科目，核算医院预收医疗保险机构预拨的医疗保险金和预收病人的预交金。医院应当在本科目下设置如下明细科目：

（1）“23050101 预收医保款”科目，核算医院预收医疗保险机构预拨的医疗保险金。

（2）“23050102 门急诊预收款”科目，核算医院预收门急诊病人的预交金。

（3）“23050103 住院预收款”科目，核算医院预收住院病人的预交金。

2. “230502 其他预收账款”科目，核算医院除预收医疗款以外的其他预收账款，如医院因提供科研教学等服务、按合同或协议约定预收接受服务单位的款项。

（八）医院应当在新制度规定的“3001 累计盈余”科目下设置如下明细科目。

1. “300101 财政项目盈余”科目，核算医院财政项目拨款收入减去使用财政项目经费发生的费用后的累计盈余。

2. “300102 医疗盈余”科目，核算医院开展医疗活动形成的、财政项目盈余以外的累计盈余。

3. “300103 科教盈余”科目，核算医院开展科研教学活动形成的、财政项目盈余以外的累计盈余。

4. “300104 新旧转换盈余”科目，核算医院新旧制度衔接时转入新制度下累计盈余中除财政项目盈余、医疗盈余和科教盈余以外的累计盈余。

（九）医院应当在新制度规定的“3101 专用基金”科目下设置如下明细科目。

1. “310101 职工福利基金”科目，核算医院根据有关规定、依据财务会计下医疗盈余（不含财政基本拨款形成的盈余）计算提取的职工福利基金。

2. “310102 医疗风险基金”科目，核算医院根据有关规定、按照财务会计下相关数据计算提取并列入费用的医疗风险基金。

（十）医院应当在新制度规定的“3301 本期盈余”科目下设置如下明细科目。

1. “330101 财政项目盈余”科目，核算医院本期财政项目拨款相关收入、费用相抵后的余额。

2. “330102 医疗盈余”科目，核算医院本期医疗活动产生的、除财政项目拨款以外的各项收入、费用相抵后的余额。

3. “330103 科教盈余”科目，核算医院本期科研教学活动产生的、除财政项目拨款以外的各项收入、费用相抵后的余额。

（十一）医院应当在新制度规定的“3302 本年盈余分配”科目下设置“330201 提取职工福利基金”“330202 转入累计盈余”明细科目。

（十二）医院应当在新制度规定的“4001 财政拨款收入”科目下按照财政基本拨款收入、财政项目拨款收入进行明细核算。

（十三）医院应当在新制度规定的“4101 事业收入”科目下设置如下明细科目：

1. “410101 医疗收入”科目，核算医院开展医疗服务活动实现的收入。医院应当在本科目下设置如下明细科目：

（1）“41010101 门急诊收入”科目，核算医院为门急诊病人提供医疗服务实现的收入。

医院应当在“41010101 门急诊收入”科目下设置“4101010101 挂号收入”“4101010102 诊察收入”“4101010103 检查收入”“4101010104 化验收入”“4101010105 治疗收入”“4101010106 手术收入”“4101010107 卫生材料收入”“4101010108 药品收入”“4101010109 其他门急诊收入”等明细科目；在“4101010108 药品收入”科目下设置“410101010801 西药收入”“410101010802 中成药收入”和“410101010803 中药饮片收入”明细科目。

（2）“41010102 住院收入”科目，核算医院为住院病人提供医疗服务实现的收入。

医院应当在“41010102 住院收入”科目下设置“4101010201 床位收入”“4101010202 诊察收入”“4101010203 检查收入”“4101010204 化验收入”“4101010205 治疗收入”“4101010206 手术收入”“4101010207 护理收入”“4101010208 卫生材料收入”“4101010209 药品收入”“4101010210 其他住院收入”等明细科目；在“4101010209 药品收入”科目下设置“410101020901 西药收入”“410101020902 中成药收入”和“410101020903 中药饮片收入”明细科目。

（3）“41010103 结算差额”科目，核算医院同医疗保险机构结算时，因医院按照医疗服务项目收费标准计算确认的应收医疗款金额与医疗保险机构实际支付金额不同而产生的需要调整医院医疗收入的差额（不包括医院因违规治疗等管理不善原因被医疗保险机构拒付所产生的差额）。医院因违规治疗等管理不善原因被医疗保险机构拒付而不能收回的应收医疗款，应按规定确认为坏账损失，不通过本明细科目核算。

2. “410102 科教收入”科目，核算医院开展科研教学活动实现的收入。

医院应当在“410102 科教收入”科目下设置“41010201 科研收入”“41010202 教学收入”明细科目。

医院因开展科研教学活动从非同级政府财政部门取得的经费拨款，应当在“事业收入——科教收入——科研收入”和“事业收入——科教收入——教学收入”科目下单设“非同级财政拨款”明细科目进行核算。

（十四）医院应当在新制度规定的“5001 业务活动费用”科目下按照经费性质（财政基本拨款经费、财政项目拨款经费、科教经费、其他经费）进行明细核算，并对政府指令性任务进行明细核算。此外，医院除遵循新制度规定外，还可根据管理要求，参照《政府收支分类科目》中“部门预算支出经济分类科目”对业务活动费用进行明细核算，在新制度规定的“商品和服务费用”明细科目下设置“专用材料费”明细科目，并按照“卫生材料费”“药品费”进行明细核算。

（十五）医院应当在新制度规定的“5101 单位管理费用”科目下按照经费性质（财政基本拨款经费、财政项目拨款经费、科教经费、其他经费）进行明细核算。医院可根据管理要求，参照《政府收支分类科目》中“部门预算支出经济分类科目”进行明细核算，在新制度规定的“商品和服务费用”明细科目下设置“专用材料费”明细科目，并按照“卫生材料费”“药品费”进行明细核算。

（十六）医院应当在新制度规定的“5901 其他费用”科目下对政府指令性任务进行明细核算。

（十七）医院应当在新制度规定的“6101 事业预算收入”科目下设置如下明细科目：

1. “610101 医疗预算收入”科目，核算医院开展医疗活动取得的现金流入。

医院应当在“610101 医疗预算收入”科目下设置“61010101 门急诊预算收入”“61010102 住院预算收入”明细科目。

2. “610102 科教预算收入”科目，核算医院开展科研教学活动取得的现金流入。

医院应当在“610102 科教预算收入”科目下设置“61010201 科研项目预算收入”“61010202 教学项目预算收入”明细科目，并单设“非同级财政拨款”明细科目进行核算。

医院执行新制度在新制度相关一级科目下新增明细科目的情况详见附表 1。

二、关于报表及编制说明

医院应当按月度和年度编制财务报表和预算会计报表，至少按年度编制财务报表附注。

医院除按照新制度编制财务报表和预算会计报表外，还应按照本规定编制医疗活动收入费用明细表（详见附表4）。

（一）关于资产负债表。

1. 新增项目。

医院应当在资产负债表“累计盈余”项目下增加“其中：财政项目盈余”“医疗盈余”“科教盈余”“新旧转换盈余”项目（详见附表2）。

2. 新增项目的内容和填列方法。

（1）“财政项目盈余”项目，反映医院接受财政项目拨款产生的累计盈余。本项目应当根据“累计盈余——财政项目盈余”科目的期末余额填列。

（2）“医疗盈余”项目，反映医院开展医疗活动产生的累计盈余。本项目应当根据“累计盈余——医疗盈余”科目的期末余额填列。

（3）“科教盈余”项目，反映医院开展科研教学活动产生的累计盈余。本项目应当根据“累计盈余——科教盈余”科目的期末余额填列。

（4）“新旧转换盈余”项目，反映医院在新旧制度衔接时形成的转换盈余扣除执行新制度后累计弥补医疗亏损后的金额。本项目应当根据“累计盈余——新旧转换盈余”科目的期末余额填列。

（二）关于净资产变动表。

1. 调整项目。

医院应当将净资产变动表中“其中：从预算收入中提取”行项目调整为“其中：从财务会计相关收入中提取”，将“从预算结余中提取”行项目调整为“从本期盈余中提取”。

2. 调整项目的内容和填列方法。

（1）“从财务会计相关收入中提取”行，反映医院本年从财务会计相关收入中提取专用基金对净资产的影响。本行“专用基金”项目应当通过对“专用基金”科目明细账记录的分析，根据本年按有关规定从财务会计相关收入中提取专用基金的金额填列。

（2）“从本期盈余中提取”行，反映医院本年根据有关规定从本年度盈余中提取专用基金对净资产的影响。本行“累计盈余”“专用基金”项目应当通过对“专用基金”科目明细账记录的分析，根据本年按有关规定从本期盈余中提取专用基金的金额填列；本行“累计盈余”项目以“－”号填列。

（三）关于收入费用表。

1. 新增项目。

医院应当在收入费用表的“其中：政府性基金收入”项目后增加“其中：财政基本拨款收入”“财政项目拨款收入”项目；在“（二）事业收入”项目下增加“其中：医疗收入”“科教收入”项目；在“（一）业务活动费用”项目下增加“其中：财政基本拨款经费”“财政项目拨款经费”“科教经费”“其他经费”项目；在“（二）单位管理费用”项目下增加“其中：财政基本拨款经费”“财政项目拨款经费”“科教经费”“其他经费”项目；在“三、本期盈余”项目下增加“其中：财政项目盈余”“医疗盈余”“科教盈余”项目，详见附表3。

2. 新增项目的内容和填列方法。

（1）“（一）财政拨款收入”项目下的“其中：财政基本拨款收入”项目，反映医院本期取得的财政拨款收入中属于财政基本拨款的金额。本项目应当根据“财政拨款收入——财政基本拨款收入”科目的本期发生额填列。

“财政项目拨款收入”项目，反映医院本期取得的财政拨款收入中属于财政项目拨款的金额。本项目应当根据“财政拨款收入——财政项目拨款收入”科目的本期发生额填列。

（2）“（二）事业收入”项目下的“其中：医疗收入”项目，反映医院本期开展医疗活动实现的收入。本项目应当根据“事业收入——医疗收入”科目的本期发生额填列。

“科教收入”项目，反映医院本期开展科研教学活动实现的收入。本项目应当根据“事业收入——科教收入”科目的本期发生额填列。

（3）“（一）业务活动费用”项目下的“其中：财政基本拨款经费”项目，反映医院本期使用财政基本拨款经费发生的各项业务活动费用。本项目应当根据“业务活动费用”科目中经费性质为财政基本拨款经费部分的本期发生额填列。

“财政项目拨款经费”项目，反映医院本期使用财政项目拨款经费发生的各项业务活动费用。本项目应当根据“业务活动费用”科目中经费性质为财政项目拨款经费部分的本期发生额填列。

“科教经费”项目，反映医院本期使用科教经费开展科研教学活动所发生的各项业务活动费用。本项目应当根据“业务活动费用”科目中经费性质为科教经费部分的本期发生额填列。

“其他经费”项目，反映医院本期使用其他经费开展医疗活动所发生的各项业务活动费用。本项目应当根据“业务活动费用”中经费性质为其他经费部分的本期发生额填列。

(4)“（二）单位管理费用”项目下的“其中：财政基本拨款经费”项目，反映医院本期使用财政基本拨款经费发生的各项单位管理费用。本项目应当根据“单位管理费用”科目中经费性质为财政基本拨款经费部分的本期发生额填列。

“财政项目拨款经费”项目，反映医院本期使用财政项目拨款经费发生的各项单位管理费用。本项目应当根据“单位管理费用”科目中经费性质为财政项目拨款经费部分的本期发生额填列。

“科教经费”项目，反映医院本期使用科教经费（从科教经费中提取的项目管理费或间接费）所发生的各项单位管理费用。本项目应当根据“单位管理费用”科目中经费性质为科教经费部分的本期发生额填列。

“其他经费”项目，反映医院本期使用其他经费开展医疗活动所发生的各项单位管理费用。本项目应当根据“单位管理费用”科目中经费性质为其他经费部分的本期发生额填列。

(5)“三、本期盈余”项目下的“其中：财政项目盈余”项目，反映医院本期财政项目拨款收入扣除使用财政项目拨款经费发生的费用后的净额。本项目应当根据本表中“财政拨款收入”项目下“财政项目拨款收入”项目金额减去“业务活动费用”项目下“财政项目拨款经费”项目与“单位管理费用”项目下“财政项目拨款经费”项目金额合计数后的金额填列。

“医疗盈余”项目，反映医院本期医疗活动相关收入扣除医疗活动相关费用后的净额。本项目应当根据本表中“财政拨款收入”项目下“财政基本拨款收入”“事业收入”项目下“医疗收入”“上级补助收入”“附属单位上缴收入”“经营收入”“非同级财政拨款收入”“投资收益”“捐赠收入”“利息收入”“租金收入”“其他收入”项目金额合计数减去“业务活动费用”项目下“财政基本拨款经费”和“其他经费”，“单位管理费用”项目下“财政基本拨款经费”和“其他经费”，“经营费用”“资产处置费用”“上缴上级费用”“对附属单位补助费用”“所得税费用”“其他费用”项目金额合计数后的金额填列；如相减后金额为负数，以“-”号填列。

“科教盈余”项目，反映医院本期科研教学活动收入扣除科研教学活动费用后的净额。本项目应当根据本表中“事业收入”项目下“科教收入”项目金额减去“业务活动费用”项目下“科教经费”项目与“单位管理费用”项目下“科教经费”项目金额合计数后的金额填列。

（四）关于医疗活动收入费用明细表。

1. 本表反映医院在某一会计期间内医疗活动相关收入、费用及其所属明细项目的详细情况。

2. 本表“本月数”栏反映各项目的本月实际发生数。编制年度医疗活动收入费用明细表时，应当将本栏改为“本年数”，反映本年度各项目的实际发生数。

本表“本年累计数”栏反映各项目自年初至报告期期末的累计实际发生数。编制年度医疗活动收入费用明细表时，应当将本栏改为“上年数”，反映上年度各项目的实际发生数，“上年数”栏应当根据上年年度医疗活动收入费用明细表中“本年累计数”栏内所列数字填列。

如果本年度医疗活动收入费用明细表规定的项目名称和内容同上年度不一致，应当对上年度医疗活动收入费用明细表项目名称和数字按照本年度的规定进行调整，将调整后的金额填入本年度医疗活动收入费用明细表的“上年数”栏内。

3. 本表各项目的填列方法。

（1）医疗活动收入。

“医疗活动收入合计”项目，反映医院本期医疗活动收入总额。本项目应当根据本表中“财政基本拨款收入”“医疗收入”“上级补助收入”“附属单位上缴收入”“经营收入”“非同级财政拨款收入”“投资收益”“捐赠收入”“利息收入”“租金收入”“其他收入”项目金额的合计数填列。

“财政基本拨款收入”项目应根据“财政拨款收入——基本支出”明细科目本期发生额填列。

“医疗收入”项目及其所属明细项目应根据“事业收入——医疗收入”科目及其所属明细科目的本期发生额填列。

“上级补助收入”“附属单位上缴收入”“经营收入”“非同级财政拨款收入”“投资收益”“捐赠收入”“利息收入”“租金收入”“其他收入”项目应根据所对应科目的本期发生额填列。

（2）医疗活动费用。

“医疗活动费用合计”项目，反映医院本期医疗活动费用总额。本项目应当根据本表中“业务活动费用”“单位管理费用”“经营费用”“资产处置费用”“上缴上级费用”“对附属单位补助费用”“所得税费用”“其他费用”项目金额的合计数填列。

“业务活动费用”“单位管理费用”项目及其所属明细项目应根据“业务活动费用”“单位管理费用”科目及其所属明细科目中经费性质为财政基本拨款经费和其他经费的本期发生额填列。

“经营费用”“资产处置费用”“上缴上级费用”“对附属单位补助费用”“所得税费用”“其他费用”项目应根据所对应科目的本期发生额填列。

（五）关于预算收入支出表。

1. 新增项目。

医院应当在预算收入支出表的“其中：政府性基金收入”项目后增加“其中：财政基本拨款预算收入”“财政项目拨款预算收入”；在“（二）事业预算收入”项目下增加“其中：医疗预算收入”“科教预算收入”项目；在“（二）事业支出”项目下增加“其中：财政基本拨款支出”“财政项目拨款支出”“科教资金支出”“其他资金支出”项目；在“三、本年预算收支差额”项目下增加“其中：财政项目拨款收支差额”“医疗收支差额”“科教收支差额”项目，详见附表5。

2. 新增项目的内容和填列方法。

（1）“（一）财政拨款预算收入”项目下的“其中：财政基本拨款预算收入”项目，反映医院本期取得的财政拨款预算收入中属于财政基本支出拨款的金额。本项目应当根据“财政拨款预算收入——基本支出”科目的本期发生额填列。

“财政项目拨款预算收入”项目，反映医院本期取得的财政拨款收入中属于财政项目支出拨款的金额。本项目应当根据“财政拨款预算收入——项目支出”科目的本期发生额填列。

（2）“（二）事业预算收入”项目下的“其中：医疗预算收入”项目，反映医院本期开展医疗活动取得的预算收入。本项目应当根据“事业预算收入——医疗预算收入”科目的本期发生额填列。

“科教预算收入”项目，反映医院本期开展科研教学活动取得的预算收入。本项目应当根据“事业预算收入——科教预算收入”科目的本期发生额填列。

（3）“（二）事业支出”项目下的“其中：财政基本拨款支出”项目，反映医院本期使用财政基本拨款发生的事业支出。本项目应当根据“事业支出”

科目中资金性质为财政基本拨款部分的本期发生额填列。

"财政项目拨款支出"项目，反映医院本期使用财政项目拨款发生的事业支出。本项目应当根据"事业支出"科目中资金性质为财政项目拨款部分的本期发生额填列。

"科教资金支出"项目，反映医院本期开展科研教学活动所发生的事业支出。本项目应当根据"事业支出"科目中资金性质为科教资金部分的本期发生额填列。

"其他资金支出"项目，反映医院本期开展医疗活动所发生的事业支出。本项目应当根据"事业支出"科目中资金性质为其他资金部分的本期发生额填列。

（4）"三、本年预算收支差额"项目下的"财政项目拨款收支差额"项目，反映医院本期财政项目拨款预算收入扣除财政项目拨款支出后的差额，应当根据本表中"财政拨款预算收入"项目下"财政项目拨款预算收入"项目金额减去本表中"事业支出"项目下"财政项目拨款支出"项目金额后的金额填列。

"医疗收支差额"项目，反映医院本期医疗活动相关的预算收入扣除相关预算支出后的差额，应当根据本表中"财政拨款预算收入"项目下"财政基本拨款预算收入"项目金额以及本表中"事业预算收入——医疗预算收入""上级补助预算收入""附属单位上缴预算收入""经营预算收入""债务预算收入""非同级财政拨款预算收入""投资预算收益""其他预算收入"项目金额合计数减去"事业支出"项目下"财政基本拨款支出""事业支出"项目下"其他资金支出""经营支出""上缴上级支出""对附属单位补助支出""投资支出""债务还本支出""其他支出"项目金额合计数后的金额填列；如相减后金额为负数，以"-"号填列。

"科教收支差额"项目，反映医院本期开展科研教学活动相关预算收入扣除相关预算支出后的差额，应当根据本表中"事业预算收入"项目下"科教预算收入"项目金额减去"事业支出"项目下"科教资金支出"项目金额后的金额填列。

（六）关于财务报表附注。

医院应当在财务报表附注中披露所承担的政府指令性任务的相关费用信息，披露格式如下表所示。

政府指令性任务	业务活动费用	其他费用	合计
任务1			
……			
其他			
合计			

三、关于坏账准备的计提范围

医院应当对除应收在院病人医疗款以外的应收账款和其他应收款按规定提取坏账准备。

四、关于运杂费的会计处理

医院为取得库存物品单独发生的运杂费等，能够直接计入业务成本的，计入业务活动费用，借记“业务活动费用”科目，贷记“库存现金”“银行存款”等科目；不能直接计入业务成本的，计入单位管理费用，借记“单位管理费用”科目，贷记“库存现金”“银行存款”等科目。

五、关于自制制剂的会计处理

医院对于按自主定价或备案价核算的自制制剂，在已经制造完成并验收入库时，按照自主定价或备案价，借记“库存物品——药品”科目，按照所发生的实际成本，贷记“加工物品”科目，按照借贷方之间的差额，借记或贷记“库存物品——成本差异”科目。

医院开展业务活动等领用或发出自制制剂，按照自主定价或备案价加上或减去成本差异后的金额，借记“业务活动费用”“单位管理费用”等科目，按照自主定价或备案价，贷记“库存物品——药品”科目，按照领用或发出自制制剂应负担的成本差异，借记或贷记“库存物品——成本差异”科目。

六、关于固定资产折旧年限

通常情况下，医院应当按照本规定附表6确定各类应计提折旧的固定资产的折旧年限。

七、关于弥补医疗亏损的账务处理

年末，医院“累计盈余——医疗盈余”科目为借方余额的，医院应当按照有关规定确定的用于弥补医疗亏损的金额，借记“累计盈余——新旧转换盈余”科目，贷记“累计盈余——医疗盈余”科目。

八、关于本期盈余结转的账务处理

期末，医院应当将财政拨款收入中的财政项目拨款收入的本期发生额转入本期盈余，借记“财政拨款收入——财政项目拨款收入”科目，贷记“本期盈余——财政项目盈余”科目；将业务活动费用、单位管理费用中经费性质为财政项目拨款经费部分的本期发生额转入本期盈余，借记“本期盈余——财政项目盈余”科目，贷记“业务活动费用”“单位管理费用”科目的相关明细科目。

期末，医院应当将财政拨款收入中的财政基本拨款收入、事业收入中的医疗收入、上级补助收入、附属单位上缴收入、经营收入、非同级财政拨款收入、投资收益、捐赠收入、利息收入、租金收入、其他收入的本期发生额转入本期盈余，借记“财政拨款收入——财政基本拨款收入”“事业收入——医疗收入”“上级补助收入”“附属单位上缴收入”“经营收入”“非同级财政拨款收入”“投资收益”“捐赠收入”“利息收入”“租金收入”“其他收入”科目，贷记“本期盈余——医疗盈余”科目；将业务活动费用、单位管理费用中与医疗活动相关且经费性质为财政基本拨款经费和其他经费的部分，以及经营费用、资产处置费用、上缴上级费用、对附属单位补助费用、所得税费用、其他费用的本期发生额转入本期盈余，借记“本期盈余——医疗盈余”科目，贷记“业务活动费用”和“单位管理费用”科目的相关明细科目、“经营费用”“资产处置费用”“上缴上级费用”“对附属单位补助费用”“所得税费用”“其他费用”科目。

期末，医院应当将事业收入中的科教收入的本期发生额转入本期盈余，借记“事业收入——科教收入”科目，贷记“本期盈余——科教盈余”科目；将业务活动费用中经费性质为科教经费的部分、单位管理费用中经费性质为科教经费的部分（从科教经费中提取的项目管理费或间接费）的本期发生额转入本期盈余，借记“本期盈余——科教盈余”科目，贷记“业务活动费用”“单位管理费用”科目的相关明细科目。

年末，完成上述结转后，医院应当将“本期盈余——财政项目盈余”“本期盈余——医疗盈余”科目中财政基本拨款形成的盈余余额和“本期盈余——科教盈余”科目余额转入累计盈余对应明细科目，借记或贷记“本期盈余——财政项目盈余”“本期盈余——医疗盈余”“本期盈余——科教盈余”科目的相关明细科目，贷记或借记“累计盈余——财政项目盈余”“累计盈余——医疗盈余”“累计盈余——科教盈余”科目。“本期盈余——医疗盈余”科目扣除财政基本拨款形成的盈余后为贷方余额的，将“本期盈余——医疗盈余”科目对应贷方余额转入“本年盈余分配”科目，借记“本期盈余——医疗盈余”科目，贷记“本年盈余分配”科目；“本期盈余——医疗盈余”科目扣除财政基本拨款形成的盈余后为借方余额的，将“本期盈余——医疗盈余”科目对应借方余额转入“累计盈余”科目，借记“累计盈余——医疗盈余”科目，贷记“本期盈余——医疗盈余”科目。

九、关于本年盈余分配的账务处理

年末，医院在按照规定提取专用基金后，应当将“本年盈余分配”科目余额转入累计盈余，借记“本年盈余分配——转入累计盈余”科目，贷记“累计盈余——医疗盈余”科目。

十、关于医疗收入的确认

医院应当在提供医疗服务（包括发出药品）并收讫价款或取得收款权利时，按照规定的医疗服务项目收费标准计算确定的金额确认医疗收入。医院给予病人或其他付费方折扣的，按照折扣后的实际金额确认医疗收入。

十一、关于医事服务费和药事服务费的会计处理

执行医事服务费的医院应当通过“事业收入——医疗收入——门急诊收入——诊察收入”和“事业收入——医疗收入——住院收入——诊察收入”

科目核算医事服务收入。医院在实现医事服务收入时，应当借记“库存现金”“银行存款”“应收账款”等科目，属于门急诊收入的，贷记“事业收入——医疗收入——门急诊收入——诊察收入”科目，属于住院收入的，贷记“事业收入——医疗收入——住院收入——诊察收入”科目。

执行药事服务费的医院应当通过“事业收入——医疗收入——门急诊收入——其他门急诊收入”和“事业收入——医疗收入——住院收入——其他住院收入”科目核算药事服务收入。医院在实现药事服务收入时，应当借记“库存现金”“银行存款”“应收账款”等科目，属于门急诊收入的，贷记“事业收入——医疗收入——门急诊收入——其他门急诊收入”科目，属于住院收入的，贷记“事业收入——医疗收入——住院收入——其他住院收入”科目。

十二、关于医院与医疗保险机构结算医疗款的账务处理

医院同医疗保险机构结算医疗款时，应当按照实际收到的金额，借记“银行存款”科目，按照医院因违规治疗等管理不善原因被医疗保险机构拒付的金额，借记“坏账准备”科目，按照应收医疗保险机构的金额，贷记“应收账款——应收医疗款——应收医保款”科目，按照借贷方之间的差额，借记或贷记“事业收入——医疗收入——结算差额”科目。

医院预收医疗保险机构医保款的，在同医疗保险机构结算医疗款时，还应冲减相关的预收医保款。

十三、关于按合同完成进度确认科教收入

医院以合同完成进度确认科教收入时，应当根据业务实质，选择累计实际发生的合同成本占合同预计总成本的比例、已经完成的合同工作量占合同预计总工作量的比例、已经完成的时间占合同期限的比例、实际测定的完工进度等方法，合理确定合同完成进度。

十四、关于计提和使用项目间接费用或管理费的账务处理

（一）医院按规定从科研项目收入中计提项目间接费用或管理费时，除按

新制度规定借记“单位管理费用”科目外，也可根据实际情况借记“业务活动费用”等科目。

（二）医院使用计提的项目间接费用或管理费购买固定资产、无形资产的，在财务会计下，按照固定资产、无形资产的成本金额，借记“固定资产”“无形资产”科目，贷记“银行存款”等科目；同时，按照相同的金额，借记“预提费用——项目间接费用或管理费”科目，贷记“累计盈余”科目。在预算会计下，按照相同的金额，借记“事业支出”等科目，贷记“资金结存”科目。

十五、关于成本报表

医院应当按月度和年度编制成本报表，具体包括医院各科室直接成本表（见附表7）、医院临床服务类科室全成本表（见附表8）和医院临床服务类科室全成本构成分析表（见附表9）。成本报表主要以科室、诊次和床日为成本核算对象，所反映的成本均不包括财政项目拨款经费、科教经费形成的各项费用。

（一）医院各科室直接成本表。

1. 本表反映在将医院的单位管理费用（行政后勤类科室成本）和医疗技术、医疗辅助科室成本分摊至临床服务类科室成本前各科室直接成本情况。直接成本是指科室开展医疗服务活动发生的能够直接计入或采用一定方法计算后直接计入科室成本的各种费用。

各科室直接成本需要按成本项目，即人员经费、卫生材料费、药品费、固定资产折旧费、无形资产摊销费、提取医疗风险基金和其他费用分别列示。

2. 编制说明。

（1）医院各科室直接成本表的各栏目应根据“业务活动费用”“单位管理费用”科目所属明细科目的记录直接或分析填列。

“人员经费”项目应当根据“工资福利费用”和“对个人和家庭的补助费用”明细科目的本期发生额分析填列，“卫生材料费”项目应当根据“商品和服务费用——专用材料费——卫生材料费”明细科目的本期发生额分析填列，“药品费”项目应当根据“商品和服务费用——专用材料费——药品费”明细科目的本期发生额分析填列，“固定资产折旧费”项目应当根据“固定资产折旧费”明细科目的本期发生额分析填列，“无形资产摊销费”项目应当根据

“无形资产摊销费”明细科目的本期发生额分析填列，“提取医疗风险基金”项目应当根据“计提专用基金——医疗风险基金”明细科目的本期发生额分析填列，“其他费用”应当根据“业务活动费用”“单位管理费用”科目除以上明细科目外其他明细科目的本期发生额分析填列。

（2）医疗业务成本合计 = 临床服务类科室成本小计 + 医疗技术类科室成本小计 + 医疗辅助类科室成本小计。

（3）本月总计 = 医疗业务成本合计 + 管理费用。

（二）医院临床服务类科室全成本表。

1. 本表反映医院根据《医院财务制度》规定的原则和程序，将单位管理费用、医疗辅助类科室直接成本、医疗技术类科室直接成本逐步分摊转移到临床服务类科室后，各临床服务类科室的全成本情况。临床服务类科室全成本包括科室直接成本和分摊转移的间接成本。

各临床服务类科室的直接成本、间接成本和全成本应当按照人员经费、卫生材料费、药品费、固定资产折旧费、无形资产摊销费、提取医疗风险基金和其他费用等成本项目分别列示。

2. 编制说明。

医院临床服务类科室全成本表中的“直接成本”栏应当根据“业务活动费用”“单位管理费用”科目及其所属明细科目记录直接或分析填列。该栏目金额应当与“医院各科室直接成本表”中对应栏目金额保持一致。

本表中“间接成本”栏应当根据《医院财务制度》规定的方法计算填列。

本表中“全成本”栏应当根据本表中“直接成本”栏金额和“间接成本”栏金额合计数填列。

（三）医院临床服务类科室全成本构成分析表。

1. 本表反映各临床服务类科室的全成本中各项成本所占的比例情况，以及各临床服务类科室的床日成本、诊次成本情况。

诊次和床日成本核算是以诊次、床日为核算对象，将科室成本进一步分摊到门急诊人次、住院床日中，计算出诊次成本、床日成本。

2. 编制说明。

（1）医院临床服务类科室全成本构成分析表各项目应当依据医院临床服务类科室全成本表的数据计算填列，其中，床日成本、诊次成本应当根据《医院财务制度》计算填列。

（2）医院临床服务类科室全成本构成分析表用于对医院临床服务类科室

全成本要素及其结构进行分析与监测。"##"为某一临床服务类科室不同成本项目的构成比，用于分析各临床服务类科室的成本结构，确定各科室内部成本管理的重点成本项目。

例：人员经费%(##)=(某一临床服务类科室人员经费金额/该科室全成本合计)×100%

人员经费金额合计（**）=各临床服务类科室人员经费之和

人员经费合计%=(各临床服务类科室人员经费之和/各临床服务类科室全成本合计)×100%

十六、生效日期

本规定自2019年1月1日起施行。

附表1：

医院执行新制度新增明细科目表

科目编码	科目名称	备注
1212	应收账款	
121201	应收账款\应收在院病人医疗款	
121202	应收账款\应收医疗款	
12120201	应收账款\应收医疗款\应收医保款	
1212020101	应收账款\应收医疗款\应收医保款\应收门急诊医保款	
1212020102	应收账款\应收医疗款\应收医保款\应收住院医保款	
12120202	应收账款\应收医疗款\门急诊病人欠费	
12120203	应收账款\应收医疗款\出院病人欠费	
121203	应收账款\其他应收账款	
1219	坏账准备	
121901	坏账准备\应收账款坏账准备	
121902	坏账准备\其他应收款坏账准备	

续表

科目编码	科目名称	备注
1302	库存物品	
130201	库存物品\药品	
130202	库存物品\卫生材料	
13020201	库存物品\卫生材料\血库材料	
13020202	库存物品\卫生材料\医用气体	
13020203	库存物品\卫生材料\影像材料	
13020204	库存物品\卫生材料\化验材料	
13020205	库存物品\卫生材料\其他卫生材料	
130203	库存物品\低值易耗品	
130204	库存物品\其他材料	
130205	库存物品\成本差异	
1601	固定资产	按形成固定资产的经费性质（财政项目拨款经费、科教经费、其他经费）进行明细核算
1602	固定资产累计折旧	
1701	无形资产	按形成无形资产的经费性质（财政项目拨款经费、科教经费、其他经费）进行明细核算
1702	无形资产累计摊销	
2305	预收账款	按债权人明细核算
230501	预收账款\预收医疗款	
23050101	预收账款\预收医疗款\预收医保款	
23050102	预收账款\预收医疗款\门急诊预收款	
23050103	预收账款\预收医疗款\住院预收款	
230502	预收账款\其他预收账款	
3001	累计盈余	
300101	累计盈余\财政项目盈余	
300102	累计盈余\医疗盈余	
300103	累计盈余\科教盈余	
300104	累计盈余\新旧转换盈余	

续表

科目编码	科目名称	备注
3101	专用基金	
310101	专用基金\职工福利基金	
310102	专用基金\医疗风险基金	
3301	本期盈余	
330101	本期盈余\财政项目盈余	
330102	本期盈余\医疗盈余	
330103	本期盈余\科教盈余	
3302	本年盈余分配	
330201	本年盈余分配\提取职工福利基金	
330202	本年盈余分配\转入累计盈余	
4001	财政拨款收入	按照财政基本支出、项目支出进行明细核算
4101	事业收入	对“非同级财政拨款”进行明细核算
410101	事业收入\医疗收入	
41010101	事业收入\医疗收入\门急诊收入	
4101010101	事业收入\医疗收入\门急诊收入\挂号收入	
4101010102	事业收入\医疗收入\门急诊收入\诊察收入	核算医事服务收入
4101010103	事业收入\医疗收入\门急诊收入\检查收入	
4101010104	事业收入\医疗收入\门急诊收入\化验收入	
4101010105	事业收入\医疗收入\门急诊收入\治疗收入	
4101010106	事业收入\医疗收入\门急诊收入\手术收入	
4101010107	事业收入\医疗收入\门急诊收入\卫生材料收入	
4101010108	事业收入\医疗收入\门急诊收入\药品收入	
410101010801	事业收入\医疗收入\门急诊收入\药品收入\西药收入	
410101010802	事业收入\医疗收入\门急诊收入\药品收入\中成药收入	
410101010803	事业收入\医疗收入\门急诊收入\药品收入\中药饮片收入	
4101010109	事业收入\医疗收入\门急诊收入\其他门急诊收入	核算药事服务收入
41010102	事业收入\医疗收入\住院收入	

续表

科目编码	科目名称	备注
4101010201	事业收入\医疗收入\住院收入\床位收入	
4101010202	事业收入\医疗收入\住院收入\诊察收入	核算医事服务收入
4101010203	事业收入\医疗收入\住院收入\检查收入	
4101010204	事业收入\医疗收入\住院收入\化验收入	
4101010205	事业收入\医疗收入\住院收入\治疗收入	
4101010206	事业收入\医疗收入\住院收入\手术收入	
4101010207	事业收入\医疗收入\住院收入\护理收入	
4101010208	事业收入\医疗收入\住院收入\卫生材料收入	
4101010209	事业收入\医疗收入\住院收入\药品收入	
410101020901	事业收入\医疗收入\住院收入\药品收入\西药收入	
410101020902	事业收入\医疗收入\住院收入\药品收入\中成药收入	
410101020903	事业收入\医疗收入\住院收入\药品收入\中药饮片收入	
4101010210	事业收入\医疗收入\住院收入\其他住院收入	核算药事服务收入
41010103	事业收入\医疗收入\结算差额	
410102	事业收入\科教收入	
41010201	事业收入\科教收入\科研收入	
41010202	事业收入\科教收入\教学收入	
5001	业务活动费用	按照经费性质（财政基本拨款经费、财政项目拨款经费、科教经费、其他经费）进行明细核算，并对“政府指令性任务”进行明细核算
5101	单位管理费用	按照经费性质（财政基本拨款经费、财政项目拨款经费、科教经费、其他经费）进行明细核算
5901	其他费用	对“政府指令性任务”进行明细核算

续表

科目编码	科目名称	备注
6101	事业预算收入	对“非同级财政拨款”进行明细核算
610101	事业预算收入\医疗预算收入	
61010101	事业预算收入\医疗预算收入\门急诊预算收入	
61010102	事业预算收入\医疗预算收入\住院预算收入	
610102	事业预算收入\科教预算收入	
61010201	事业预算收入\科教预算收入\科研项目预算收入	
61010202	事业预算收入\科教预算收入\教学项目预算收入	

附表2：

资产负债表

会政财01表

编制单位：______　　　　____年____月____日　　　　单位：元

资产	期末余额	年初余额	负债和净资产	期末余额	年初余额
流动资产：			**流动负债：**		
货币资金			短期借款		
短期投资			应交增值税		
财政应返还额度			其他应交税费		
应收票据			应缴财政款		
应收账款净额			应付职工薪酬		
预付账款			应付票据		
应收股利			应付账款		
应收利息			应付政府补贴款		
其他应收款净额			应付利息		
存货			预收账款		
待摊费用			其他应付款		
一年内到期的非流动资产			预提费用		
其他流动资产			一年内到期的非流动负债		
流动资产合计			其他流动负债		

续表

资产	期末余额	年初余额	负债和净资产	期末余额	年初余额
非流动资产：			**流动负债合计**		
长期股权投资			**非流动负债：**		
长期债券投资			长期借款		
固定资产原值			长期应付款		
减：固定资产累计折旧			预计负债		
固定资产净值			其他非流动负债		
工程物资			**非流动负债合计**		
在建工程			受托代理负债		
无形资产原值			**负债合计**		
减：无形资产累计摊销					
无形资产净值					
研发支出					
公共基础设施原值					
减：公共基础设施累计折旧（摊销）					
公共基础设施净值			**净资产：**		
政府储备物资			累计盈余		
文物文化资产			其中：财政项目盈余		
保障性住房原值			医疗盈余		
减：保障性住房累计折旧			科教盈余		
保障性住房净值			新旧转换盈余		
长期待摊费用			专用基金		
待处理财产损溢			权益法调整		
其他非流动资产			无偿调拨净资产*		—
非流动资产合计			本期盈余*		—
受托代理资产			**净资产合计**		
资产总计			**负债和净资产总计**		

注：“＊”标识项目为月报项目，年报中不需列示。

附表3：

收入费用表

会政财02表

编制单位：________　________年____月　单位：元

项目	本月数	本年累计数
一、本期收入		
（一）财政拨款收入		
其中：政府性基金收入		
其中：财政基本拨款收入		
财政项目拨款收入		
（二）事业收入		
其中：医疗收入		
科教收入		
（三）上级补助收入		
（四）附属单位上缴收入		
（五）经营收入		
（六）非同级财政拨款收入		
（七）投资收益		
（八）捐赠收入		
（九）利息收入		
（十）租金收入		
（十一）其他收入		
二、本期费用		
（一）业务活动费用		
其中：财政基本拨款经费		
财政项目拨款经费		
科教经费		
其他经费		
（二）单位管理费用		
其中：财政基本拨款经费		
财政项目拨款经费		

续表

项目	本月数	本年累计数
科教经费		
其他经费		
（三）经营费用		
（四）资产处置费用		
（五）上缴上级费用		
（六）对附属单位补助费用		
（七）所得税费用		
（八）其他费用		
三、本期盈余		
其中：财政项目盈余		
医疗盈余		
科教盈余		

附表 4：

医疗活动收入费用明细表

会政财 02 表附表 01

编制单位：______　　　　____年____月　　　　单位：元

项目	本月数	本年累计数	项目	本月数	本年累计数
医疗活动收入合计			**医疗活动费用合计**		
财政基本拨款收入			业务活动费用		
医疗收入			人员经费		
门急诊收入			其中：工资福利费用		
挂号收入			对个人和家庭的补助费用		
诊察收入			商品和服务费用		
检查收入			固定资产折旧费		
化验收入			无形资产摊销费		
治疗收入			计提专用基金		
手术收入			单位管理费用		

续表

项目	本月数	本年累计数	项目	本月数	本年累计数
卫生材料收入			人员经费		
药品收入			其中：工资福利费用		
其他门急诊收入			对个人和家庭的补助费用		
住院收入			商品和服务费用		
床位收入			固定资产折旧费		
诊察收入			无形资产摊销费		
检查收入			经营费用		
化验收入			资产处置费用		
治疗收入			上缴上级费用		
手术收入			对附属单位补助费用		
护理收入			所得税费用		
卫生材料收入			其他费用		
药品收入					
其他住院收入					
结算差额					
上级补助收入					
附属单位上缴收入					
经营收入					
非同级财政拨款收入					
投资收益					
捐赠收入					
利息收入					
租金收入					
其他收入					

附表 5：

预算收入支出表

会政预 01 表

编制单位：______ ____年____月 单位：元

项目	本年数	上年数
一、本年预算收入		
（一）财政拨款预算收入		
其中：政府性基金收入		
其中：财政基本拨款预算收入		
财政项目拨款预算收入		
（二）事业预算收入		
其中：医疗预算收入		
科教预算收入		
（三）上级补助预算收入		
（四）附属单位上缴预算收入		
（五）经营预算收入		
（六）债务预算收入		
（七）非同级财政拨款预算收入		
（八）投资预算收益		
（九）其他预算收入		
其中：利息预算收入		
捐赠预算收入		
租金预算收入		
二、本年预算支出		
（一）行政支出		
（二）事业支出		
其中：财政基本拨款支出		
财政项目拨款支出		
科教资金支出		
其他资金支出		
（三）经营支出		
（四）上缴上级支出		
（五）对附属单位补助支出		
（六）投资支出		
（七）债务还本支出		
（八）其他支出		
其中：利息支出		

续表

项目	本年数	上年数
捐赠支出		
三、本年预算收支差额		
其中：财政项目拨款收支差额		
医疗收支差额		
科教收支差额		

附表6：

医院固定资产折旧年限表

固定资产类别	折旧年限（年）	固定资产类别	折旧年限（年）
一、房屋及构筑物		医用电子仪器	5
业务及管理用房		医用超声仪器	6
钢结构	50	医用高频仪器设备	5
钢筋混凝土结构	50	物理治疗及体疗设备	5
砖混结构	30	高压氧舱	6
砖木结构	30	中医仪器设备	5
简易房	8	医用磁共振设备	6
房屋附属设施	8	医用X线设备	6
构筑物	8	高能射线设备	8
二、通用设备		医用核素设备	6
计算机设备	6	临床检验分析仪器	5
通信设备	5	体外循环设备	5
办公设备	6	手术急救设备	5
车辆	10	口腔设备	6
图书档案设备	5	病房护理设备	5
机械设备	10	消毒设备	6
电气设备	5	其他	5
雷达、无线电和卫星导航设备	10	光学仪器及窥镜	6
广播、电视、电影设备	5	激光仪器设备	5
仪器仪表	5	**四、家具、用具及装具**	
电子和通信测量设备	5	家具	15
计量标准器具及量具、衡器	5	用具、装具	5
三、专用设备			

附表7：

医院各科室直接成本表

成本医01表

编制单位：______　　　　____年____月　　　　单位：元

成本项目 科室名称	人员经费（1）	卫生材料费（2）	药品费（3）	固定资产折旧费（4）	无形资产摊销费（5）	提取医疗风险基金（6）	其他费用（7）	合计 (8)=(1)+(2)+(3)+(4)+(5)+(6)+(7)
临床服务类科室1 临床服务类科室2 … 小计								
医疗技术类科室1 医疗技术类科室2 … 小计								
医疗辅助类科室1 医疗辅助类科室2 … 小计								
医疗业务成本合计								
管理费用								
本月总计								

附表 8：

医院临床服务类科室全成本表

成本医 02 表

编制单位：______ ____年____月 单位：元

成本项目 科室名称	人员经费（1）			卫生材料费（2）			药品费（3）			固定资产折旧费（4）			无形资产摊销费（5）			提取医疗风险基金（6）			其他费用（7）			合计 (8)=(1)+(2)+(3)+(4)+(5)+(6)+(7)		
	直接成本	间接成本	全成本	直接成本	间接成本	全成本	直接成本	间接成本	全成本	直接成本	间接成本	全成本	直接成本	间接成本	全成本	直接成本	间接成本	全成本	直接成本	间接成本	全成本	直接成本	间接成本	全成本
临床服务类科室 1																								
临床服务类科室 2																								
…																								
科室全成本合计																								

附表 9：

医院临床服务类科室全成本构成分析表

成本医 03 表

编制单位：______　　　　____年____月　　　　单位：元

科室名称 成本项目	内科		……		各临床服务类科室合计	
	金额	%			金额	%
人员经费 卫生材料费 药品费 固定资产折旧 无形资产摊销 提取医疗风险基金 其他费用		(##)			(**)	
科室全成本合计		(100%)				(100%)
科室收入						
收入—成本						
床日成本						
诊次成本						

关于医院执行《政府会计制度——行政事业单位会计科目和报表》的衔接规定

财会〔2018〕24号　2018年8月27日

我部于2017年10月24日印发了《政府会计制度——行政事业单位会计科目和报表》（财会〔2017〕25号，以下简称新制度）。原执行《医院会计制度》（财会〔2010〕27号，以下简称原制度）的公立医院（以下简称医院），自2019年1月1日起执行新制度，不再执行原制度。为了确保新旧会计制度顺利过渡，现对医院执行新制度及《关于医院执行〈政府会计制度——行政事业单位会计科目和报表〉的补充规定》（以下简称补充规定）的有关衔接问题规定如下。

一、新旧制度衔接总要求

（一）自2019年1月1日起，医院应当严格按照新制度及补充规定进行会计核算、编制财务报表和预算会计报表。

（二）医院应当按照本规定做好新旧制度衔接的相关工作，主要包括以下几个方面。

1. 根据原账编制2018年12月31日的科目余额表，并按照本规定要求，编制原账的部分科目余额明细表（参见附表1、附表2）。

2. 按照新制度及补充规定设立2019年1月1日的新账。

3. 按照本规定要求，登记新账的财务会计科目余额和预算结余科目余额，包括将原账科目余额转入新账财务会计科目、按照原账科目余额登记新账预算结余科目（医院新旧会计制度转账、登记新账科目对照表参见附表3），将未入账事项登记新账科目，并对相关新账科目余额进行调整。原账科目是指按照原制度规定设置的会计科目。

4. 按照登记及调整后新账的各会计科目余额，编制 2019 年 1 月 1 日的科目余额表，作为新账各会计科目的期初余额。

5. 根据新账各会计科目期初余额，按照新制度及补充规定编制 2019 年 1 月 1 日资产负债表。

（三）及时调整会计信息系统。医院应当按照新制度及补充规定要求对原有会计信息系统进行及时更新和调试，实现数据正确转换，确保新旧账套的有序衔接。

二、财务会计科目的新旧衔接

（一）将 2018 年 12 月 31 日原账会计科目余额转入新账财务会计科目。

1. 资产类。

（1）“库存现金”“银行存款”“其他货币资金”“财政应返还额度”“短期投资”“坏账准备”“待摊费用”“固定资产”“无形资产”“长期待摊费用”“待处理财产损溢”科目。

新制度设置了“库存现金”“银行存款”“其他货币资金”“财政应返还额度”“短期投资”“坏账准备”“待摊费用”“固定资产”“无形资产”“长期待摊费用”“待处理财产损溢”科目，其核算内容与原账的上述相应科目的核算内容基本相同。转账时，医院应当将原账的上述科目余额直接转入新账的相应科目。其中，还应当将原账的“库存现金”“银行存款”科目余额中属于新制度规定受托代理资产的金额，转入新账的“库存现金”“银行存款”科目下“受托代理资产”明细科目。

（2）“应收在院病人医疗款”和“应收医疗款”科目。

新制度及补充规定设置了“应收账款”科目，并在该科目下设置了“应收在院病人医疗款”“应收医疗款”和“其他应收账款”明细科目。“应收在院病人医疗款”和“应收医疗款”明细科目的核算内容与原账的“应收在院病人医疗款”和“应收医疗款”科目的核算内容基本相同。转账时，医院应当将原账的“应收在院病人医疗款”和“应收医疗款”科目余额转入新账的“应收账款”科目下“应收在院病人医疗款”和“应收医疗款”明细科目。

（3）“其他应收款”科目。

新制度设置了“其他应收款”科目。转账时，医院应当对原账的“其他应收款”科目余额进行分析，将原账“其他应收款”科目中核算的应收长期股权投资的股利，转入新账的“应收股利”科目；将原账“其他应收款”科目中核算的应收长期债权投资的利息，转入新账的“应收利息”科目；将原账“其他应收款”科目中核算出租资产等应收取的款项，转入新账的“应收账款”科目；将原账“其他应收款”科目中核算的已经付款或开出商业汇票、尚未收到物资的金额，转入新账的“在途物品”科目；将剩余余额，转入新账的“其他应收款”科目。

(4)“预付账款”科目。

新制度设置了“在途物品”和“预付账款”科目，原制度设置了“预付账款”科目。转账时，医院应当将原账“预付账款”科目中核算的已经付款或开出商业汇票、尚未收到物资的金额，转入新账的“在途物品”科目，将剩余余额，转入新账的“预付账款”科目。

(5)“库存物资”科目。

新制度设置了“库存物品”科目，原制度设置了“库存物资”科目。转账时，医院应当将原账“库存物资”科目余额中属于医院受托存储保管的物资和受托转赠的物资金额，转入新账的“受托代理资产”科目；将原账“库存物资”科目余额中属于为在建工程购买和使用的材料物资金额，转入新账“工程物资”科目；将剩余余额，按照医院库存物品的类别（如药品、卫生材料等），分别转入新账的“库存物品”科目的有关明细科目。

(6)“在加工物资”科目。

新制度设置了“加工物品”科目，其核算内容与原账的“在加工物资”科目的核算内容基本相同。转账时，医院应当将原账的“在加工物资”科目余额转入新账的“加工物品”科目。

(7)“长期投资”科目。

新制度设置了“长期股权投资”和“长期债券投资”科目，原制度设置了“长期投资”科目。转账时，医院应当将原账的“长期投资”科目中核算的股权投资金额，转入新账的“长期股权投资”科目及其明细科目；将原账的“长期投资”科目中核算的债券投资金额，转入新账的“长期债券投资”科目及其明细科目。

(8)“累计折旧”科目。

新制度设置了“固定资产累计折旧”科目，该科目的核算内容与原账的“累计折旧”科目的核算内容基本相同。转账时，医院应当将原账的“累计折旧”科目余额转入新账的“固定资产累计折旧”科目。

（9）“累计摊销”科目。

新制度设置了“无形资产累计摊销”科目，该科目的核算内容与原账的“累计摊销”科目的核算内容基本相同。转账时，医院应当将原账的“累计摊销”科目余额转入新账的“无形资产累计摊销”科目。

（10）“在建工程”科目。

新制度设置了“在建工程”科目，该科目的核算内容与原账的“在建工程”科目的核算内容基本相同。转账时，医院应当将原账的“在建工程”科目余额（基建“并账”后的金额，下同），转入新账的“在建工程”科目。

医院在原账“在建工程”科目中核算了按照新制度规定应当记入“工程物资”科目内容的，应当将原账“在建工程”科目余额中属于工程物资的金额，转入新账的“工程物资”科目。

（11）“固定资产清理”科目。

新制度设置了“待处理财产损溢”科目，该科目的核算内容与原账的“固定资产清理”科目的核算内容基本相同。转账时，医院应当将原账的“固定资产清理”科目余额，转入新账的“待处理财产损溢”科目。

（12）“零余额账户用款额度”科目。

由于原账的“零余额账户用款额度”科目年末无余额，无需进行转账处理。

2. 负债类。

（1）“短期借款”“应付票据”“长期应付款”科目。

新制度设置了“短期借款”“应付票据”“长期应付款”科目，其核算内容与原账的上述相应科目的核算内容基本相同。转账时，医院应当将原账的上述科目余额直接转入新账的相应科目。

（2）“应付账款”科目。

新制度设置了“应付账款”科目，其核算内容与原制度中“应付账款”科目的核算内容基本相同。转账时，医院应当将原账的“应付账款”科目余额，转入新账的“应付账款”科目。其中，医院在原账的“应付账款”科目中核算了无力支付银行承兑汇票而转入“应付账款”科目的余额的，应当将原账的“应付账款”科目余额中属于因无力支付银行承兑汇票而转入应付账款科目的余额，转入新账的“短期借款”科目。

（3）“应缴款项”科目。

新制度设置了“应缴财政款”科目，原制度设置了“应缴款项”科目。

转账时，医院应当将原账的“应缴款项”科目余额中属于应缴财政款项的金额转入新账的“应缴财政款”科目，将原账的“应缴款项”科目余额减去属于应缴财政款项金额后的差额转入新账的“其他应付款”科目。

（4）“预收医疗款”科目。

新制度设置了“预收账款”科目，其核算内容与原账的“预收医疗款”科目的核算内容基本相同。转账时，医院应当将原账的“预收医疗款”科目余额转入新账的“预收账款”科目。

（5）“应付职工薪酬”“应付社会保障费”科目。

新制度设置了“应付职工薪酬”科目，原制度设置了“应付职工薪酬”“应付社会保障费”科目。转账时，医院应当将原账的“应付职工薪酬”“应付社会保障费”科目余额，转入新账的“应付职工薪酬”科目。

（6）“应付福利费”科目。

新制度未设置“应付福利费”科目。转账时，医院应当将原账的“应付福利费”科目余额转入新账的“累计盈余——新旧转换盈余”科目。

（7）“应交税费”科目。

新制度设置了“应交增值税”和“其他应交税费”科目，原制度设置了“应交税费”科目。转账时，医院应当将原账的“应交税费——应交增值税”科目余额转入新账的“应交增值税”科目，将原账的“应交税费”科目余额减去属于应交增值税余额后的差额，转入新账的“其他应交税费”科目。

（8）“其他应付款”科目。

新制度设置了“其他应付款”科目，该科目的核算内容与原账的“其他应付款”科目的核算内容基本相同。转账时，医院应当将原账的“其他应付款”科目余额，转入新账的“其他应付款”科目。其中，医院在原账的“其他应付款”科目中核算了属于新制度规定的受托代理负债的，应当将原账的“其他应付款”科目余额中属于受托代理负债的余额，转入新账的“受托代理负债”科目。

（9）“预提费用”科目。

新制度设置了“预提费用”科目，该科目的核算内容与原账的“预提费用”科目的核算内容基本相同。转账时，医院应当将原账的“预提费用”科目余额转入新账的“预提费用”科目。原账“预提费用”科目中核算了属于预提短期借款应付未付利息的，转账时，医院应当将预提短期借款应付未付利息的金额转入新账的“应付利息”科目。

（10）“长期借款”科目。

新制度设置了“长期借款”科目，该科目的核算内容与原账的“长期借款”科目的核算内容基本相同。转账时，医院应当将原账的“长期借款”科目余额转入新账的“长期借款”科目。其中，医院在原账的“长期借款”科目中核算了分期付息、到期还本的长期借款应付利息的，应当将原账的“长期借款”科目余额中属于分期付息、到期还本的长期借款应付利息金额转入新账的“应付利息”科目。

3. 净资产类。

（1）“事业基金”科目。

新制度设置了“累计盈余”科目。该科目的核算内容包含了原账的“事业基金”科目的核算内容。转账时，医院应当将原账的“事业基金”科目余额转入新账的“累计盈余——新旧转换盈余”科目。

（2）“专用基金”科目。

新制度设置了“专用基金”科目，该科目的核算内容与原账的“专用基金”科目的核算内容基本相同。转账时，医院应当将原账的“专用基金”科目余额转入新账的“专用基金”科目。

（3）“待冲基金”科目。

依据新制度，无需对原制度中“待冲基金”科目对应内容进行核算。转账时，医院应当将原账的“待冲基金——待冲财政基金”科目余额转入新账的“累计盈余——财政项目盈余”科目，将原账的“待冲基金——待冲科教项目基金”科目余额转入新账的“累计盈余——科教盈余”科目。

（4）“财政补助结转（余）”“科教项目结转（余）”科目。

新制度设置了“累计盈余”科目，该科目的余额包含了原账的“财政补助结转（余）”和“科教项目结转（余）”科目余额内容。转账时，医院应当将原账的“财政补助结转（余）”科目中项目支出结转和项目支出结余部分的余额转入新账的“累计盈余——财政项目盈余”科目，将原账的“财政补助结转（余）”科目中基本支出结转部分的余额转入新账的“累计盈余——医疗盈余”科目；将原账的“科教项目结转（余）”科目余额转入新账的“累计盈余——科教盈余”科目。

（5）“结余分配”科目。

新制度设置了“本年盈余分配”科目，该科目的核算内容与原账的“结余分配”科目的核算内容基本相同。新制度规定“本年盈余分配”科目余额年末应当转入“累计盈余”科目。原账“结余分配”科目有借方余额的，转账时，医院应当将原账的“结余分配”科目借方余额转入新账的“累计盈余——新旧转换盈余”科目借方。

（6）“本期结余”科目。

由于原账的“本期结余”科目年末无余额，该科目无需进行转账处理。

4. 收入类、费用类。

由于原账中收入类、费用类科目年末无余额，无需进行转账处理。自2019年1月1日起，应当按照新制度设置收入类、费用类科目并进行账务处理。

医院存在其他本规定未列举的原账科目余额的，应当比照本规定转入新账的相应科目。新账的科目设有明细科目的，应将原账中对应科目的余额加以分析，分别转入新账中相应科目的相关明细科目。

医院在进行新旧衔接的转账时，应当编制转账的工作分录，作为转账的工作底稿，并将转入新账的对应原科目余额及分拆原科目余额的依据作为原始凭证。

（二）将原未入账事项登记新账财务会计科目。

1. 受托代理资产。

医院在新旧制度转换时，应当将2018年12月31日前未入账的受托代理资产按照新制度规定记入新账。登记新账时，按照确定的受托代理资产入账成本，借记“受托代理资产”科目，贷记“受托代理负债”科目。

2. 盘盈资产。

医院在新旧制度转换时，应当将2018年12月31日前未入账的盘盈资产按照新制度规定记入新账。登记新账时，按照确定的盘盈资产及其成本，分别借记有关资产科目，按照盘盈资产成本的合计金额，贷记“累计盈余——新旧转换盈余”科目。

3. 预计负债。

医院在新旧制度转换时，应当将2018年12月31日按照新制度规定确认的预计负债记入新账。登记新账时，按照确定的预计负债金额，借记“累计盈余——新旧转换盈余”科目，贷记“预计负债”科目。

医院存在2018年12月31日前未入账的其他事项的，应当比照本规定登记新账的相应科目。

医院对新账的财务会计科目补记未入账事项时，应当编制记账凭证，并将补充登记事项的确认依据作为原始凭证。

（三）对新账的相关财务会计科目余额按照新制度规定的会计核算基础进行调整。

1. 调整坏账准备。

新制度要求对医院收回后无需上缴财政的应收账款和其他应收款提取坏账准备。在新旧制度转换时，医院应当按照2018年12月31日无需上缴财政的“应收账款”科目扣除应收在院病人医疗款后的余额，以及“其他应收款”科目余额，计算应计提的坏账准备金额，对比原账“坏账准备”科目余额进行调整。补提坏账准备时，借记“累计盈余——新旧转换盈余”科目，贷记“坏账准备”科目；冲回多提坏账准备时，借记“坏账准备”科目，贷记“累计盈余——新旧转换盈余”科目。

2. 按照权益法调整长期股权投资账面余额。

对按照新制度规定应当采用权益法核算的长期股权投资，在新旧制度转换时，医院应当在“长期股权投资”科目下设置“新旧制度转换调整”明细科目，依据被投资单位2018年12月31日财务报表的所有者权益账面余额，以及医院持有被投资单位的股权比例，计算应享有或应分担的被投资单位所有者权益的份额，调整长期股权投资的账面余额，借记或贷记“长期股权投资——新旧制度转换调整”科目，贷记或借记“累计盈余——新旧转换盈余”科目。

3. 补提折旧。

医院应当对截至2018年12月31日前购置的未计提完折旧的固定资产，在新旧制度转换时，按照补充规定提供的折旧年限计算补提一个月折旧，按照由财政项目拨款经费形成的固定资产应补提的金额，借记“累计盈余——财政项目盈余”科目，贷记“固定资产累计折旧”科目相关明细科目；按照由科教经费形成的固定资产应补提的金额，借记“累计盈余——科教盈余”科目，贷记“固定资产累计折旧”科目相关明细科目；按照其他固定资产应补提的金额，借记“累计盈余——新旧转换盈余”科目，贷记“固定资产累计折旧”科目相关明细科目。

医院对新账的财务会计科目期初余额进行调整时，应当编制记账凭证，并将调整事项的确认依据作为原始凭证。

三、预算会计科目的新旧衔接

（一）“财政拨款结转”和“财政拨款结余”科目及对应的“资金结存”科目余额。

新制度设置了“财政拨款结转”“财政拨款结余”科目及对应的“资金结存”科目。在新旧制度转换时，医院应当对原账的“财政补助结转（余）”科目余额中结转资金的金额进行逐项分析，加上各项结转转入的支出中已经计入支出尚未支付财政资金（如发生时列支的应付账款）的金额，减去已经支付财政资金尚未计入支出（如预付账款等）的金额，按照增减后的金额登记新账的“财政拨款结转”科目及其明细科目贷方，按照原账的“财政补助结转（余）”科目余额中结余资金的金额登记新账的“财政拨款结余”科目及其明细科目贷方。

医院应当按照原账“财政应返还额度”科目余额登记新账“资金结存——财政应返还额度”科目的借方；按照新账“财政拨款结转”和“财政拨款结余”科目贷方余额合计数，减去新账“资金结存——财政应返还额度”科目借方余额后的差额，登记新账“资金结存——货币资金”科目的借方。

（二）“非财政拨款结转”科目及对应的“资金结存”科目余额。

新制度设置了“非财政拨款结转”科目及对应的“资金结存”科目。在新旧制度转换时，医院应当对原账的“科教项目结转（余）”科目余额进行逐项分析，加上各项结转（余）转入的支出中已经计入支出尚未支付非财政补助专项资金（如发生时列支的应付账款）的金额，减去已经支付非财政补助专项资金尚未计入支出（如预付账款等）的金额，按照增减后的金额登记新账的“非财政拨款结转”科目及其明细科目贷方；同时，按照相同的金额登记新账“资金结存——货币资金”科目的借方。

（三）“专用结余”科目及对应的“资金结存”科目余额。

新制度设置了“专用结余”科目及对应的“资金结存”科目。在新旧制度转换时，医院应当按照原账“专用基金”科目余额中通过非财政补助结余分配形成的金额，借记新账的“资金结存——货币资金”科目，贷记新账的“专用结余”科目。

（四）“非财政拨款结余”科目及对应的“资金结存”科目余额。

新制度设置了“非财政拨款结余”科目及对应的“资金结存”科目。在新旧制度转换时，医院应当在新账的“库存现金”“银行存款”“其他货币资金”“财政应返还额度”科目借方余额合计数基础上，对不纳入单位预算管理的资金进行调整（如减去新账中货币资金形式的受托代理资产、应缴财政款、已收取将来需要退回资金的其他应付款，加上已支付将来需要收回资金的其他应收款），按照调整后的金额减去新账的“财政拨款结转”“财政拨款结余”“非财政拨款结转”“专用结余”科目贷方余额合计数的金额，登记新账的“非财政拨款结余”科目贷方；同时，按照相同的金额登记新账的“资金结存——货币资金”科目借方。

（五）“其他结余”“非财政拨款结余分配”科目。

新制度设置了“其他结余”和“非财政拨款结余分配”科目。由于这两个科目年初无余额，在新旧制度转换时，医院无需对“其他结余”和“非财政拨款结余分配”科目进行新账年初余额登记。

（六）预算收入类、预算支出类会计科目。

由于预算收入类、预算支出类会计科目年初无余额，在新旧制度转换时，医院无需对预算收入类、预算支出类会计科目进行新账年初余额登记。

医院应当自 2019 年 1 月 1 日起，按照新制度设置预算收入类、预算支出类科目并进行账务处理。

医院存在 2018 年 12 月 31 日需要按照新制度预算会计核算基础调整预算会计科目期初余额的其他事项的，应当比照本规定调整新账的相应预算会计科目期初余额。

医院对预算会计科目的期初余额登记和调整，应当编制记账凭证，并将期初余额登记和调整的依据作为原始凭证。

四、财务报表和预算会计报表的新旧衔接

（一）编制 2019 年 1 月 1 日资产负债表。

医院应当根据 2019 年 1 月 1 日新账的财务会计科目余额，按照新制度及补充规定编制 2019 年 1 月 1 日资产负债表（仅要求填列各项目“年初余额”）。

（二）2019 年度财务报表和预算会计报表的编制。

医院应当按照新制度及补充规定编制 2019 年财务报表和预算会计报表。在编制 2019 年度收入费用表、医疗活动收入费用明细表、净资产变动表、现金流量表和预算收入支出表、预算结转结余变动表时，不要求填列上年比

较数。

医院应当根据2019年1月1日新账财务会计科目余额，填列2019年净资产变动表各项目的“上年年末余额”；根据2019年1月1日新账预算会计科目余额，填列2019年预算结转结余变动表的“年初预算结转结余”项目和财政拨款预算收入支出表的“年初财政拨款结转结余”项目。

五、其他事项

（一）截至2018年12月31日尚未进行基建“并账”的医院，应当首先参照《新旧事业单位会计制度有关衔接问题的处理规定》（财会〔2013〕2号），将基建账套相关数据并入2018年12月31日原账中的相关科目余额，再按照本规定将2018年12月31日原账相关会计科目余额转入新账相应科目。

（二）2019年1月1日前执行新制度及补充规定的医院，应当按照本规定做好新旧制度衔接工作。

附表1：

医院原会计科目余额明细表一

总账科目	明细分类	金额	备注
库存现金	库存现金		
	其中：受托代理现金		
银行存款	银行存款		
	其中：受托代理银行存款		
预付账款	在途物品		
	其他		
其他应收款	应收股利		
	应收利息		
	应收账款		
	在途物品		已经付款，尚未收到物资
	其他		

续表

总账科目	明细分类	金额	备注
库存物资	受托代理资产		
	工程物资		
	其他		
长期投资	长期股权投资		
	长期债券投资		
在建工程	在建工程		
	工程物资		
应交税费	应交增值税		
	其他应交税费		
应缴款项	应缴财政款		
	其他		
其他应付款	受托代理负债		
	其他		
预提费用	短期借款应付利息		
	其他		
长期借款	分期付息、到期还本的长期借款应付利息		
	其他		
待冲基金	对应财政项目拨款经费形成的资产的待冲基金		
	对应科教经费形成的资产的待冲基金		
财政补助结转（余）	项目支出结转和项目支出结余		
	基本支出结转		

附表2：

医院原会计科目余额明细表二

总账科目	明细分类	金额	备注
预付账款	财政补助资金预付		
	非财政补助专项资金预付		
	非财政补助非专项资金预付		

续表

总账科目	明细分类	金额	备注
其他应收款	预付款项		如职工预借的差旅费等
	其中：财政补助资金预付		
	非财政补助专项资金预付		
	非财政补助非专项资金预付		
	需要收回及其他		如支付的押金、应收为职工垫付的款项等
库存物资	购入库存物资		
	非购入库存物资		如接受捐赠、无偿调入物资等
在加工物资	加工过程中支付资金		
	其中：财政补助资金支付		
	非财政补助专项资金支付		
	非财政补助非专项资金支付		
	加工过程中未支付资金		
长期投资	长期股权投资		
	其中：现金资产取得		
	非现金资产或其他方式取得		
	长期债券投资		
	其中：投资成本		
	其他		
应付票据、应付账款	发生时不计入支出		
	发生时计入支出		
	其中：财政补助资金应付		
	非财政补助专项资金应付		
	非财政补助非专项资金应付		
长期借款	借款本金		
	其他		
待冲基金	对应非流动资产的待冲基金		
	对应流动资产的待冲基金		
专用基金	从非财政补助结余分配中提取		
	其他		

附表 3：

医院新旧会计制度转账、登记新账科目对照表

序号	新制度科目		原制度科目	
	编号	名称	编号	名称
一、资产类				
1	1001	库存现金	1001	库存现金
2	1002	银行存款	1002	银行存款
3	1021	其他货币资金	1004	其他货币资金
4	1201	财政应返还额度	1201	财政应返还额度
5	1101	短期投资	1101	短期投资
6	1212	应收账款	1211	应收在院病人医疗款
			1212	应收医疗款
7	1218	其他应收款	1215	其他应收款
8	1215	应收股利		
9	1216	应收利息		
10	1212	应收账款		
11	1301	在途物品		
12	1219	坏账准备	1221	坏账准备
13	1214	预付账款	1231	预付账款
14	1301	在途物品		
15	1302	库存物品	1301	库存物资
16	1611	工程物资		
17	1891	受托代理资产		
18	1303	加工物品	1302	在加工物资
19	1401	待摊费用	1401	待摊费用
20	1501	长期股权投资	1501	长期投资
21	1502	长期债券投资		
22	1601	固定资产	1601	固定资产
23	1602	固定资产累计折旧	1602	累计折旧
24	1611	工程物资	1611	在建工程
25	1613	在建工程		

续表

序号	新制度科目		原制度科目	
	编号	名称	编号	名称
一、资产类				
26	1902	待处理财产损溢	1621	固定资产清理
27	1701	无形资产	1701	无形资产
28	1702	无形资产累计摊销	1702	累计摊销
29	1901	长期待摊费用	1801	长期待摊费用
30	1902	待处理财产损溢	1901	待处理财产损溢
二、负债类				
31	2001	短期借款	2001	短期借款
32	2103	应缴财政款	2101	应缴款项
33	2307	其他应付款		
34	2301	应付票据	2201	应付票据
35	2302	应付账款	2202	应付账款
36	2001	短期借款		
37	2305	预收账款	2203	预收医疗款
38	2201	应付职工薪酬	2204	应付职工薪酬
39	3001	累计盈余	2205	应付福利费
40	2201	应付职工薪酬	2206	应付社会保障费
41	2101	应交增值税	2207	应交税费
42	2102	其他应交税费		
43	2307	其他应付款	2209	其他应付款
44	2901	受托代理负债		
45	2401	预提费用	2301	预提费用
46	2304	应付利息		
47	2501	长期借款	2401	长期借款
48	2304	应付利息		
49	2502	长期应付款	2402	长期应付款
三、净资产类				
50	3001	累计盈余	3001	事业基金
			3201	待冲基金
			3301	财政补助结转（余）
			3302	科教项目结转（余）

续表

<table>
<tr><th rowspan="2">序号</th><th colspan="2">新制度科目</th><th colspan="2">原制度科目</th></tr>
<tr><th>编号</th><th>名称</th><th>编号</th><th>名称</th></tr>
<tr><td colspan="5">三、净资产类</td></tr>
<tr><td>51</td><td>3101</td><td>专用基金</td><td>3101</td><td>专用基金</td></tr>
<tr><td>52</td><td>3001</td><td>累计盈余（借方）</td><td>3501</td><td>结余分配（借方）</td></tr>
<tr><td colspan="5">四、预算结余类</td></tr>
<tr><td>53</td><td>8101</td><td>财政拨款结转</td><td rowspan="2">3301</td><td rowspan="2">财政补助结转（余）</td></tr>
<tr><td>54</td><td>8102</td><td>财政拨款结余</td></tr>
<tr><td>55</td><td>8201</td><td>非财政拨款结转</td><td>3302</td><td>科教项目结转（余）</td></tr>
<tr><td>56</td><td>8202</td><td>非财政拨款结余</td><td>3001</td><td>事业基金</td></tr>
<tr><td>57</td><td>8301</td><td>专用结余</td><td>3101</td><td>专用基金</td></tr>
<tr><td rowspan="4">58</td><td rowspan="4">8001</td><td rowspan="4">资金结存（借方）</td><td>3301</td><td>财政补助结转（余）</td></tr>
<tr><td>3302</td><td>科教项目结转（余）</td></tr>
<tr><td>3001</td><td>事业基金</td></tr>
<tr><td>3101</td><td>专用基金</td></tr>
</table>

关于基层医疗卫生机构执行《政府会计制度——行政事业单位会计科目和报表》的补充规定

财会〔2018〕25号　2018年8月31日

根据《政府会计准则——基本准则》，结合行业实际情况，现就基层医疗卫生机构[①]执行《政府会计制度——行政事业单位会计科目和报表》（以下简称新制度）作出如下补充规定。

一、关于新增一级科目及其使用说明

（一）基层医疗卫生机构应当增设“2308 待结算医疗款”一级科目。

（二）关于增设科目的使用说明。

2308　待结算医疗款

1. 本科目核算按“收支两条线”管理的基层医疗卫生机构的待结算医疗收费。

按“收支两条线”管理的基层医疗卫生机构应当在为病人提供医疗服务（包括发出药品，下同）并收讫价款或取得收款权利时，按照规定的医疗服务项目收费标准计算确定收费金额并确认待结算医疗款。给予病人或其他付费方的折扣金额不计入待结算医疗款。

基层医疗卫生机构同医疗保险机构等结算时，因基层医疗卫生机构按照医疗服务项目收费标准计算确定的应收医疗款金额与医疗保险机构等实际支付金额之间的差额应当调整待结算医疗款。

---

① 本规定所指基层医疗卫生机构包括中华人民共和国境内各级各类独立核算的城市社区卫生服务中心（站）、乡镇卫生院等基层医疗卫生机构。

2. 基层医疗卫生机构应当在本科目下设置如下明细科目，并按照医疗服务类型进行明细核算。

（1）“230801 门急诊收费”科目，核算基层医疗卫生机构为门急诊病人提供医疗服务所确认的待结算医疗收费。

基层医疗卫生机构应当在“230801 门急诊收费”科目下设置“23080101 挂号收费”“23080102 诊察收费”“23080103 检查收费”“23080104 化验收费”“23080105 治疗收费”“23080106 手术收费”“23080107 卫生材料收费”“23080108 药品收费”“23080109 一般诊疗费收费”“23080110 其他门急诊收费”和“23080111 门急诊结算差额”明细科目。

基层医疗卫生机构应当在“23080108 药品收费”科目下设置“2308010801 西药收费”“2308010802 中成药收费”和“2308010803 中药饮片收费”明细科目；在“2308010801 西药收费”科目下设置“230801080101 西药”“230801080102 疫苗”明细科目。

（2）“230802 住院收费”科目，核算基层医疗卫生机构为住院病人提供医疗服务所确认的待结算医疗收费。

基层医疗卫生机构应当在“230802 住院收费”科目下设置“23080201 床位收费”“23080202 诊察收费”“23080203 检查收费”“23080204 化验收费”“23080205 治疗收费”“23080206 手术收费”“23080207 护理收费”“23080208 卫生材料收费”“23080209 药品收费”“23080210 一般诊疗费收费”“23080211 其他住院收费”和“23080212 住院结算差额”明细科目。

基层医疗卫生机构应当在“23080209 药品收费”科目下设置“2308020901 西药收费”“2308020902 中成药收费”和“2308020903 中药饮片收费”明细科目；在“2308020901 西药收费”科目下应当设置“230802090101 西药”“230802090102 疫苗”明细科目。

执行医事服务费的基层医疗卫生机构应当分别在“待结算医疗款——门急诊收费——诊察收费”和“待结算医疗款——住院收费——诊察收费”科目中核算医事服务费。执行药事服务费的基层医疗卫生机构应当分别在“待结算医疗款——门急诊收费——其他门急诊收费”和“待结算医疗款——住院收费——其他住院收费”科目中核算药事服务费。

基层医疗卫生机构有打包性质收费的，应当按照医疗服务项目类别对收费进行拆分，分别计入本科目的相应明细科目。

3. 待结算医疗款的主要账务处理如下。

（1）基层医疗卫生机构与门急诊病人结算医疗款时，对于应向门急诊病人收取的部分，按照门急诊病人实际支付或应付未付的医疗款金额，借记“库存现金”“银行存款”“应收账款——应收医疗款——门急诊病人欠费”等科目，对于应由医疗保险机构等负担的部分，按照依有关规定计算确定的应收医保款金额，借记“应收账款——应收医疗款——应收医保款”科目，按照依有关规定计算确定的门急诊病人医疗款金额，贷记本科目（门急诊收费）。

（2）病人住院期间，基层医疗卫生机构因提供医疗服务确认待结算医疗款时，按照依有关规定计算确定的住院病人医疗款金额，借记“应收账款——应收在院病人医疗款”科目，贷记本科目（住院收费）。

（3）基层医疗卫生机构与住院病人结算医疗款时，住院病人应付医疗款金额大于其预交金额的，按照预收住院病人医疗款金额，借记“预收账款——预收医疗款——住院预收款”科目，按照病人实际补付或应付未付金额，借记“库存现金”“银行存款”“应收账款——应收医疗款——出院病人欠费”等科目，按照依有关规定计算的应由医疗保险机构等负担的医疗保险金额，借记“应收账款——应收医疗款——应收医保款”科目，按照已经确认的应收在院病人医疗款金额，贷记“应收账款——应收在院病人医疗款”科目。

住院病人应付医疗款金额小于其预交金额的，按照预收住院病人医疗款金额，借记“预收账款——预收医疗款——住院预收款”科目，按照依有关规定计算的应由医疗保险机构等负担的医疗保险金额，借记“应收账款——应收医疗款——应收医保款”科目，按照退还给住院病人的金额，贷记“库存现金”“银行存款”等科目，按照已经确认的应收在院病人医疗款金额，贷记“应收账款——应收在院病人医疗款”科目。

（4）基层医疗卫生机构与医疗保险机构等结算时，按照实际收到的金额，借记“银行存款”科目，按照应收医保款的金额，贷记“应收账款——应收医疗款——应收医保款”科目，按照借贷方之间的差额，借记或贷记本科目（门急诊收费——门急诊结算差额）或本科目（住院收费——住院结算差额）。

（5）在期末或规定的上缴时间，基层医疗卫生机构按照依有关规定确定的金额，借记本科目，按照依有关规定确定的上缴同级财政部门的金额，贷记“银行存款”等科目，按照依有关规定确定留用的金额，贷记“事业收入——医疗收入”科目。

4. 本科目期末贷方余额，反映基层医疗卫生机构期末待结算医疗款。

二、关于在新制度相关一级科目下设置明细科目

（一）基层医疗卫生机构应当在新制度规定的“1212 应收账款”科目下设置如下明细科目：

1. “121201 应收在院病人医疗款”科目，核算基层医疗卫生机构因提供医疗服务应向在院病人收取的医疗款，应当按照在院病人进行明细核算。

2. “121202 应收医疗款”科目，核算基层医疗卫生机构因提供医疗服务应向医疗保险机构、门急诊病人、出院病人等收取的医疗款，应当按照医疗保险机构、门急诊病人、出院病人等进行明细核算。基层医疗卫生机构应当在本科目下设置如下明细科目：

（1）“12120201 应收医保款”科目，核算基层医疗卫生机构因提供医疗服务而应向医疗保险机构等收取的医疗款。

（2）“12120202 门急诊病人欠费”科目，核算门急诊病人应付未付医疗款。

（3）“12120203 出院病人欠费”科目，核算出院病人应付未付医疗款。

3. “121203 其他应收账款”科目，核算基层医疗卫生机构除应收在院病人医疗款、应收医疗款以外的其他应收账款，如基层医疗卫生机构因提供科研教学等服务、按合同或协议约定应向接受服务单位收取的款项。

（二）基层医疗卫生机构应当在新制度规定的“1219 坏账准备”科目下设置如下明细科目：

1. “121901 应收账款坏账准备”科目，核算未按“收支两条线”管理的基层医疗卫生机构按规定对除应收在院病人医疗款以外的应收账款和其他应收款提取的坏账准备，以及按“收支两条线”管理的基层医疗卫生机构按规定对除应收在院病人医疗款、应收医疗款外的应收账款和其他应收款提取的坏账准备。

2. “121902 其他应收款坏账准备”科目，核算基层医疗卫生机构按规定对其他应收款提取的坏账准备。

（三）基层医疗卫生机构应当在新制度规定的“1302 库存物品”科目下设置“130201 药品”“130202 卫生材料”“130203 低值易耗品”和“130204 其他材料”明细科目。

基层医疗卫生机构应当在“130201 药品”科目下设置“13020101 西药”“13020102 中成药”和“13020103 中药饮片”明细科目；在“13020101 西药”科目下设置“1302010101 西药”和“1302010102 疫苗”明细科目。

基层医疗卫生机构应当在“130202 卫生材料”科目下设置“13020201 血库材料”“13020202 医用气体”“13020203 影像材料”“13020204 化验材料”和“13020205 其他卫生材料”明细科目。

（四）基层医疗卫生机构应当在新制度规定的“2305 预收账款”科目下设置如下明细科目：

1. “230501 预收医疗款”科目，核算基层医疗卫生机构预收医疗保险机构等预拨的医疗保险金和预收病人的预交金。基层医疗卫生机构应当在本科目下设置如下明细科目：

（1）“23050101 预收医保款”科目，核算基层医疗卫生机构预收医疗保险机构等预拨的医疗保险金。

（2）“23050102 门急诊预收款”科目，核算基层医疗卫生机构预收门急诊病人的预交金。

（3）“23050103 住院预收款”科目，核算基层医疗卫生机构预收住院病人的预交金。

2. “230502 其他预收账款”科目，核算基层医疗卫生机构除预收医疗款以外的其他预收账款，如基层医疗卫生机构因提供科研教学等服务、按合同或协议约定预收接受服务单位的款项。

（五）基层医疗卫生机构应当在新制度规定的“3001 累计盈余”科目下设置如下明细科目：

1. “300101 医疗盈余”科目，核算基层医疗卫生机构开展医疗活动产生的累计盈余。

2. “300102 公共卫生盈余”科目，核算基层医疗卫生机构开展公共卫生活动产生的累计盈余。

3. “300103 科教盈余”科目，核算基层医疗卫生机构开展科研教学活动产生的累计盈余。

4. “300104 新旧转换盈余”科目，核算基层医疗卫生机构执行新制度前形成的、除新旧转换时转入医疗盈余、公共卫生盈余和科教盈余外的累计盈余。

（六）基层医疗卫生机构应当在新制度规定的“3101 专用基金”科目下

设置如下明细科目：

1. “310101 职工福利基金”科目，核算基层医疗卫生机构根据有关规定、按照财务会计下相关数据计算提取的职工福利基金。

2. “310102 医疗风险基金”科目，核算基层医疗卫生机构根据相关规定、按照财务会计下相关数据计算提取并列入费用的医疗风险基金。

3. “310103 奖励基金”科目，核算基层医疗卫生机构根据相关规定、按照财务会计下相关数据计算提取的奖励基金。

（七）基层医疗卫生机构应当在新制度规定的“3301 本期盈余”科目下设置如下明细科目：

1. “330101 医疗盈余”科目，核算基层医疗卫生机构本期医疗活动产生的各项收入、费用相抵后的余额。

2. “330102 公共卫生盈余”科目，核算基层医疗卫生机构本期公共卫生活动产生的各项收入、费用相抵后的余额。

3. “330103 科教盈余”科目，核算基层医疗卫生机构本期科研教学活动产生的各项收入、费用相抵后的余额。

（八）基层医疗卫生机构应当在新制度规定的“3302 本年盈余分配”科目下设置“330201 提取职工福利基金”“330202 提取奖励基金”“330203 转入累计盈余”明细科目。

年末，基层医疗卫生机构在按照规定提取专用基金后，应当将“本年盈余分配”科目余额转入累计盈余，借记“本年盈余分配——转入累计盈余”科目，贷记“累计盈余——医疗盈余”科目。

（九）基层医疗卫生机构应当在新制度规定的“4001 财政拨款收入”科目下设置如下明细科目：

1. “400101 财政基本拨款收入”科目，核算基层医疗卫生机构取得的用于基本支出的财政拨款收入。基层医疗卫生机构应当在本科目下设置如下明细科目：

（1）“40010101 医疗收入”科目，核算基层医疗卫生机构取得的与医疗活动相关的财政基本拨款收入。

（2）“40010102 公共卫生收入”科目，核算基层医疗卫生机构取得的与公共卫生活动相关的财政基本拨款收入。

2. “400102 财政项目拨款收入”科目，核算基层医疗卫生机构取得的用于项目支出的财政拨款收入。基层医疗卫生机构应当在本科目下设置如下明细科目：

（1）“40010201 医疗收入”科目，核算基层医疗卫生机构取得的与医疗活动相关的财政项目拨款收入。

（2）“40010202 公共卫生收入”科目，核算基层医疗卫生机构取得的与公共卫生活动相关的财政项目拨款收入。

（3）“40010203 科教收入”科目，核算基层医疗卫生机构取得的与科研教学活动相关的财政项目拨款收入。

（十）基层医疗卫生机构应当在新制度规定的“4101 事业收入”科目下设置如下明细科目：

1. “410101 医疗收入”科目，核算基层医疗卫生机构开展医疗服务活动实现的收入。基层医疗卫生机构应当在本科目下设置如下明细科目：

（1）“41010101 门急诊收入”科目，核算基层医疗卫生机构为门急诊病人提供医疗服务所实现的收入，包括按“收支两条线”管理的基层医疗卫生机构按规定留用的待结算医疗款，以及收到的同级财政部门返还的上缴门急诊收费。

基层医疗卫生机构应当在“41010101 门急诊收入”科目下设置“4101010101 挂号收入”“4101010102 诊察收入”“4101010103 检查收入”“4101010104 化验收入”“4101010105 治疗收入”“4101010106 手术收入”“4101010107 卫生材料收入”“4101010108 药品收入”“4101010109 一般诊疗费收入”和“4101010110 其他门急诊收入”明细科目（未按“收支两条线”管理的基层医疗卫生机构还应当设置“4101010111 门急诊结算差额”明细科目）。

基层医疗卫生机构应当在“4101010108 药品收入”科目下设置“410101010801 西药”“410101010802 中成药”和“410101010803 中药饮片”明细科目；在“410101010801 西药”科目下设置“41010101080101 西药”“41010101080102 疫苗”明细科目。

“4101010111 门急诊结算差额”科目，核算未按“收支两条线”管理的基层医疗卫生机构同医疗保险机构等结算时，因基层医疗卫生机构按照医疗服务项目收费标准计算确定的应收医疗款金额与医疗保险机构等实际支付金额之间的差异而产生的需要调整基层医疗卫生机构医疗收入的差额，但不包括基层医疗卫生机构因违规治疗等管理不善原因被医疗保险机构等拒付的金额。

（2）“41010102 住院收入”科目，核算基层医疗卫生机构为住院病人提供医疗服务所实现的收入，包括按“收支两条线”管理的基层医疗卫生机构按规定留用的待结算医疗款，以及收到的同级财政部门返还的上缴住院收费。

基层医疗卫生机构应当在“41010102 住院收入”科目下设置“4101010201 床位收入”“4101010202 诊察收入”“4101010203 检查收入”“4101010204 化验收入”“4101010205 治疗收入”“4101010206 手术收入”“4101010207 护理收入”“4101010208 卫生材料收入”“4101010209 药品收入”“4101010210 一般诊疗费收入”和“4101010211 其他住院收入”明细科目（未按“收支两条线”管理的基层医疗卫生机构还应当设置“4101010212 住院结算差额”明细科目）。

基层医疗卫生机构应当在“4101010209 药品收入”科目下设置“410101020901 西药”“410101020902 中成药”和“410101020903 中药饮片”明细科目；在“410101020901 西药”科目下设置“41010102090101 西药”“41010102090102 疫苗”明细科目。

“4101010212 住院结算差额”科目，核算未按“收支两条线”管理的基层医疗卫生机构同医疗保险机构等结算时，因基层医疗卫生机构按照医疗服务项目收费标准计算确定的应收医疗款金额，与医疗保险机构等实际支付金额之间的差异而产生的需要调整基层医疗卫生机构医疗收入的差额，但不包括基层医疗卫生机构因违规治疗等管理不善原因被医疗保险机构等拒付的金额。

2. “410102 公共卫生收入”科目，核算基层医疗卫生机构开展公共卫生活动实现的收入。

3. “410103 科教收入”科目，核算基层医疗卫生机构开展科研教学活动实现的收入。

基层医疗卫生机构应当在“410103 科教收入”科目下设置“41010301 科研收入”“41010302 教学收入”明细科目。

基层医疗卫生机构因开展科研教学活动从非同级政府财政部门取得的财政拨款，应当在“事业收入——科教收入——科研收入”和“事业收入——科教收入——教学收入”科目下单设“非同级财政拨款”明细科目进行核算。

（十一）基层医疗卫生机构应当在新制度规定的“4601 非同级财政拨款收入”科目下设置“460101 医疗收入”和“460102 公共卫生收入”明细科目。

（十二）基层医疗卫生机构应当在新制度规定的“5001 业务活动费用”科目下设置“500101 医疗费用”“500102 公共卫生费用”和“500103 科教费用”明细科目。

1. “500101 医疗费用”科目，核算基层医疗卫生机构开展医疗活动发生的各项费用。基层医疗卫生机构应当在“500101 医疗费用”科目下设置“人员费用”“药品费”“专用材料费”“维修费”“计提专用基金”“固定资产折旧”“无形资产摊销”“其他医疗费用”等明细科目；在“人员费用”明细科目下设置“工资福利费用”“对个人和家庭的补助费用”明细科目；在“药品费”明细科目下设置“西药”“中成药”“中药饮片”明细科目，在“西药”明细科目下设置“西药”“疫苗”明细科目；在“专用材料费”明细科目下设置“卫生材料费”“低值易耗品”“其他材料费”明细科目，在“卫生材料费”明细科目下设置“血库材料”“医用气体”“影像材料”“化验材料”和“其他卫生材料”明细科目。

2. “500102 公共卫生费用”科目，核算基层医疗卫生机构开展公共卫生活动发生的各项费用。基层医疗卫生机构应当在“500102 公共卫生费用”科目下设置“人员费用”“药品费”“专用材料费”“维修费”“其他公共卫生费用”等明细科目；在“人员费用”明细科目下设置“工资福利费用”“对个人和家庭的补助费用”明细科目；在“药品费”明细科目下设置“西药”“中成药”“中药饮片”明细科目，在“西药”明细科目下设置“西药”“疫苗”明细科目；在“专用材料费”明细科目下设置“卫生材料费”“低值易耗品”“其他材料费”明细科目，在“卫生材料费”明细科目下设置“血库材料”“医用气体”“影像材料”“化验材料”和“其他卫生材料”明细科目。

3. “500103 科教费用”科目，核算基层医疗卫生机构开展科研教学活动发生的各项费用。基层医疗卫生机构应当在“500103 科教费用”科目下设置“科研费用”“教学费用”明细科目。

（十三）基层医疗卫生机构应当在新制度规定的“5101 单位管理费用”科目下设置“人员费用”“商品和服务费用”“固定资产折旧”“无形资产摊销”等明细科目；在“人员费用”明细科目下设置“工资福利费用”“对个人和家庭的补助费用”明细科目。

（十四）基层医疗卫生机构应当在新制度规定的“6101 事业预算收入”科目下设置如下明细科目：

1. “610101 医疗预算收入”科目，核算基层医疗卫生机构开展医疗活动取得的现金流入。

基层医疗卫生机构应当在“610101 医疗预算收入”科目下设置“61010101 门急诊预算收入”“61010102 住院预算收入”明细科目。

2. “610102 公共卫生预算收入”科目，核算基层医疗卫生机构开展公共卫生活动取得的现金流入。

3. “610103 科教预算收入”科目，核算基层医疗卫生机构开展科研教学活动取得的现金流入。

基层医疗卫生机构应当在“610103 科教预算收入”科目下设置“61010301 科研项目预算收入”“61010302 教学项目预算收入”明细科目，并单设“非同级财政拨款”明细科目进行核算。

（十五）基层医疗卫生机构应当在新制度规定的“8301 专用结余”科目下设置如下明细科目：

1. “830101 职工福利基金”科目，核算基层医疗卫生机构职工福利基金资金的变动和滚存情况。

2. “830102 奖励基金”科目，核算基层医疗卫生机构奖励基金资金的变动和滚存情况。

基层医疗卫生机构执行新制度新增会计科目的情况详见附表 1。

三、关于报表及编制说明

基层医疗卫生机构应当按月度和年度编制财务报表和财政拨款预算收入支出表，至少按年度编制财务报表附注、预算收入支出表和预算结转结余变动表。

基层医疗卫生机构除按照新制度和本规定编制财务报表和预算会计报表外，还应当按照本规定按月度和年度编制待结算医疗款明细表（详见附表 3）和医疗及公共卫生收入费用明细表（详见附表 5）。

（一）资产负债表。

1. 新增项目。

基层医疗卫生机构应当在资产负债表中增加以下项目（详见附表 2）：

（1）在“应缴财政款”和“应付职工薪酬”项目之间增加“待结算医疗款”项目。

（2）在“累计盈余”项目下增加“其中：医疗盈余”“公共卫生盈余”“科教盈余”“新旧转换盈余”项目。

2. 新增项目的内容和填列方法。

（1）“待结算医疗款”项目，反映按“收支两条线”管理的基层医疗卫生机构期末待结算医疗收费。本项目应当根据“待结算医疗款”科目的期末余额填列。

(2)“累计盈余”项目下“医疗盈余”项目，反映基层医疗卫生机构开展医疗活动产生的累计盈余。本项目应当根据“累计盈余——医疗盈余”科目的期末余额填列。

“累计盈余”项目下“公共卫生盈余”项目，反映基层医疗卫生机构开展公共卫生活动产生的累计盈余。本项目应当根据“累计盈余——公共卫生盈余”科目的期末余额填列。

“累计盈余”项目下“科教盈余”项目，反映基层医疗卫生机构开展科研教学活动产生的累计盈余。本项目应当根据“累计盈余——科教盈余”科目的期末余额填列。

“累计盈余”项目下“新旧转换盈余”项目，反映基层医疗卫生机构执行新制度前形成的、除新旧转换时转入医疗盈余、公共卫生盈余和科教盈余外的累计盈余。本项目应当根据“累计盈余——新旧转换盈余”科目的期末余额填列。

（二）待结算医疗款明细表。

1. 本表适用于按“收支两条线”管理的基层医疗卫生机构，反映按“收支两条线”管理的基层医疗卫生机构在某一会计期间内的各项医疗收费情况。

2. 本表各项目金额应当根据“待结算医疗款”科目相关明细科目的本期贷方发生额填列；“门急诊结算差额”和“住院结算差额”项目，应当根据“待结算医疗款”科目相关明细科目的本期净发生额填列，净发生额为借方数的，以“-”号填列。

编制月度报表时，本表“本月数”栏反映各项目的本月贷方实际发生数（“门急诊结算差额”“住院结算差额”项目为本月净发生额，下同），本表“本年累计数”栏反映各项目自年初至报告期期末的累计贷方实际发生数。

编制年度报表时，应当将本表的“本月数”栏改为“本年数”，反映本年度各项目的贷方实际发生数；将本表的“本年累计数”栏改为“上年数”，反映上年度各项目的贷方实际发生数，“上年数”栏应当根据上年年度待结算医疗款明细表中“本年数”栏内所列数字填列。

如果本年度待结算医疗款明细表规定的项目名称和内容同上年度不一致，应当对上年度待结算医疗款明细表项目名称和数字按照本年度的规定进行调整，将调整后的金额填入本年度待结算医疗款明细表的“上年数”栏内。

（三）关于净资产变动表。

1. 调整项目。

基层医疗卫生机构应当将净资产变动表中“其中：从预算收入中提取”行项目调整为“其中：从财务会计相关收入中提取”，将“从预算结余中提取”行项目调整为“从本期盈余中提取”。

2. 调整项目的内容和填列方法。

（1）“从财务会计相关收入中提取”行，反映基层医疗卫生机构本年从财务会计相关收入中提取专用基金对净资产的影响。本行“专用基金”项目应当通过对“专用基金”科目明细账记录的分析，根据本年按有关规定从财务会计相关收入中提取专用基金的金额填列。

（2）“从本期盈余中提取”行，反映基层医疗卫生机构本年根据有关规定从本年度盈余中提取专用基金对净资产的影响。本行“累计盈余”“专用基金”项目应当通过对“专用基金”科目明细账记录的分析，根据本年按有关规定从本期盈余中提取专用基金的金额填列；本行“累计盈余”项目以“－”号填列。

（四）收入费用表。

1. 新增项目。

基层医疗卫生机构应当在收入费用表中增加以下项目（详见附表4）：

（1）在“其中：政府性基金收入”项目后增加“其中：财政基本拨款收入”“财政项目拨款收入”项目，在“其中：财政基本拨款收入”项目下增加“其中：医疗收入”“公共卫生收入”项目，在“财政项目拨款收入”项目下增加“其中：医疗收入”“公共卫生收入”“科教收入”项目。

（2）在“（二）事业收入”项目下增加“其中：医疗收入”“公共卫生收入”“科教收入”项目。

（3）在“（六）非同级财政拨款收入”项目下增加“其中：医疗收入”“公共卫生收入”项目。

（4）在“（一）业务活动费用”项目下增加“其中：医疗费用”“公共卫生费用”“科教费用”项目。

（5）在“三、本期盈余”项目下增加“其中：医疗盈余”“公共卫生盈余”“科教盈余”项目。

2. 新增项目的内容和填列方法。

（1）“财政基本拨款收入”项目，反映基层医疗卫生机构本期取得的财政基本拨款收入。本项目应当根据“财政拨款收入——财政基本拨款收入”科目的本期发生额填列。

“财政基本拨款收入”项目下“医疗收入”项目，反映基层医疗卫生机构本期开展医疗活动取得的财政基本拨款收入。本项目应当根据“财政拨款收入——财政基本拨款收入——医疗收入”科目的本期发生额填列。

“财政基本拨款收入”项目下“公共卫生收入”项目，反映基层医疗卫生机构本期开展公共卫生活动取得的财政基本拨款收入。本项目应当根据“财政拨款收入——财政基本拨款收入——公共卫生收入”科目的本期发生额填列。

“财政项目拨款收入”项目，反映基层医疗卫生机构本期取得的财政项目拨款收入。本项目应当根据“财政拨款收入——财政项目拨款收入”科目的本期发生额填列。

“财政项目拨款收入”项目下“医疗收入”项目，反映基层医疗卫生机构本期开展医疗活动取得的财政项目拨款收入。本项目应当根据“财政拨款收入——财政项目拨款收入——医疗收入”科目的本期发生额填列。

“财政项目拨款收入”项目下“公共卫生收入”项目，反映基层医疗卫生机构本期开展公共卫生活动取得的财政项目拨款收入。本项目应当根据“财政拨款收入——财政项目拨款收入——公共卫生收入”科目的本期发生额填列。

“财政项目拨款收入”项目下“科教收入”项目，反映基层医疗卫生机构本期开展科研教学活动取得的财政项目拨款收入。本项目应当根据“财政拨款收入——财政项目拨款收入——科教收入”科目的本期发生额填列。

（2）“事业收入”项目下“医疗收入”项目，反映基层医疗卫生机构本期开展医疗业务活动实现的收入。本项目应当根据“事业收入——医疗收入”科目的本期发生额填列。

“事业收入”项目下“公共卫生收入”项目，反映基层医疗卫生机构本期开展公共卫生活动实现的收入。本项目应当根据“事业收入——公共卫生收入”科目的本期发生额填列。

“事业收入”项目下“科教收入”项目，反映基层医疗卫生机构本期开展科研教学活动实现的收入。本项目应当根据“事业收入——科教收入”科目的本期发生额填列。

（3）“非同级财政拨款收入”项目下“医疗收入”项目，反映基层医疗卫生机构本期开展医疗业务活动取得的非同级财政拨款收入。本项目应当根据“非同级财政拨款收入——医疗收入”科目的本期发生额填列。

“非同级财政拨款收入”项目下“公共卫生收入”项目，反映基层医疗卫生机构本期开展公共卫生活动取得的非同级财政拨款收入。本项目应当根据“非同级财政拨款收入——公共卫生收入”科目的本期发生额填列。

（4）“业务活动费用”项目下“医疗费用”项目，反映基层医疗卫生机构本期为提供医疗服务所发生的各项费用。本项目应当根据“业务活动费用——医疗费用”科目本期发生额填列。

“业务活动费用”项目下“公共卫生费用”项目，反映基层医疗卫生机构本期为开展公共卫生服务活动所发生的各项费用。本项目应当根据“业务活动费用——公共卫生费用”科目本期发生额填列。

“业务活动费用”项目下“科教费用”项目，反映基层医疗卫生机构本期为开展科研教学活动所发生的各项费用。本项目应当根据“业务活动费用——科教费用”科目本期发生额填列。

（5）“本期盈余”项目下“医疗盈余”项目，反映基层医疗卫生机构本期医疗活动相关收入扣除医疗活动相关费用后的净额。本项目应当根据本表中“财政基本拨款收入”项目下“医疗收入”、“财政项目拨款收入”项目下“医疗收入”、“事业收入”项目下“医疗收入”、“上级补助收入”、“附属单位上缴收入”、“经营收入”、“非同级财政拨款收入”项目下“医疗收入”、“投资收益”、“捐赠收入”、“利息收入”、“租金收入”、“其他收入”项目金额合计数减去“业务活动费用”项目下“医疗费用”、“单位管理费用”、“经营费用”、“资产处置费用”、“上缴上级费用”、“对附属单位补助费用”、“所得税费用”、“其他费用”项目金额合计数后的金额填列；如相减后金额为负数，以“-”号填列。

“本期盈余”项目下“公共卫生盈余”项目，反映基层医疗卫生机构本期公共卫生活动相关收入扣除公共卫生活动相关费用后的净额。本项目应当根据本表中“财政基本拨款收入”项目下“公共卫生收入”、“财政项目拨款收入”项目下“公共卫生收入”、“事业收入”项目下“公共卫生收入”、“非同级财政拨款收入”项目下“公共卫生收入”项目金额合计数减去“业务活动费用”项目下“公共卫生费用”项目金额后的金额填列；如相减后金额为负数，以“-”号填列。

“本期盈余”项目下“科教盈余”项目，反映基层医疗卫生机构本期科研教学活动相关收入扣除科研教学活动相关费用后的净额。本项目应当根据本表中“财政项目拨款收入”项目下“科教收入”、“事业收入”项目下“科教收入”项目金额合计数减去“业务活动费用”项目下“科教费用”项目金额后的金额填列。

（五）医疗及公共卫生收入费用明细表。

1. 本表反映基层医疗卫生机构在某一会计期间内发生的医疗和公共卫生活动相关的收入、费用的详细情况。

2. 本表“本月数”栏反映各项目的本月实际发生数。编制年度医疗及公共卫生收入费用明细表时，应当将本栏改为“本年数”，反映本年度各项目的实际发生数。

本表“本年累计数”栏反映各项目自年初至报告期期末的累计实际发生数。编制年度医疗及公共卫生收入费用明细表时，应当将本栏改为“上年数”，反映上年度各项目的实际发生数，“上年数”栏应当根据上年年度医疗及公共卫生收入费用明细表中“本年数”栏内所列数字填列。

如果本年度医疗及公共卫生收入费用明细表规定的项目名称和内容同上年度不一致，应当对上年度医疗及公共卫生收入费用明细表项目名称和数字按照本年度的规定进行调整，将调整后的金额填入本年度医疗及公共卫生收入费用明细表的“上年数”栏内。

如果本年度基层医疗卫生机构发生了因前期差错更正、会计政策变更等调整以前年度盈余的事项，还应当对年度医疗及公共卫生收入费用明细表中“上年数”栏中的有关项目金额进行相应调整。

3. 本表“（一）医疗收入”项目及所属明细项目应当根据“事业收入——医疗收入”科目及相关明细科目的本期发生额填列，“（二）公共卫生收入”项目应当根据“事业收入——公共卫生收入”科目的本期发生额填列。

本表“（一）医疗费用”项目及所属明细项目应当根据“业务活动费用——医疗费用”科目及相关明细科目的本期发生额填列，“（二）公共卫生费用”项目及所属明细项目应当根据“业务活动费用——公共卫生费用”科目及相关明细科目的本期发生额填列。

本表“三、单位管理费用”项目及所属明细项目应当根据“单位管理费用”科目及相关明细科目的本期发生额填列。

（六）关于财务报表附注。

1. 基层医疗卫生机构除按新制度规定按照债务人类别披露应收账款信息

外，还应当按照应收项目类别披露应收账款信息，具体格式如下：

应收账款类别	期末余额	年初余额
应收在院病人医疗款：		
应收医疗款：		
应收医保款		
门急诊病人欠费		
住院病人欠费		
其他应收账款		
合计		

2. 基层医疗卫生机构应当按照存货种类披露存货信息，具体披露格式如下：

存货种类	期末余额	年初余额
药品		
西药		
其中：疫苗		
中成药		
中药饮片		
卫生材料		
血库材料		
医用气体		
影像材料		
化验材料		
其他卫生材料		
低值易耗品		
其他材料		
合计		

四、关于坏账准备的计提范围

未按“收支两条线”管理的基层医疗卫生机构应当对除应收在院病人医疗款以外的应收账款和其他应收款提取坏账准备。

按“收支两条线”管理的基层医疗卫生机构应当对除应收在院病人医疗款、应收医疗款外的应收账款和其他应收款提取坏账准备。

五、关于运杂费的会计处理

基层医疗卫生机构为取得库存物品单独发生的运杂费等，能够直接计入业务成本的，计入业务活动费用，借记“业务活动费用”科目，贷记“库存现金”“银行存款”等科目；不能直接计入业务成本的，计入单位管理费用，借记“单位管理费用”科目，贷记“库存现金”“银行存款”等科目。

六、关于固定资产折旧年限

通常情况下，基层医疗卫生机构应当按照本规定附表 6 确定应计提折旧的固定资产的折旧年限。

七、关于本期盈余结转的账务处理

期末，基层医疗卫生机构应当将财政基本拨款收入和财政项目拨款收入中的医疗收入、事业收入中的医疗收入、上级补助收入、附属单位上缴收入、经营收入、非同级财政拨款收入中的医疗收入、投资收益、捐赠收入、利息收入、租金收入、其他收入的本期发生额转入本期盈余，借记“财政拨款收入——财政基本拨款收入——医疗收入”“财政拨款收入——财政项目拨款收入——医疗收入”“事业收入——医疗收入”“上级补助收入”“附属单位上缴收入”“经营收入”“非同级财政拨款收入——医疗收入”“投资收益”“捐赠收入”“利息收入”“租金收入”“其他收入”科目，贷记“本期盈余——医疗盈余”科目；将业务活动费用中的医疗费用、单位管理费用、经营费用、资产处置费用、上缴上级费用、对附属单位补助费用、所得税费用、其他费用的本期发生额转入本期盈余，借记“本期盈余——医疗盈余”科目，贷记“业务活动费用——医疗费用”“单位管理费用”“经营费用”“资产处置费用”“上缴上级费用”“对附属单位补助费用”“所得税费用”“其他费用”科目。

期末，基层医疗卫生机构应当将财政基本拨款收入和财政项目拨款收入中的公共卫生收入、事业收入中的公共卫生收入、非同级财政拨款收入中的公共卫生收入的本期发生额转入本期盈余，借记“财政拨款收入——财政基本拨款收入——公共卫生收入”“财政拨款收入——财政项目拨款收入——公共卫生收入”“非同级财政拨款收入——公共卫生收入”科目，贷记“本期盈余——公共卫生盈余”科目；将业务活动费用中的公共卫生费用的本期发生额转入本期盈余，借记“本期盈余——公共卫生盈余”科目，贷记“业务活动费用——公共卫生费用”科目。

期末，基层医疗卫生机构应当将财政项目拨款收入中的科教收入、事业收入中的科教收入的本期发生额转入本期盈余，借记“财政拨款收入——财政项目拨款收入——科教收入”“事业收入——科教收入”科目，贷记“本期盈余——科教盈余”科目；将业务活动费用中的科教经费的本期发生额转入本期盈余，借记“本期盈余——科教盈余”科目，贷记“业务活动费用——科教费用”科目。

年末，完成上述结转后，“本期盈余——医疗盈余”科目为贷方余额的，基层医疗卫生机构应当将“本期盈余——医疗盈余”科目余额转入“本年盈余分配”科目，借记“本期盈余——医疗盈余”科目，贷记“本年盈余分配”科目；“本期盈余——医疗盈余”科目为借方余额的，基层医疗卫生机构应当将“本期盈余——医疗盈余”科目余额转入累计盈余对应明细科目，借记“累计盈余——医疗盈余”科目，贷记“本期盈余——医疗盈余”科目。基层医疗卫生机构应当将“本期盈余——公共卫生盈余”“本期盈余——科教盈余”科目余额转入累计盈余对应明细科目，借记或贷记“本期盈余——公共卫生盈余”“本期盈余——科教盈余”科目，贷记或借记“累计盈余——公共卫生盈余”“累计盈余——科教盈余”科目。

八、关于本年盈余分配的账务处理

年末，基层医疗卫生机构在按照规定提取专用基金后，应当将“本年盈余分配”科目余额转入累计盈余，借记“本年盈余分配——转入累计盈余”科目，贷记“累计盈余——医疗盈余”科目。

九、关于弥补医疗亏损的账务处理

年末，基层医疗卫生机构“累计盈余——医疗盈余”科目为借方余额的，基层医疗卫生机构应当按照有关规定确定的用于弥补医疗亏损的金额，借记“累计盈余——新旧转换盈余”科目，贷记“累计盈余——医疗盈余”科目。

十、关于事业收入（医疗收入）的确认和计量

未按“收支两条线”管理的基层医疗卫生机构应当在提供医疗服务并收讫价款或取得收款权利时，按照规定的医疗服务项目收费标准计算确定的金额确认事业收入（医疗收入）。基层医疗卫生机构给予病人或其他付费方折扣的，按照折扣后的实际金额确认事业收入（医疗收入）。基层医疗卫生机构同医疗保险机构等结算时，因基层医疗卫生机构按照医疗服务项目收费标准计算确定的应收医疗款金额与医疗保险机构等实际支付金额之间的差额（不包括基层医疗卫生机构因违规治疗等管理不善原因被医疗保险机构等拒付的金额）应当调整事业收入（医疗收入）。基层医疗卫生机构因违规治疗等管理不善原因被医疗保险机构等拒付的金额，应当冲减坏账准备。

按“收支两条线”管理的基层医疗卫生机构应当在收到财政返还的医疗款时，按照实际返还医疗款的金额确认事业收入（医疗收入）。基层医疗卫生机构按规定留用待结算医疗款时，应当按照批准留用的医疗款金额确认事业收入（医疗收入）。

十一、关于医事服务费和药事服务费的会计处理

未按“收支两条线”管理、执行医事服务费的基层医疗卫生机构应当通过“事业收入——医疗收入——门急诊收入——诊察收入”和“事业收入——医疗收入——住院收入——诊察收入”科目核算医事服务收入。基层医疗卫生机构在实现医事服务收入时，应当借记“库存现金”“银行存款”“应收账款”等科目，属于门急诊收入的，贷记“事业收入——医疗收入——门急诊收

入——诊察收入”科目，属于住院收入的，贷记“事业收入——医疗收入——住院收入——诊察收入”科目。

未按“收支两条线”管理的、执行药事服务费的基层医疗卫生机构应当通过“事业收入——医疗收入——门急诊收入——其他门急诊收入”和“事业收入——医疗收入——住院收入——其他住院收入”科目核算药事服务收入。基层医疗卫生机构在实现药事服务收入时，应当借记“库存现金”“银行存款”“应收账款”等科目，属于门急诊收入的，贷记“事业收入——医疗收入——门急诊收入——其他门急诊收入”科目，属于住院收入的，贷记“事业收入——医疗收入——住院收入——其他住院收入”科目。

按“收支两条线”管理的基层医疗卫生机构关于医事服务费、药事服务费的会计处理，参见本规定关于“2308 待结算医疗款”科目的说明。

十二、关于未按“收支两条线”管理的基层医疗卫生机构与医疗保险机构等结算医疗款的账务处理

未按“收支两条线”管理的基层医疗卫生机构同医疗保险机构等结算医疗款时，应当按照实际收到的金额，借记“银行存款”科目，按照基层医疗卫生机构因违规治疗等管理不善原因被医疗保险机构等拒付的金额，借记“坏账准备”科目，按照应收医疗保险机构等的金额，贷记“应收账款——应收医疗款——应收医保款”科目，按照借贷方之间的差额，借记或贷记“事业收入——医疗收入——门急诊收入——门急诊结算差额”或“事业收入——医疗收入——住院收入——住院结算差额”科目。

基层医疗卫生机构预收医疗保险机构等医保款的，在同医疗保险机构等结算医疗款时，还应冲减相关的预收医保款。

十三、关于按合同完成进度确认科教收入

基层医疗卫生机构以合同完成进度确认科教收入时，应当根据业务实质，选择累计实际发生的合同成本占合同预计总成本的比例、已经完成的合同工作量占合同预计总工作量的比例、已经完成的时间占合同期限的比例、实际测定的完工进度等方法，合理确定合同完成进度。

十四、生效日期

本规定自2019年1月1日起施行。

附表1：

基层医疗卫生机构执行新制度新增会计科目表

科目编码	科目名称	备注
1212	应收账款	
121201	应收账款\应收在院病人医疗款	
121202	应收账款\应收医疗款	
12120201	应收账款\应收医疗款\应收医保款	
12120202	应收账款\应收医疗款\门急诊病人欠费	
12120203	应收账款\应收医疗款\出院病人欠费	
121203	应收账款\其他应收账款	
1219	坏账准备	
121901	坏账准备\应收账款坏账准备	
121902	坏账准备\其他应收款坏账准备	
1302	库存物品	
130201	库存物品\药品	
13020101	库存物品\药品\西药	
1302010101	库存物品\药品\西药\西药	
1302010102	库存物品\药品\西药\疫苗	
13020102	库存物品\药品\中成药	
13020103	库存物品\药品\中药饮片	
130202	库存物品\卫生材料	
13020201	库存物品\卫生材料\血库材料	
13020202	库存物品\卫生材料\医用气体	
13020203	库存物品\卫生材料\影像材料	
13020204	库存物品\卫生材料\化验材料	
13020205	库存物品\卫生材料\其他卫生材料	

续表

科目编码	科目名称	备注
130203	库存物品\低值易耗品	
130204	库存物品\其他材料	
2305	预收账款	
230501	预收账款\预收医疗款	
23050101	预收账款\预收医疗款\预收医保款	
23050102	预收账款\预收医疗款\门急诊预收款	
23050103	预收账款\预收医疗款\住院预收款	
230502	预收账款\其他预收账款	
2308	待结算医疗款	
230801	待结算医疗款\门急诊收费	
23080101	待结算医疗款\门急诊收费\挂号收费	
23080102	待结算医疗款\门急诊收费\诊察收费	核算医事服务收费
23080103	待结算医疗款\门急诊收费\检查收费	
23080104	待结算医疗款\门急诊收费\化验收费	
23080105	待结算医疗款\门急诊收费\治疗收费	
23080106	待结算医疗款\门急诊收费\手术收费	
23080107	待结算医疗款\门急诊收费\卫生材料收费	
23080108	待结算医疗款\门急诊收费\药品收费	
2308010801	待结算医疗款\门急诊收费\药品收费\西药收费	
230801080101	待结算医疗款\门急诊收费\药品收费\西药收费\西药	
230801080102	待结算医疗款\门急诊收费\药品收费\西药收费\疫苗	
2308010802	待结算医疗款\门急诊收费\药品收费\中成药收费	
2308010803	待结算医疗款\门急诊收费\药品收费\中药饮片收费	
23080109	待结算医疗款\门急诊收费\一般诊疗费收费	
23080110	待结算医疗款\门急诊收费\其他门急诊收费	核算药事服务收费
23080111	待结算医疗款\门急诊收费\门急诊结算差额	
230802	待结算医疗款\住院收费	

续表

科目编码	科目名称	备注
23080201	待结算医疗款\住院收费\床位收费	
23080202	待结算医疗款\住院收费\诊察收费	核算医事服务收费
23080203	待结算医疗款\住院收费\检查收费	
23080204	待结算医疗款\住院收费\化验收费	
23080205	待结算医疗款\住院收费\治疗收费	
23080206	待结算医疗款\住院收费\手术收费	
23080207	待结算医疗款\住院收费\护理收费	
23080208	待结算医疗款\住院收费\卫生材料收费	
23080209	待结算医疗款\住院收费\药品收费	
2308020901	待结算医疗款\住院收费\药品收费\西药收费	
230802090101	待结算医疗款\门急诊收费\药品收费\西药收费\西药	
230802090102	待结算医疗款\门急诊收费\药品收费\西药收费\疫苗	
2308020902	待结算医疗款\住院收费\药品收费\中成药收费	
2308020903	待结算医疗款\住院收费\药品收费\中药饮片收费	
23080210	待结算医疗款\住院收费\一般诊疗费收费	
23080211	待结算医疗款\住院收费\其他住院收费	核算药事服务收费
23080212	待结算医疗款\住院收费\住院结算差额	
3001	累计盈余	
300101	累计盈余\医疗盈余	
300102	累计盈余\公共卫生盈余	
300103	累计盈余\科教盈余	
300104	累计盈余\新旧转换盈余	
3101	专用基金	
310101	专用基金\职工福利基金	
310102	专用基金\医疗风险基金	
310103	专用基金\奖励基金	
3301	本期盈余	
330101	本期盈余\医疗盈余	

续表

科目编码	科目名称	备注
330102	本期盈余\公共卫生盈余	
330103	本期盈余\科教盈余	
3302	本年盈余分配	
330201	本年盈余分配\提取职工福利基金	
330202	本年盈余分配\提取奖励基金	
330203	本年盈余分配\转入累计盈余	
4001	财政拨款收入	
400101	财政拨款收入\财政基本拨款收入	
40010101	财政拨款收入\财政基本拨款收入\医疗收入	
40010102	财政拨款收入\财政基本拨款收入\公共卫生收入	
400102	财政拨款收入\财政项目拨款收入	
40010201	财政拨款收入\财政项目拨款收入\医疗收入	
40010202	财政拨款收入\财政项目拨款收入\公共卫生收入	
40010203	财政拨款收入\财政项目拨款收入\科教收入	
4101	事业收入	对“非同级财政拨款”进行明细核算
410101	事业收入\医疗收入	
41010101	事业收入\医疗收入\门急诊收入	
4101010101	事业收入\医疗收入\门急诊收入\挂号收入	
4101010102	事业收入\医疗收入\门急诊收入\诊察收入	核算医事服务收入
4101010103	事业收入\医疗收入\门急诊收入\检查收入	
4101010104	事业收入\医疗收入\门急诊收入\化验收入	
4101010105	事业收入\医疗收入\门急诊收入\治疗收入	
4101010106	事业收入\医疗收入\门急诊收入\手术收入	
4101010107	事业收入\医疗收入\门急诊收入\卫生材料收入	
4101010108	事业收入\医疗收入\门急诊收入\药品收入	
410101010801	事业收入\医疗收入\门急诊收入\药品收入\西药	
41010101080101	事业收入\医疗收入\门急诊收入\药品收入\西药\西药	

续表

科目编码	科目名称	备注
41010101080102	事业收入\医疗收入\门急诊收入\药品收入\西药\疫苗	
410101010802	事业收入\医疗收入\门急诊收入\药品收入\中成药	
410101010803	事业收入\医疗收入\门急诊收入\药品收入\中药饮片	
4101010109	事业收入\医疗收入\门急诊收入\一般诊疗费收入	
4101010110	事业收入\医疗收入\门急诊收入\其他门急诊收入	核算药事服务收入
4101010111	事业收入\医疗收入\门急诊收入\门急诊结算差额	
41010102	事业收入\医疗收入\住院收入	
4101010201	事业收入\医疗收入\住院收入\床位收入	
4101010202	事业收入\医疗收入\住院收入\诊察收入	核算医事服务收入
4101010203	事业收入\医疗收入\住院收入\检查收入	
4101010204	事业收入\医疗收入\住院收入\化验收入	
4101010205	事业收入\医疗收入\住院收入\治疗收入	
4101010206	事业收入\医疗收入\住院收入\手术收入	
4101010207	事业收入\医疗收入\住院收入\护理收入	
4101010208	事业收入\医疗收入\住院收入\卫生材料收入	
4101010209	事业收入\医疗收入\住院收入\药品收入	
410101020901	事业收入\医疗收入\住院收入\药品收入\西药	
41010102090101	事业收入\医疗收入\门急诊收入\药品收入\西药\西药	
41010102090102	事业收入\医疗收入\门急诊收入\药品收入\西药\疫苗	
410101020902	事业收入\医疗收入\住院收入\药品收入\中成药	
410101020903	事业收入\医疗收入\住院收入\药品收入\中药饮片	
4101010210	事业收入\医疗收入\住院收入\一般诊疗费收入	
4101010211	事业收入\医疗收入\住院收入\其他住院收入	核算药事服务收入
4101010212	事业收入\医疗收入\住院收入\住院结算差额	

续表

科目编码	科目名称	备注
410102	事业收入\公共卫生收入	
410103	事业收入\科教收入	
41010301	事业收入\科教收入\科研收入	
41010302	事业收入\科教收入\教学收入	
4601	非同级财政拨款收入	
460101	非同级财政拨款收入\医疗收入	
460102	非同级财政拨款收入\公共卫生收入	
5001	业务活动费用	
500101	业务活动费用\医疗费用	按照“人员费用”“药品费”“专用材料费”“维修费”“计提专用基金”“固定资产折旧”“无形资产摊销”“其他医疗费用”等进行明细核算
500102	业务活动费用\公共卫生费用	按照“人员费用”“药品费”“专用材料费”“维修费”“其他公共卫生费用”等进行明细核算
500103	业务活动费用\科教费用	按照“科研费用”“教学费用”等进行明细核算
5101	单位管理费用	按照“人员费用”“商品和服务费用”“固定资产折旧”“无形资产摊销”等进行明细核算
6101	事业预算收入	对“非同级财政拨款”进行明细核算
610101	事业预算收入\医疗预算收入	

续表

科目编码	科目名称	备注
61010101	事业预算收入\医疗预算收入\门急诊预算收入	
61010102	事业预算收入\医疗预算收入\住院预算收入	
610102	事业预算收入\公共卫生预算收入	
610103	事业预算收入\科教预算收入	
61010301	事业预算收入\科教预算收入\科研项目预算收入	
61010302	事业预算收入\科教预算收入\教学项目预算收入	
8301	专用结余	
830101	专用结余\职工福利基金	
830102	专用结余\奖励基金	

附表2：

资产负债表

会政财01表

编制单位：______ ____年____月____日 单位：元

资产	期末余额	年初余额	负债和净资产	期末余额	年初余额
流动资产：			**流动负债：**		
货币资金			短期借款		
短期投资			应交增值税		
财政应返还额度			其他应交税费		
应收票据			应缴财政款		
应收账款净额			待结算医疗款		
预付账款			应付职工薪酬		
应收股利			应付票据		
应收利息			应付账款		
其他应收款净额			应付政府补贴款		
存货			应付利息		
待摊费用			预收账款		
一年内到期的非流动资产			其他应付款		
其他流动资产			预提费用		

续表

资产	期末余额	年初余额	负债和净资产	期末余额	年初余额
流动资产合计			一年内到期的非流动负债		
非流动资产：			其他流动负债		
长期股权投资			**流动负债合计**		
长期债券投资			**非流动负债：**		
固定资产原值			长期借款		
减：固定资产累计折旧			长期应付款		
固定资产净值			预计负债		
工程物资			其他非流动负债		
在建工程			**非流动负债合计**		
无形资产原值			受托代理负债		
减：无形资产累计摊销			**负债合计**		
无形资产净值					
研发支出					
公共基础设施原值					
减：公共基础设施累计折旧（摊销）					
公共基础设施净值			**净资产：**		
政府储备物资			累计盈余		
文物文化资产			其中：医疗盈余		
保障性住房			公共卫生盈余		
减：保障性住房累计折旧			科教盈余		
保障性住房净值			新旧转换盈余		
长期待摊费用			专用基金		
待处理财产损溢			权益法调整		
其他非流动资产			无偿调拨净资产*		
非流动资产合计			本期盈余*		
受托代理资产			**净资产合计**		
资产总计			**负债和净资产总计**		

注：“*”标识项目为月报项目，年报中不需列示。

附表3：

待结算医疗款明细表

会政财01表附表01

编制单位：________　　____年____月____日　　单位：元

项目	本月数	本年累计数
待结算医疗款		
（一）门急诊收费		
挂号收费		
诊察收费		
其中：医事服务费		
检查收费		
化验收费		
治疗收费		
手术收费		
卫生材料收费		
药品收费		
其中：西药收费		
其中：疫苗		
中成药收费		
中药饮片收费		
一般诊疗费收费		
其他门急诊收费		
其中：药事服务费		
门急诊结算差额		
（二）住院收费		
床位收费		
诊察收费		
其中：医事服务费		
检查收费		
化验收费		
治疗收费		

续表

项目	本月数	本年累计数
手术收费		
护理收费		
卫生材料收费		
药品收费		
其中：西药收费		
其中：疫苗		
中成药收费		
中药饮片收费		
一般诊疗费收费		
其他住院收费		
其中：药事服务费		
住院结算差额		

附表 4：

收入费用表

会政财 02 表

编制单位：______ ____年____月 单位：元

项目	本月数	本年累计数
一、本期收入		
（一）财政拨款收入		
其中：政府性基金收入		
其中：财政基本拨款收入		
其中：医疗收入		
公共卫生收入		
财政项目拨款收入		
其中：医疗收入		
公共卫生收入		
科教收入		

续表

项目	本月数	本年累计数
（二）事业收入		
其中：医疗收入		
公共卫生收入		
科教收入		
（三）上级补助收入		
（四）附属单位上缴收入		
（五）经营收入		
（六）非同级财政拨款收入		
其中：医疗收入		
公共卫生收入		
（七）投资收益		
（八）捐赠收入		
（九）利息收入		
（十）租金收入		
（十一）其他收入		
二、本期费用		
（一）业务活动费用		
其中：医疗费用		
公共卫生费用		
科教费用		
（二）单位管理费用		
（三）经营费用		
（四）资产处置费用		
（五）上缴上级费用		
（六）对附属单位补助费用		
（七）所得税费用		
（八）其他费用		
三、本期盈余		
其中：医疗盈余		
公共卫生盈余		
科教盈余		

附表5：

医疗及公共卫生收入费用明细表

会政财02表附表01

编制单位：______ ____年____月 单位：元

项目	本月数	本年累计数
一、医疗及公共卫生收入		
（一）医疗收入		
1. 门急诊收入		
挂号收入		
诊察收入		
其中：医事服务收入		
检查收入		
化验收入		
治疗收入		
手术收入		
卫生材料收入		
药品收入		
其中：西药		
其中：疫苗		
中成药		
中药饮片		
一般诊疗费收入		
其他门急诊收入		
其中：药事服务收入		
门急诊结算差额		
2. 住院收入		
床位收入		
诊察收入		
其中：医事服务收入		
检查收入		
化验收入		

续表

项目	本月数	本年累计数
治疗收入		
手术收入		
护理收入		
卫生材料收入		
药品收入		
其中：西药		
其中：疫苗		
中成药		
中药饮片		
一般诊疗费收入		
其他住院收入		
其中：药事服务收入		
住院结算差额		
（二）公共卫生收入		
二、医疗及公共卫生费用		
（一）医疗费用		
人员费用		
工资福利费用		
对个人和家庭的补助费用		
药品费		
西药		
其中：疫苗		
中成药		
中药饮片		
专用材料费		
卫生材料费		
血库材料		
医用气体		
影像材料		
化验材料		

续表

项目	本月数	本年累计数
其他卫生材料		
低值易耗品		
其他材料费		
维修费		
计提专用基金		
其中：计提医疗风险基金		
固定资产折旧		
无形资产摊销		
其他医疗费用		
（二）公共卫生费用		
人员费用		
工资福利费用		
对个人和家庭的补助费用		
药品费		
西药		
其中：疫苗		
中成药		
中药饮片		
专用材料费		
卫生材料费		
血库材料		
医用气体		
影像材料		
化验材料		
其他卫生材料		
低值易耗品		
其他材料费		
维修费		
其他公共卫生费用		

续表

项目	本月数	本年累计数
三、单位管理费用		
人员费用		
工资福利费用		
对个人和家庭的补助费用		
商品和服务费用		
固定资产折旧		
无形资产摊销		

附表6：

基层医疗卫生机构固定资产折旧年限表

固定资产类别	折旧年限（年）	固定资产类别	折旧年限（年）
一、房屋及构筑物		医用电子仪器	5～10
业务及管理用房		医用超声仪器	6～10
钢结构	50	医用高频仪器设备	5～10
钢筋混凝土结构	50	物理治疗及体疗设备	5～10
砖混结构	30	高压氧舱	6～10
砖木结构	30	中医仪器设备	5～10
简易房	8	医用磁共振设备	6～10
房屋附属设施	8	医用 X 线设备	6～10
构筑物	8	高能射线设备	8～10
二、通用设备		医用核素设备	6～10
计算机设备	6	临床检验分析仪器	5～10
通信设备	5	体外循环设备	5～10
办公设备	6	手术急救设备	5～10
车辆	10	口腔设备	6～10
图书档案设备	5	病房护理设备	5～10
机械设备	10	消毒设备	6～10
电气设备	5	其他	5～10
雷达、无线电和卫星导航设备	10	光学仪器及窥镜	6～10

续表

固定资产类别	折旧年限（年）	固定资产类别	折旧年限（年）
广播、电视、电影设备	5	激光仪器设备	5 ~ 10
仪器仪表	5	**四、家具、用具及装具**	
电子和通信测量设备	5	家具	15
计量标准器具及量具、衡器	5	用具、装具	5
三、专用设备			

关于基层医疗卫生机构执行《政府会计制度——行政事业单位会计科目和报表》的衔接规定

财会〔2018〕25号　2018年8月31日

我部于2017年10月24日印发了《政府会计制度——行政事业单位会计科目和报表》（财会〔2017〕25号，以下简称新制度）。目前执行《基层医疗卫生机构会计制度》（财会〔2010〕26号，以下简称原制度）的基层医疗卫生机构，自2019年1月1日起执行新制度，不再执行原制度。为了确保新旧会计制度顺利过渡，现对基层医疗卫生机构执行新制度及《关于基层医疗卫生机构执行〈政府会计制度——行政事业单位会计科目和报表〉的补充规定》（以下简称补充规定）的有关衔接问题规定如下。

一、新旧制度衔接总要求

（一）自2019年1月1日起，基层医疗卫生机构应当严格按照新制度及补充规定进行会计核算、编制财务报表和预算会计报表。

（二）基层医疗卫生机构应当按照本规定做好新旧制度衔接的相关工作，主要包括以下几个方面：

1. 根据原账编制2018年12月31日的科目余额表，并按照本规定要求，编制原账的部分科目余额明细表（参见附表1、附表2）。

2. 按照新制度及补充规定设立2019年1月1日的新账。

3. 按照本规定要求，登记新账的财务会计科目余额和预算结余科目余额，包括将原账科目余额转入新账财务会计科目、按照原账科目余额登记新账预算结余科目（基层医疗卫生机构新旧会计制度转账、登记新账科目对照表见附表3），将未入账事项登记新账科目，并对相关新账科目余额进行调整。原账科目是指按照原制度规定设置的会计科目。

4. 按照登记及调整后新账的各会计科目余额，编制 2019 年 1 月 1 日的科目余额表，作为新账各会计科目的期初余额。

5. 根据新账各会计科目期初余额，按照新制度及补充规定编制 2019 年 1 月 1 日资产负债表。

（三）及时调整会计信息系统。基层医疗卫生机构应当按照新制度及补充规定要求对原有会计信息系统进行及时更新和调试，实现数据正确转换，确保新旧账套的有序衔接。

二、财务会计科目的新旧衔接

（一）将 2018 年 12 月 31 日原账会计科目余额转入新账财务会计科目。

1. 资产类。

（1）“库存现金”“银行存款”“其他货币资金”“财政应返还额度”“固定资产”“无形资产”科目。

新制度设置了“库存现金”“银行存款”“其他货币资金”“财政应返还额度”“无形资产”科目，其核算内容与原账的上述相应科目的核算内容基本相同。转账时，基层医疗卫生机构应当将原账的上述科目余额直接转入新账的相应科目。其中，还应当将原账的“库存现金”“银行存款”科目余额中属于新制度规定受托代理资产的金额转入新账的“库存现金”“银行存款”科目下“受托代理资产”明细科目。

（2）“应收医疗款”科目。

新制度设置了“应收账款”科目，该科目包含了原账的“应收医疗款”科目的核算内容。转账时，基层医疗卫生机构应当将原账的“应收医疗款”科目余额转入新账的“应收账款”科目。

（3）“其他应收款”科目。

新制度设置了“其他应收款”科目，该科目的核算内容与原账的“其他应收款”科目的核算内容基本相同。转账时，基层医疗卫生机构应当将原账的“其他应收款”科目余额转入新账的“其他应收款”科目。

新制度设置了“在途物品”科目，基层医疗卫生机构在原账的“其他应收款”科目中核算已经付款或开出商业汇票、尚未收到物资的款项，应当将原账的“其他应收款”科目余额中已经付款或开出商业汇票、尚未收到物资的金额转入新账的“在途物品”科目。

基层医疗卫生机构在原账的“其他应收款”科目中核算了属于新制度规定的预付账款的，应当将原账的“其他应收款”科目余额中属于预付账款的金额转入新账的“预付账款”科目。

基层医疗卫生机构在原账的“其他应收款”科目中核算了尚未按照相关规定完成批准程序的待处理财产损溢的，转账时，应当将原账的“其他应收款”科目余额中属于待处理财产损溢的金额，转入新账的“待处理财产损溢”科目。

（4）“库存物资”科目。

新制度设置了“库存物品”“加工物品”科目，原制度设置了“库存物资”科目。转账时，基层医疗卫生机构应当将原账的“库存物资”科目余额中属于在加工存货的金额，转入新账的“加工物品”科目；将原账的“库存物资”科目余额减去属于在加工存货金额后的差额，转入新账的“库存物品”科目。

基层医疗卫生机构在原账的“库存物资”科目中核算了属于新制度规定的工程物资、受托代理物资（如受托保管的政府储备物资）的，应当将原账的“库存物资”科目余额中属于工程物资、受托代理物资的金额，分别转入新账的“工程物资”“受托代理资产”科目。

（5）“在建工程”科目。

新制度设置了“在建工程”和“预付账款——预付备料款、预付工程款”科目，原制度设置了“在建工程”科目。转账时，基层医疗卫生机构应当将原账的“在建工程”科目余额（基建“并账”后的金额，下同）中属于预付备料款、预付工程款的金额，转入新账“预付账款”科目相关明细科目；将原账的“在建工程”科目余额减去预付备料款、预付工程款金额后的差额，转入新账的“在建工程”科目。

基层医疗卫生机构在原账“在建工程”科目中核算了按照新制度规定应当记入“工程物资”科目内容的，应当将原账“在建工程”科目余额中属于工程物资的金额，转入新账的“工程物资”科目。

（6）“零余额账户用款额度”“待摊支出”科目。

由于原账的“零余额账户用款额度”“待摊支出”科目年末无余额，无需进行转账处理。

2. 负债类。

（1）“借入款”科目。

新制度设置了“短期借款”和“长期借款”科目，原制度设置了“借入款”科目。转账时，基层医疗卫生机构应当将原账的“借入款”科目余额中属于短期借款［期限不超过1年（含1年）］的金额转入新账的“短期借款”科目；将原账的“借入款”科目余额中属于长期借款［期限超过1年（不含1年）］的金额转入新账的“长期借款”科目。

（2）“待结算医疗款”科目。

补充规定设置了“待结算医疗款”科目，该科目的核算内容与原账的“待结算医疗款”科目核算的内容基本相同。转账时，基层医疗卫生机构应当将原账的“待结算医疗款”科目余额转入新账的“待结算医疗款”科目。

（3）“应缴款项”科目。

新制度设置了“应缴财政款”科目，该科目的核算内容与原账的“应缴款项”科目核算的内容基本相同。转账时，基层医疗卫生机构应当将原账的“应缴款项”科目余额转入新账的“应缴财政款”科目。

（4）“应付账款”科目。

新制度设置了“应付账款”“长期应付款”科目，原账设置了“应付账款”科目。转账时，基层医疗卫生机构应当将原账的“应付账款”科目余额中属于应付账款［期限不超过1年（含1年）］的金额转入新账的“应付账款”科目，将原账的“应付账款”科目余额中属于长期应付款［期限超过1年（不含1年）］的金额转入新账的“长期应付款”科目。

（5）“预收医疗款”科目。

新制度设置了“预收账款”科目，该科目包含了原账的“预收医疗款”科目的核算内容。转账时，基层医疗卫生机构应当将原账的“预收医疗款”科目余额转入新账的“预收账款”科目。

（6）“应付职工薪酬”“应付社会保障费”科目。

新制度设置了“应付职工薪酬”科目，原账设置了“应付职工薪酬”和“应付社会保障费”科目。转账时，基层医疗卫生机构应当将原账的“应付职工薪酬”“应付社会保障费”科目余额转入新账的“应付职工薪酬”科目。

（7）“应交税费”科目。

新制度设置了“应交增值税”和“其他应交税费”科目，原账设置了“应交税费”科目。转账时，基层医疗卫生机构应当将原账的“应交税费”科目余额中属于应交增值税的金额转入新账的“应交增值税”科目，将原账的“应交税费”科目余额减去属于应交增值税金额后的差额转入新账的“其他应交税费”科目。

（8）“其他应付款”科目。

新制度设置了“其他应付款”科目，该科目的核算内容与原账的“其他应付款”科目的核算内容基本相同。转账时，基层医疗卫生机构应当将原账的“其他应付款”科目余额，转入新账的“其他应付款”科目。其中，基层医疗卫生机构在原账的“其他应付款”科目中核算了属于新制度规定的长期应付款的，应当将原账的“其他应付款”科目余额中属于长期应付款的金额转入新账的“长期应付款”科目；在原账的“其他应付款”科目中核算了属于新制度规定的应付利息的，应当将原账的“其他应付款”科目余额中属于应付利息的金额转入新账的“应付利息”科目；在原账的“其他应付款”科目中核算了属于新制度规定的受托代理负债的，应当将原账的“其他应付款”科目余额中属于受托代理负债的金额转入新账的“受托代理负债”科目。

3. 净资产类。

（1）“固定基金”科目。

依据新制度，无需对原制度中“固定基金”科目对应内容进行核算。转账时，基层医疗卫生机构应当将原账的“固定基金”科目余额转入新账的“累计盈余——医疗盈余”科目。

（2）“事业基金”科目。

新制度及补充规定设置了“累计盈余”科目及相关明细科目，“累计盈余”科目的核算内容包含了原账“事业基金”科目的核算内容。转账时，基层医疗卫生机构应当将原账的“事业基金”科目余额转入新账的“累计盈余——新旧转换盈余”科目。

（3）“专用基金”科目。

新制度设置了“专用基金”科目，该科目的核算内容与原账“专用基金”科目的核算内容基本相同。转账时，基层医疗卫生机构应当将原账的“专用基金”科目余额转入新账的“专用基金”科目。

（4）“财政补助结转（余）”“其他限定性用途结转（余）”科目。

新制度及补充规定设置了“累计盈余”科目及相关明细科目，“累计盈余”科目的核算内容包含了原账“财政补助结转（余）”和“其他限定性用途结转（余）”科目的核算内容。转账时，基层医疗卫生机构应当对原账的“财政补助结转（余）”“其他限定性用途结转（余）”科目余额进行分析，将属于公共卫生活动形成结转（余）的余额转入新账的“累计盈余——公共卫生盈余”科目，将属于科教项目形成结转（余）的余额转入新账的“累计盈余——科教盈余”科目，将剩余金额转入新账的“累计盈余——医疗盈余”科目。

（5）“结余分配”科目。

新制度设置了“本年盈余分配”科目，该科目的核算内容与原账的“结余分配”科目的核算内容基本相同。新制度规定“本年盈余分配”科目余额最终转入“累计盈余”科目，如果原账的“结余分配”科目有借方余额，转账时，基层医疗卫生机构应当将原账的“结余分配”科目借方余额转入新账的“累计盈余——新旧转换盈余”科目借方。

（6）“本期结余”科目。

由于原账的“本期结余”科目年末无余额，无需进行转账处理。

4. 收入类、支出类。

由于原账中收入类、支出类科目年末无余额，无需进行转账处理。自2019年1月1日起，基层医疗卫生机构应当按照新制度设置收入类、费用类科目并进行账务处理。

基层医疗卫生机构存在其他本规定未列举的原账科目余额的，应当比照本规定转入新账的相应科目。新账的科目设有明细科目的，应将原账中对应科目的余额加以分析，分别转入新账中相应科目的相关明细科目。

基层医疗卫生机构在进行新旧衔接的转账时，应当编制转账的工作分录，作为转账的工作底稿，并将转入新账的对应原科目余额及分拆原科目余额的依据作为原始凭证。

（二）将原未入账事项登记新账财务会计科目。

1. 受托代理资产。

医院在新旧制度转换时，应当将2018年12月31日前未入账的受托代理资产按照新制度规定记入新账。登记新账时，按照确定的受托代理资产入账成本，借记“受托代理资产”科目，贷记“受托代理负债”科目。

2. 盘盈资产。

基层医疗卫生机构在新旧制度转换时，应当将2018年12月31日前未入账的盘盈资产按照新制度规定记入新账。登记新账时，按照确定的盘盈资产及其成本，分别借记有关资产科目，按照盘盈资产成本的合计金额，贷记“累计盈余——新旧转换盈余”科目。

3. 预计负债。

基层医疗卫生机构在新旧制度转换时，应当将2018年12月31日前按照新制度规定确认的预计负债记入新账。登记新账时，按照确定的预计负债金额，借记“累计盈余——新旧转换盈余”科目，贷记“预计负债”科目。

4. 应付质量保证金。

基层医疗卫生机构在新旧制度转换时，应当将 2018 年 12 月 31 日前未入账的应付质量保证金按照新制度规定记入新账。登记新账时，按照确定未入账的应付质量保证金金额，借记“累计盈余——新旧转换盈余”科目，贷记“其他应付款”科目［扣留期在 1 年以内（含 1 年）］、“长期应付款”科目［扣留期超过 1 年］。

基层医疗卫生机构存在 2018 年 12 月 31 日前未入账的其他事项的，应当比照本规定登记新账的相应科目。

基层医疗卫生机构对新账的财务会计科目补记未入账事项时，应当编制记账凭证，并将补充登记事项的确认依据作为原始凭证。

（三）对新账的相关财务会计科目余额按照新制度规定的会计核算基础进行调整。

1. 计提坏账准备。

新制度要求对单位收回后无需上缴财政的应收账款和其他应收款提取坏账准备。在新旧制度转换时，未按“收支两条线”管理的基层医疗卫生机构应当按照 2018 年 12 月 31 日除应收在院病人医疗款以外的应收账款和其他应收款的余额计算应计提的坏账准备金额，借记“累计盈余——新旧转换盈余”科目，贷记“坏账准备”科目；按“收支两条线”管理的基层医疗卫生机构应当按照 2018 年 12 月 31 日除应收在院病人医疗款、应收医疗款外的应收账款和其他应收款的余额计算应计提的坏账准备金额，借记“累计盈余——新旧转换盈余”科目，贷记“坏账准备”科目。

2. 补提折旧。

基层医疗卫生机构在原账中尚未计提固定资产折旧的，应当全面核查截至 2018 年 12 月 31 日的固定资产的预计使用年限、已使用年限、尚可使用年限等，并于 2019 年 1 月 1 日对尚未计提折旧的固定资产补提折旧，按照应计提的折旧金额，借记“累计盈余——医疗盈余”科目，贷记“固定资产累计折旧”科目。

3. 补提摊销。

基层医疗卫生机构在原账中尚未计提无形资产摊销的，应当全面核查截至 2018 年 12 月 31 日无形资产的预计使用年限、已使用年限、尚可使用年限等，并于2019年1月1日对前期尚未计提摊销的无形资产补提摊销，按照应计提的摊销金额，借记“累计盈余——医疗盈余”科目，贷记“无形资产累计摊销”科目。

4. 确认长期借款期末应付利息。

基层医疗卫生机构应当按照新制度规定于2019年1月1日补记长期借款的应付利息金额，对其中资本化的部分，借记“在建工程”科目，对其中费用化的部分，借记“累计盈余——新旧转换盈余”科目，按照全部长期借款应付利息金额，贷记“长期借款”科目［到期一次还本付息］或“应付利息”科目［分期付息、到期还本］。

基层医疗卫生机构对新账的财务会计科目期初余额进行调整时，应当编制记账凭证，并将调整事项的确认依据作为原始凭证。

三、预算会计科目的新旧衔接

（一）“财政拨款结转”和“财政拨款结余”科目及对应的“资金结存”科目余额。

新制度设置了“财政拨款结转”“财政拨款结余”科目及对应的“资金结存”科目。在新旧制度转换时，基层医疗卫生机构应当对原账的“财政补助结转（余）”科目余额中结转资金的金额进行逐项分析，加上各项结转转入的支出中已经计入支出尚未支付财政资金（如发生时列支的应付账款）的金额，减去已经支付财政资金尚未计入支出（如购入的库存物资等）的金额，按照增减后的金额登记新账的“财政拨款结转”科目及其明细科目贷方；按照原账的“财政补助结转（余）”科目余额中结余资金的金额登记新账的“财政拨款结余”科目及其明细科目贷方。

基层医疗卫生机构应当按照原账“财政应返还额度”科目余额登记新账“资金结存——财政应返还额度”科目的借方；按照新账“财政拨款结转”和“财政拨款结余”科目贷方余额合计数减去新账“资金结存——财政应返还额度”科目借方余额后的差额，登记新账“资金结存——货币资金”科目的借方。

（二）“非财政拨款结转”科目及对应的“资金结存”科目余额。

新制度设置了“非财政拨款结转”科目及对应的“资金结存”科目。在新旧制度转换时，基层医疗卫生机构应当对原账的“其他限定性用途结转

（余）”科目余额中结转资金的金额进行逐项分析，加上各项结转（余）转入的支出中已经计入支出尚未支付非财政补助专项资金（如发生时列支的应付账款）的金额，减去已经支付非财政补助专项资金尚未计入支出（如购入的库存物资等）的金额，按照增减后的金额登记新账的“非财政拨款结转”科目及其明细科目贷方；同时，按照相同的金额登记新账“资金结存——货币资金”科目的借方。

（三）“专用结余”科目及对应的“资金结存”科目余额。

新制度设置了“专用结余”科目及对应的“资金结存”科目。在新旧制度转换时，基层医疗卫生机构应当按照原账“专用基金”科目余额中通过非财政补助结余分配形成的金额，借记新账的“资金结存——货币资金”科目，贷记新账的“专用结余”科目。

（四）“非财政拨款结余”科目及对应的“资金结存”科目余额。

1. 登记“非财政拨款结余”科目余额。

新制度设置了“非财政拨款结余”科目对应的“资金结存”科目。在新旧制度转换时，基层医疗卫生机构应当按照原账“事业基金”科目的余额，借记新账的“资金结存——货币资金”科目，贷记新账的“非财政拨款结余”科目。

基层医疗卫生机构原账“结余分配——待分配结余”有借方科目余额的，应当借记新账的“非财政拨款结余”科目，贷记新账的“资金结存——货币资金”科目。

2. 对新账“非财政拨款结余”科目及“资金结存”科目余额进行调整。

（1）调整应收医疗款对非财政拨款结余的影响。

基层医疗卫生机构应当按照原账的“应收医疗款”科目余额，借记“非财政拨款结余”科目，贷记“资金结存——货币资金”科目。

（2）调整其他应收款对非财政拨款结余的影响。

基层医疗卫生机构按照新制度规定将原账其他应收款中的预付款项计入支出的，应当对原账的“其他应收款”科目余额进行分析，区分其中预付款项的金额（将来很可能列支）和非预付款项的金额，并对预付款项的金额划分为财政补助资金预付的金额、非财政补助专项资金预付的金额和非财政补助非专项资金预付的金额，按照非财政补助非专项资金预付的金额，借记“非财政拨款结余”科目，贷记“资金结存——货币资金”科目。

（3）调整库存物资对非财政拨款结余的影响。

基层医疗卫生机构应当对原账的“库存物资”科目余额进行分析，区分购入的库存物资金额和非购入的库存物资金额。对购入的库存物资金额划分出其中使用财政补助资金购入的金额、使用非财政补助专项资金购入的金额和使用非财政补助非专项资金购入的金额，按照使用非财政补助非专项资金购入的金额，借记“非财政拨款结余”科目，贷记“资金结存——货币资金”科目。

（4）调整借入款对非财政拨款结余的影响。

基层医疗卫生机构应当按照原账的“借入款”科目余额，借记“资金结存——货币资金”科目，贷记“非财政拨款结余”科目。

（5）调整应付账款对非财政拨款结余的影响。

基层医疗卫生机构应当对原账的“应付账款”科目余额进行分析，区分其中发生时计入支出的金额和未计入支出的金额。将计入支出的金额划分为财政补助资金应付的金额、非财政补助专项资金应付的金额和非财政补助非专项资金应付的金额，按照非财政补助非专项资金应付的金额，借记“资金结存——货币资金”科目，贷记“非财政拨款结余”科目。

（6）调整预收医疗款对非财政拨款结余的影响。

基层医疗卫生机构应当按照原账的“预收医疗款”科目余额，借记“资金结存——货币资金”科目，贷记“非财政拨款结余”科目。

（7）调整专用基金对非财政拨款结余的影响。

基层医疗卫生机构应当对原账的“专用基金”科目余额进行分析，划分出提取时列支的专用基金余额，按照提取时列支的专用基金余额，借记“资金结存——货币资金”科目，贷记“非财政拨款结余”科目。

3. 基层医疗卫生机构按照前述1、2两个步骤难以准确调整出“非财政拨款结余”科目及对应的“资金结存”科目余额的，在新旧制度转换时，可以在新账的“库存现金”“银行存款”“其他货币资金”“财政应返还额度”科目借方余额合计数基础上，对不纳入单位预算管理的资金进行调整（如减去新账中货币资金形式的受托代理资产、应缴财政款、已收取将来需要退回资金的其他应付款等，加上已支付将来需要收回资金的其他应收款等），按照调整后的金额减去新账的“财政拨款结转”“财政拨款结余”“非财政拨款结转”“专用结余”科目贷方余额合计数，登记新账的“非财政拨款结余”科目贷方；同时，按照相同的金额登记新账的“资金结存——货币资金”科目借方。

（五）“经营结余”科目。

新制度设置了“经营结余”科目。在新旧制度转换时，无需对“经营结余”科目进行新账年初余额登记。

（六）“其他结余”“非财政拨款结余分配”科目。

新制度设置了“其他结余”和“非财政拨款结余分配”科目。由于这两个科目年初无余额，在新旧制度转换时，基层医疗卫生机构无需对“其他结余”和“非财政拨款结余分配”科目进行新账年初余额登记。

（七）预算收入类、预算支出类会计科目。

由于预算收入类、预算支出类会计科目年初无余额，在新旧制度转换时，基层医疗卫生机构无需对预算收入类、预算支出类会计科目进行新账年初余额登记。

基层医疗卫生机构自 2019 年 1 月 1 日起，应当按照新制度设置预算收入类、预算支出类科目并进行账务处理。

基层医疗卫生机构存在 2018 年 12 月 31 日前需要按照新制度预算会计核算基础调整预算会计科目期初余额的其他事项的，应当比照本规定调整新账的相应预算会计科目期初余额。

基层医疗卫生机构对预算会计科目的期初余额登记和调整，应当编制记账凭证，并将期初余额登记和调整的依据作为原始凭证。

四、财务报表和预算会计报表的新旧衔接

（一）编制 2019 年 1 月 1 日资产负债表。

基层医疗卫生机构应当根据 2019 年 1 月 1 日新账的财务会计科目余额，按照新制度及补充规定编制 2019 年 1 月 1 日资产负债表（仅要求填列各项目“年初余额”）。

（二）2019 年度财务报表和预算会计报表的编制。

基层医疗卫生机构应当按照新制度及补充规定编制 2019 年财务报表和预算会计报表。在编制 2019 年度收入费用表、医疗及公共卫生收入费用明细表、净资产变动表、现金流量表和预算收入支出表、预算结转结余变动表时，不要求填列上年比较数。

基层医疗卫生机构应当根据 2019 年 1 月 1 日新账财务会计科目余额，填列 2019 年净资产变动表各项目的“上年年末余额”；根据 2019 年 1 月 1 日新

账预算会计科目余额，填列2019年预算结转结余变动表的“年初预算结转结余”项目和财政拨款预算收入支出表的“年初财政拨款结转结余”项目。

五、其他事项

（一）截至2018年12月31日尚未进行基建“并账”的基层医疗卫生机构，应当首先参照《新旧事业单位会计制度有关衔接问题的处理规定》（财会〔2013〕2号），将基建账套相关数据并入2018年12月31日原账中的相关科目余额，再按照本规定将2018年12月31日原账相关会计科目余额转入新账相应科目。

（二）2019年1月1日前执行新制度及补充规定的基层医疗卫生机构，应当按照本规定做好新旧制度衔接工作。

附表1：

基层医疗卫生机构原会计科目余额明细表一

总账科目	明细分类	金额	备注
库存现金	库存现金		
	其中：受托代理现金		
银行存款	银行存款		
	其中：受托代理银行存款		
其他应收款	预付账款		按照合同规定预先支付的款项（包括定金）
	在途物品		已经付款，尚未收到物资
	待处理财产损溢		
	其他		
库存物资	受托代理资产		
	加工存货		
	工程物资		
	其他		
在建工程	在建工程		
	工程物资		
	预付工程款等		

续表

总账科目	明细分类	金额	备注
借入款	短期借款		
	长期借款		
应交税费	应交增值税		
	其他应交税费		
应付账款	应付账款		
	长期应付款		
其他应付款	长期应付款		
	应付利息		
	受托代理负债		
	其他		
财政补助结转（余）	公共卫生活动形成结转（余）		
	科教项目形成结转（余）		
	其他		
其他限定性用途结转（余）	公共卫生活动形成结转（余）		
	科教项目形成结转（余）		
	其他		

附表2：

基层医疗卫生机构原会计科目余额明细表二

总账科目	明细分类	金额	备注
其他应收款	预付款项		如预付账款、职工预借的差旅费等
	其中：财政补助资金预付		
	非财政补助专项资金预付		
	非财政补助非专项资金预付		
	需要收回及其他		如支付的押金、应收为职工垫付的款项等

续表

<table>
<tr><th>总账科目</th><th>明细分类</th><th>金额</th><th>备注</th></tr>
<tr><td rowspan="5">库存物资（扣除属于受托代理资产的物资）</td><td>购入库存物资</td><td></td><td></td></tr>
<tr><td>其中：使用财政补助资金购入</td><td></td><td></td></tr>
<tr><td>使用非财政补助专项资金购入</td><td></td><td></td></tr>
<tr><td>使用非财政补助非专项资金购入</td><td></td><td></td></tr>
<tr><td>非购入库存物资</td><td></td><td>如接受捐赠的物资等</td></tr>
<tr><td rowspan="5">应付账款</td><td>发生时不计入支出</td><td></td><td></td></tr>
<tr><td>发生时计入支出</td><td></td><td></td></tr>
<tr><td>其中：财政补助资金应付</td><td></td><td></td></tr>
<tr><td>非财政补助专项资金应付</td><td></td><td></td></tr>
<tr><td>非财政补助非专项资金应付</td><td></td><td></td></tr>
<tr><td rowspan="3">专用基金</td><td>从非财政补助结余分配中提取</td><td></td><td></td></tr>
<tr><td>从收入中列支提取</td><td></td><td></td></tr>
<tr><td>其他</td><td></td><td></td></tr>
</table>

附表 3：

基层医疗卫生机构新旧会计制度转账、登记新账科目对照表

<table>
<tr><th rowspan="2">序号</th><th colspan="2">新制度科目</th><th colspan="2">原制度科目</th></tr>
<tr><th>编号</th><th>名称</th><th>编号</th><th>名称</th></tr>
<tr><td colspan="5">一、资产类</td></tr>
<tr><td>1</td><td>1001</td><td>库存现金</td><td>101</td><td>库存现金</td></tr>
<tr><td>2</td><td>1002</td><td>银行存款</td><td>102</td><td>银行存款</td></tr>
<tr><td>3</td><td>1011</td><td>零余额账户用款额度</td><td>103</td><td>零余额账户用款额度</td></tr>
<tr><td>4</td><td>1021</td><td>其他货币资金</td><td>104</td><td>其他货币资金</td></tr>
<tr><td>5</td><td>1201</td><td>财政应返还额度</td><td>111</td><td>财政应返还额度</td></tr>
<tr><td>6</td><td>1212</td><td>应收账款</td><td>112</td><td>应收医疗款</td></tr>
<tr><td>7</td><td>1218</td><td>其他应收款</td><td rowspan="4">114</td><td rowspan="4">其他应收款</td></tr>
<tr><td>8</td><td>1301</td><td>在途物品</td></tr>
<tr><td>9</td><td>1214</td><td>预付账款</td></tr>
<tr><td>10</td><td>1902</td><td>待处理财产损溢</td></tr>
</table>

续表

<table>
<tr><th rowspan="2">序号</th><th colspan="2">新制度科目</th><th colspan="2">原制度科目</th></tr>
<tr><th>编号</th><th>名称</th><th>编号</th><th>名称</th></tr>
<tr><td colspan="5">一、资产类</td></tr>
<tr><td>11</td><td>1302</td><td>库存物品</td><td rowspan="4">121</td><td rowspan="4">库存物资</td></tr>
<tr><td>12</td><td>1303</td><td>加工物品</td></tr>
<tr><td>13</td><td>1611</td><td>工程物资</td></tr>
<tr><td>14</td><td>1891</td><td>受托代理资产</td></tr>
<tr><td>15</td><td>1601</td><td>固定资产</td><td>131</td><td>固定资产</td></tr>
<tr><td>16</td><td>1613</td><td>在建工程</td><td rowspan="3">133</td><td rowspan="3">在建工程</td></tr>
<tr><td>17</td><td>1611</td><td>工程物资</td></tr>
<tr><td>18</td><td>1214</td><td>预付账款</td></tr>
<tr><td>19</td><td>1701</td><td>无形资产</td><td>141</td><td>无形资产</td></tr>
<tr><td colspan="5">二、负债类</td></tr>
<tr><td>20</td><td>2001</td><td>短期借款</td><td rowspan="2">201</td><td rowspan="2">借入款</td></tr>
<tr><td>21</td><td>2501</td><td>长期借款</td></tr>
<tr><td>22</td><td>2308</td><td>待结算医疗款</td><td>202</td><td>待结算医疗款</td></tr>
<tr><td>23</td><td>2103</td><td>应缴财政款</td><td>203</td><td>应缴款项</td></tr>
<tr><td>24</td><td>2302</td><td>应付账款</td><td rowspan="2">206</td><td rowspan="2">应付账款</td></tr>
<tr><td>25</td><td>2502</td><td>长期应付款</td></tr>
<tr><td>26</td><td>2305</td><td>预收账款</td><td>207</td><td>预收医疗款</td></tr>
<tr><td rowspan="2">27</td><td rowspan="2">2201</td><td rowspan="2">应付职工薪酬</td><td>208</td><td>应付职工薪酬</td></tr>
<tr><td>210</td><td>应付社会保障费</td></tr>
<tr><td>28</td><td>2101</td><td>应交增值税</td><td rowspan="2">211</td><td rowspan="2">应交税费</td></tr>
<tr><td>29</td><td>2102</td><td>其他应交税费</td></tr>
<tr><td>30</td><td>2307</td><td>其他应付款</td><td rowspan="4">221</td><td rowspan="4">其他应付款</td></tr>
<tr><td>31</td><td>2304</td><td>应付利息</td></tr>
<tr><td>32</td><td>2502</td><td>长期应付款</td></tr>
<tr><td>33</td><td>2901</td><td>受托代理负债</td></tr>
</table>

续表

<table>
<tr><th rowspan="2">序号</th><th colspan="2">新制度科目</th><th colspan="2">原制度科目</th></tr>
<tr><th>编号</th><th>名称</th><th>编号</th><th>名称</th></tr>
<tr><td colspan="5">三、净资产类</td></tr>
<tr><td rowspan="5">34</td><td rowspan="5">3001</td><td rowspan="5">累计盈余</td><td>301</td><td>固定基金</td></tr>
<tr><td>302</td><td>事业基金</td></tr>
<tr><td>305</td><td>财政补助结转（余）</td></tr>
<tr><td>306</td><td>其他限定用途结转（余）</td></tr>
<tr><td>308</td><td>结余分配——待分配结余</td></tr>
<tr><td>35</td><td>3101</td><td>专用基金</td><td>303</td><td>专用基金</td></tr>
<tr><td colspan="5">四、预算结余类</td></tr>
<tr><td>36</td><td>8101</td><td>财政拨款结转</td><td rowspan="2">305</td><td rowspan="2">财政补助结转（余）</td></tr>
<tr><td>37</td><td>8102</td><td>财政拨款结余</td></tr>
<tr><td>38</td><td>8201</td><td>非财政拨款结转</td><td>306</td><td>其他限定用途结转（余）</td></tr>
<tr><td rowspan="2">39</td><td rowspan="2">8202</td><td rowspan="2">非财政拨款结余</td><td>302</td><td>事业基金</td></tr>
<tr><td>308</td><td>结余分配——待分配结余（借方）</td></tr>
<tr><td>40</td><td>8301</td><td>专用结余</td><td>303</td><td>专用基金</td></tr>
<tr><td rowspan="5">41</td><td rowspan="5">8001</td><td rowspan="5">资金结存（借方）</td><td>305</td><td>财政补助结转（余）</td></tr>
<tr><td>306</td><td>其他限定用途结转（余）</td></tr>
<tr><td>302</td><td>事业基金</td></tr>
<tr><td>303</td><td>专用基金</td></tr>
<tr><td>308</td><td>结余分配——待分配结余（借方）</td></tr>
</table>

关于彩票机构执行《政府会计制度——行政事业单位会计科目和报表》的补充规定

财会〔2018〕26号　2018年8月31日

根据《政府会计准则——基本准则》，结合行业实际情况，现就彩票发行机构和彩票销售机构（以下简称彩票机构）执行《政府会计制度——行政事业单位会计科目和报表》（以下简称新制度）作出如下补充规定。

一、关于新增一级科目及其使用说明

（一）彩票机构应当增设“2308 彩票销售结算”“2309 应付返奖奖金”“2310 应付代销费”一级科目。

（二）关于增设科目的使用说明。

2308　彩票销售结算

1. 本科目核算彩票机构彩票销售资金的归集和分配情况。

2. 本科目应当按照彩票品种及游戏名称、彩票发行销售方式进行明细核算。

3. 彩票销售结算的主要账务处理如下：

（1）彩票机构实现彩票销售时，按照彩票销售结算的金额，借记“预收账款”等科目，贷记本科目。

（2）期末彩票机构分配彩票销售资金时，按照分配的彩票销售资金的金额，借记本科目，按照分配的彩票公益金、彩票机构业务费等金额，贷记“应缴财政款”科目，按照分配的应付返奖奖金的金额，贷记“应付返奖奖金”科目，按照分配的代销费金额，贷记“应付代销费”科目。

4. 本科目期末应无余额。

2309 应付返奖奖金

1. 本科目核算彩票机构按照彩票游戏规则确定的比例从彩票销售额中提取，用于支付给中奖者的资金，包括当期返奖奖金、奖池、调节基金和一般调节基金。

2. 本科目应当按照“当期返奖奖金”“奖池”“调节基金”“一般调节基金”设置明细科目。在“当期返奖奖金”“奖池”“调节基金”明细科目下，按照彩票品种及游戏名称设置明细科目进行明细核算。

当期返奖奖金是指按照彩票游戏规则确定的比例在当期彩票奖金中提取并用于支付给中奖者的奖金。

奖池是指彩票游戏提取奖金与实际中出奖金的累积资金差额。

调节基金是指按照彩票销售额的一定比例提取的资金、逾期未退票的票款和浮动奖取整后的余额。调节基金应当专项用于支付各种不可预见的奖金风险支出或开展派奖。

停止销售的彩票游戏兑奖期结束后，奖池资金和调节基金有结余的，转为一般调节基金，用于不可预见情况下的奖金风险支出或开展派奖。

3. 应付返奖奖金的主要账务处理如下：

（1）当期返奖奖金。

①提取当期返奖奖金时，按照彩票资金分配比例计算确定的当期返奖奖金金额，借记“彩票销售结算”科目，贷记本科目（当期返奖奖金——××游戏）。

②兑付中奖者奖金时，按照实际兑付金额，借记本科目（当期返奖奖金——××游戏），贷记“银行存款”“其他应交税费”“预收账款——预收彩票销售款”［通过彩票代销者兑奖］等科目。

③逾期未兑付的弃奖奖金转入彩票公益金时，按照实际转出的金额，借记本科目（当期返奖奖金——××游戏），贷记“应缴财政款”科目。

④彩票机构之间因联网游戏奖金结算产生的应收款项，按照实际发生的金额，借记“应收账款——应收彩票联网游戏结算款”科目，贷记本科目（当期返奖奖金——××游戏）；产生的应付款项，按照实际发生的金额，借记本科目（当期返奖奖金——××游戏），贷记“应付账款——应付彩票联网游戏结算款”科目。

（2）奖池。

①彩票游戏设置奖池的，兑付当期返奖奖金后，按照提取的当期返奖奖金与当期实际中出奖金的差额，借记或贷记本科目（当期返奖奖金——××游戏），贷记或借记本科目（奖池——××游戏）。

②使用奖池资金兑付中奖者奖金时，按照实际兑付金额，借记本科目（奖池——××游戏），贷记“银行存款”等科目。

（3）调节基金。

①彩票游戏设置调节基金的，在提取调节基金时，按照彩票资金分配比例计算确定的调节基金金额，借记“彩票销售结算”科目，贷记本科目（调节基金——××游戏）。

②彩票游戏设置奖池的，奖池资金达到一定额度后，按照彩票游戏规则中规定将超过部分转入该彩票游戏的调节基金时，按照实际转出的金额，借记本科目（奖池——××游戏），贷记本科目（调节基金——××游戏）。

③使用调节基金支付各种不可预见的奖金风险支出和开展派奖时，按照实际支出的金额，借记本科目（调节基金——××游戏），贷记“银行存款”等科目。

④使用调节基金弥补奖池资金时，按照实际弥补奖池资金的金额，借记本科目（调节基金——××游戏），贷记本科目（奖池——××游戏）。

（4）一般调节基金。

①停止销售的彩票游戏兑奖期结束后，奖池资金和调节基金有结余的，转入一般调节基金时，按照实际转出的金额，借记本科目（奖池、调节基金——××游戏），贷记本科目（一般调节基金）。

②使用一般调节基金弥补某游戏奖池资金时，按照实际弥补奖池资金的金额，借记本科目（一般调节基金），贷记本科目（奖池——××游戏）。

4. 本科目期末贷方余额，反映彩票机构尚未支付的奖金和调节基金。

2310　应付代销费

1. 本科目核算彩票机构按照彩票代销合同的约定比例从彩票销售额中提取，用于支付给彩票代销者的资金。

2. 本科目应当按照彩票代销者和彩票结算方式进行明细核算。

3. 应付代销费的主要账务处理如下：

（1）提取应付代销费时，按合同约定比例计算确定的金额，借记“彩票销售结算”科目，贷记本科目。

（2）实行内扣方式结算应付代销费的，结算彩票代销者代销费时，按照从彩票代销者缴交的彩票销售资金中直接抵扣的资金金额，借记本科目，贷记“预收账款——预收彩票销售款”科目。

（3）不实行内扣方式结算应付代销费的，向彩票代销者支付代销费时，按照实际支付的金额，借记本科目，贷记“银行存款”等科目。

4. 本科目期末贷方余额，反映彩票机构尚未支付给彩票代销者的代销费。

二、关于在新制度一级科目下设置明细科目

（一）彩票机构应当在“1212 应收账款”科目下设置“应收彩票联网游戏结算款”明细科目，用于核算彩票机构与其他彩票机构因彩票联网游戏结算发生的应收款项。在“应收彩票联网游戏结算款”明细科目下按照省（自治区、直辖市）、彩票游戏名称等进行明细核算。

（二）彩票机构应当在“1302 库存物品”科目下设置“库存彩票”明细科目，用于核算彩票机构购进的已验收入库彩票的实际成本。

（三）彩票机构应当在“2103 应缴财政款”科目下设置“应缴发行机构业务费”“应缴销售机构业务费”“应缴中央公益金”“应缴地方公益金”等明细科目，用于核算彩票机构应缴国库的彩票机构业务费和彩票公益金等。

（四）彩票机构应当在“2302 应付账款”科目下设置“应付彩票联网游戏结算款”明细科目，用于核算彩票机构与其他彩票机构因彩票联网游戏结算发生的应付款项。在“应付彩票联网游戏结算款”明细科目下按照省（自治区、直辖市）、彩票游戏名称等进行明细核算。

（五）彩票机构应当在“2305 预收账款”科目下设置“预收彩票销售款”明细科目，用于核算彩票机构预收彩票代销者预存的彩票销售款。

（六）彩票机构应当在“2307 其他应付款”科目下设置“彩票投注设备押金”明细科目，用于核算彩票机构收取彩票代销者交付的彩票投注设备押金。

（七）彩票机构应当在“3101 专用基金”科目下设置“彩票兑奖周转金”明细科目，用于核算财政部门累计拨入结存的彩票兑奖周转金。

三、关于报表及编制说明

彩票机构除按新制度编制财务报表和预算会计报表外，还应按照本规定编制返奖奖金变动明细表和彩票资金分配明细表。

（一）资产负债表。

1. 新增项目。

彩票机构应当在资产负债表的流动负债部分“应付职工薪酬”与“应付票据”项目之间增加“应付返奖奖金”“应付代销费”项目。

2. 新增项目的填列方法。

（1）“应付返奖奖金”项目，反映彩票机构应返还给中奖者的奖金。本项目应当根据“应付返奖奖金”科目的期末余额填列。

（2）“应付代销费”项目，反映彩票机构按彩票代销合同的约定比例从彩票销售额中提取，用于支付给彩票代销者的资金。本项目应当根据“应付代销费”科目的期末余额填列。

（二）返奖奖金变动明细表。

1. 本表反映彩票机构在某一会计年度内返奖奖金的兑付情况，格式详见附表1。

2. 返奖奖金变动明细表的填列方法。

本表中“年初余额”“本年增加数”“本年减少数”“年末余额”“调节基金”“奖池”和“一般调节基金”各项目，应当根据“应付返奖奖金”科目各明细科目中的相关信息分析填列。

（三）彩票资金分配明细表。

1. 本表反映彩票机构在某一会计年度内彩票资金的分配情况，格式详见附表2。

2. 彩票资金分配明细表的填列方法。

本表中“彩票销售额”“彩票返奖奖金”“彩票公益金”“彩票业务费”和“彩票代销费”各栏，以及各栏的明细栏内各项数字，应当根据“彩票销售结算”“应缴财政款”“应付返奖奖金”“应付代销费”等科目的明细科目中的相关信息分析填列。

四、关于库存彩票的账务处理

（一）彩票机构购入的彩票验收入库时，按照发生的彩票印制费等确定的成本，借记“库存物品——库存彩票”科目，贷记“应付账款”“零余额账户用款额度”“银行存款”等科目。

（二）彩票机构发出库存彩票时，按照确定的发出彩票的实际成本，借记“业务活动费用”科目，贷记“库存物品——库存彩票”科目。

（三）发生彩票退回时，借记“库存物品——库存彩票”科目，贷记“业务活动费用”科目［退回本年发出的库存彩票］或“以前年度盈余调整”科目［退回以前年度发出的库存彩票］。

（四）对于盘盈、盘亏及毁损、报废的库存彩票，彩票机构应当及时查明原因，按照规定报经批准后进行账务处理。

1. 库存彩票盘盈时，按照同类库存彩票的入账成本确认入账价值，借记“库存物品——库存彩票”科目，贷记“待处理财产损溢”科目；库存彩票盘亏或毁损、报废时，按照待处置库存彩票的账面价值，借记“待处理财产损溢——待处理财产价值”科目，贷记“库存物品——库存彩票”科目。

2. 报经批准予以处理盘盈的库存彩票时，按照待处理的库存彩票价值，借记“待处理财产损溢”科目，贷记“单位管理费用”科目。

3. 报经批准予以处理盘亏或损毁、报废的库存彩票时，按照待处置库存彩票的账面价值，借记“资产处置费用”科目，贷记“待处理财产损溢——待处理财产价值”科目。

处置毁损、报废库存彩票过程中所取得的收入、发生的相关费用，以及处置收入扣除相关费用后的净收入的账务处理，参见新制度“待处理财产损溢”科目。

五、关于预收彩票销售款的账务处理

（一）彩票机构收到彩票代销者预存的销售款时，按照实际收到的金额，借记“银行存款”等科目，贷记“预收账款——预收彩票销售款”科目。

（二）彩票机构实现彩票销售时，按照冲销预收彩票销售款的金额，借记“预收账款——预收彩票销售款”科目，贷记“彩票销售结算”科目。

（三）彩票代销者兑付中奖者奖金时，彩票机构按照实际兑付金额，借记“应付返奖奖金——当期返奖奖金——××游戏”科目，贷记“预收账款——预收彩票销售款”等科目。

（四）实行内扣方式结算应付代销费的，结算彩票代销者代销费时，彩票机构按照从彩票代销者缴交的彩票销售资金中直接抵扣的资金金额，借记“应付代销费”科目，贷记“预收账款——预收彩票销售款”科目。

六、关于彩票投注设备押金的账务处理

（一）彩票机构收取彩票代销者交付的彩票投注设备押金时，按照实际收到的金额，借记“银行存款”等科目，贷记“其他应付款——彩票投注设备押金”科目。

（二）彩票机构向彩票代销者退回彩票投注设备押金时，按照实际支付的金额，借记“其他应付款——彩票投注设备押金”科目，贷记“银行存款”等科目。

七、关于彩票兑奖周转金的账务处理

（一）彩票机构取得财政部门拨付的彩票兑奖周转金时，按照财政授权支付额度到账通知书中的授权支付额度，借记“零余额账户用款额度”科目，贷记“财政拨款收入——政府性基金预算财政拨款”科目；同时，按照相同的金额，借记“资金结存——零余额账户用款额度”科目，贷记“财政拨款预算收入”科目。

（二）报经批准将彩票兑奖周转金从零余额账户转入彩票机构的银行存款账户时，按照实际转入的金额，借记“银行存款”科目，贷记“零余额账户用款额度”科目；同时，按照相同的金额，借记“资金结存——货币资金”科目，贷记“资金结存——零余额账户用款额度”科目。

（三）按规定提取专用基金时，按照提取的金额，借记“业务活动费用”科目，贷记“专用基金——彩票兑奖周转金”科目；同时，按照相同的金额，借记“事业支出”科目，贷记“资金结存——货币资金”科目。

八、生效日期

本规定自2019年1月1日起施行。

附表 1：

返奖奖金变动明细表

会政财 01 表附表 01

编制单位：______ ____年度 单位：元

项目	行次	传统型	即开型	数字型	乐透型	竞猜型	视频型	基诺型	一般调节基金	合计
一、年初余额	1									
其中：调节基金	2								—	
奖池	3								—	
二、本年增加数	4									
其中：调节基金	5								—	
奖池	6								—	
三、本年减少数	7									
其中：调节基金	8								—	
奖池	9								—	
四、年末余额	10									
其中：调节基金	11								—	
奖池	12								—	

附表 2：

彩票资金分配明细表

会政财 01 表附表 02

编制单位：______　　　　____年度　　　　单位：元

序号	彩票品种	彩票游戏	彩票销售额	彩票返奖奖金					彩票公益金				彩票业务费				彩票代销费
				计提比例（%）	计提金额			中奖金额	计提比例（%）	计提金额	弃奖奖金转入额	实际上缴额	发行机构	省级销售机构	省级以下	小计	
					奖金	调节基金	小计										
			①				②			③						④	⑤
1	传统型																
2	即开型																
3	数字型																
4	乐透型																
5	竞猜型																
6	视频型																
7	基诺型																
8	其他																
9	合计																

说明：

（1）本表中“彩票销售额”① = “彩票返奖奖金——计提金额——小计”② + “彩票公益金——计提金额”③ + “彩票业务费——小计”④ + “彩票代销费”⑤；

（2）各彩票品种及游戏返奖奖金和公益金提取比例不同的应分栏填写。

关于彩票机构执行《政府会计制度——行政事业单位会计科目和报表》的衔接规定

财会〔2018〕26号　2018年8月31日

我部于2017年10月24日印发了《政府会计制度——行政事业单位会计科目和报表》（财会〔2017〕25号，以下简称新制度）。目前执行《彩票机构会计制度》（财会〔2013〕23号，以下简称原制度）的彩票发行机构和彩票销售机构（以下简称彩票机构），自2019年1月1日起执行新制度，不再执行原制度。为了确保新旧会计制度顺利过渡，现对彩票机构执行新制度及《关于彩票机构执行〈政府会计制度——行政事业单位会计科目和报表〉的补充规定》（以下简称补充规定）的有关衔接问题规定如下。

一、新旧制度衔接总要求

（一）自2019年1月1日起，彩票机构应当严格按照新制度及补充规定进行会计核算、编制财务报表和预算会计报表。

（二）彩票机构应当按照本规定做好新旧制度衔接的相关工作，主要包括以下几个方面：

1. 根据原账编制2018年12月31日的科目余额表，并按照本规定要求，编制原账的部分科目余额明细表（参见附表1、附表2）。

2. 按照新制度及补充规定设立2019年1月1日的新账。

3. 按照本规定要求，登记新账的财务会计科目余额和预算结余科目余额，包括将原账科目余额转入新账财务会计科目、按照原账科目余额登记新账预算结余会计科目（彩票机构新旧会计制度转账、登记新账科目对照表见附表3），将未入账事项登记新账科目，并对相关新账科目余额进行调整。原账科目是指按照原制度规定设置的会计科目。

4. 按照登记及调整后新账的各会计科目余额，编制2019年1月1日的科目余额表，作为新账各会计科目的期初余额。

5. 根据新账各会计科目期初余额，按照新制度及补充规定编制2019年1月1日资产负债表。

（三）及时调整会计信息系统。彩票机构应当按照新制度及补充规定要求对原有会计信息系统进行及时更新和调试，实现数据正确转换，确保新旧账套的有序衔接。

二、财务会计科目的新旧衔接

（一）将2018年12月31日原账会计科目余额转入新账财务会计科目。

1. 资产类。

（1）"库存现金""短期投资""应收票据""应收账款""预付账款""固定资产""无形资产"科目。

新制度设置了"库存现金""短期投资""应收票据""应收账款""预付账款""固定资产""无形资产"科目，其核算内容与原账的上述相应科目的核算内容基本相同。转账时，彩票机构应当将原账的上述科目余额直接转入新账的相应科目。其中，还应当将原账的"库存现金"科目余额中属于新制度规定受托代理资产的金额，转入新账"库存现金"科目下的"受托代理资产"明细科目。

（2）"银行存款"科目。

新制度设置了"银行存款"和"其他货币资金"科目，原制度设置了"银行存款"科目。转账时，彩票机构应当将原账"银行存款"科目中核算的属于新制度规定的其他货币资金的金额，转入新账"其他货币资金"科目；将原账"银行存款"科目余额减去其中属于其他货币资金余额后的差额，转入新账的"银行存款"科目。其中，还应当将原账的"银行存款"科目余额中属于新制度规定受托代理资产的金额，转入新账"银行存款"科目下的"受托代理资产"明细科目。

（3）"其他应收款"科目。

新制度设置了"其他应收款"科目，该科目的核算内容与原账"其他应收款"科目的核算内容基本相同。转账时，彩票机构应当将原账的"其他应收款”科目余额，转入新账的“其他应收款”科目。

新制度设置了“在途物品”科目，彩票机构在原账“其他应收款”科目中核算了已经付款或开出商业汇票、尚未收到物资的，应当将原账的“其他应收款”科目余额中已经付款或开出商业汇票、尚未收到物资的金额，转入新账的“在途物品”科目。

（4）“库存材料”“库存彩票”科目。

新制度设置了“库存物品”科目，原制度设置了“库存材料”“库存彩票”科目。转账时，彩票机构应当将原账的“库存材料”“库存彩票”科目余额转入新账的“库存物品”科目及其明细科目。

（5）“长期投资”科目。

新制度设置了“长期股权投资”和“长期债券投资”科目，原制度设置了“长期投资”科目。转账时，彩票机构应当将原账的“长期投资”科目余额中属于股权投资的金额，转入新账的“长期股权投资”科目及其明细科目；将原账的“长期投资”科目余额中属于债券投资的金额，转入新账的“长期债券投资”科目及其明细科目。

（6）“累计折旧”科目。

新制度设置了“固定资产累计折旧”科目，该科目的核算内容与原账“累计折旧”科目的核算内容基本相同。彩票机构已经计提了固定资产折旧并记入“累计折旧”科目的，转账时，应当将原账的“累计折旧”科目余额，转入新账的“固定资产累计折旧”科目。

（7）“在建工程”科目。

新制度设置了“在建工程”和“预付账款——预付备料款、预付工程款”科目，原制度设置了“在建工程”科目。转账时，彩票机构应当将原账的“在建工程”科目余额（基建“并账”后的金额，下同）中属于预付备料款、预付工程款的金额，转入新账“预付账款”科目相关明细科目；将原账的“在建工程”科目余额减去预付备料款、预付工程款金额后的差额，转入新账的“在建工程”科目。

彩票机构在原账“在建工程”科目中核算了按照新制度规定应当记入“工程物资”科目内容的，应当将原账“在建工程”科目余额中属于工程物资的金额，转入新账的“工程物资”科目。

（8）“累计摊销”科目。

新制度设置了“无形资产累计摊销”科目，该科目的核算内容与原账

“累计摊销”科目的核算内容基本相同。彩票机构已经计提了无形资产摊销的，转账时，应当将原账的“累计摊销”科目余额，转入新账的“无形资产累计摊销”科目。

(9)“待处置资产损溢”科目。

新制度设置了“待处理财产损溢”科目，该科目的核算内容与原账“待处置资产损溢”科目的核算内容基本相同。转账时，彩票机构应当将原账的“待处置资产损溢”科目余额，转入新账的“待处理财产损溢”科目。

(10)“零余额账户用款额度”科目。

由于原账的“零余额账户用款额度”科目年末无余额，该科目无需进行转账处理。

2. 负债类。

(1)“短期借款”“应付职工薪酬”“应付票据”“应付账款”“预收账款”“应付返奖奖金”“应付代销费”“长期借款”“长期应付款”科目。

新制度及补充规定设置了“短期借款”“应付职工薪酬”“应付票据”“应付账款”“预收账款”“应付返奖奖金”“应付代销费”“长期借款”“长期应付款”科目，这些科目的核算内容与原账的上述相应科目的核算内容基本相同。转账时，彩票机构应当将原账的上述科目余额直接转入新账的相应科目。

(2)“应缴税费”科目。

新制度设置了“应交增值税”和“其他应交税费”科目，原制度设置了“应缴税费”科目。转账时，彩票机构应当将原账的“应缴税费——应缴增值税”科目余额，转入新账“应交增值税”科目中的相关明细科目；将原账的“应缴税费”科目余额减去属于应缴增值税余额后的差额，转入新账的“其他应交税费”科目。

(3)“应缴国库款”“应缴财政专户款”科目。

新制度设置了“应缴财政款”科目，原制度设置了“应缴国库款”“应缴财政专户款”科目。转账时，彩票机构应当将原账的“应缴国库款”“应缴财政专户款”科目余额，转入新账的“应缴财政款”科目。

(4)“其他应付款”科目。

新制度设置了“其他应付款”科目，该科目的核算内容与原账“其他应付款”科目的核算内容基本相同。转账时，彩票机构应当将原账的“其他应付款”科目余额，转入新账的“其他应付款”科目。其中，彩票机构在原账的“其他应付款”科目中核算了属于新制度规定的受托代理负债的，应当将原账的“其他应付款”科目余额中属于受托代理负债的余额，转入新账的“受托代理负债”科目。

（5）“彩票销售结算”科目。

由于原账的“彩票销售结算”科目年末无余额，该科目无需进行转账处理。

3. 净资产类。

（1）“事业基金”科目。

新制度设置了“累计盈余”科目，该科目的核算内容包含了原账“事业基金”科目的核算内容。转账时，彩票机构应当将原账的“事业基金”科目余额转入新账的“累计盈余”科目。

（2）“库存彩票基金”“非流动资产基金”科目。

依据新制度，无需对原制度中“库存彩票基金”“非流动资产基金”科目对应内容进行核算。转账时，彩票机构应当将原账的“库存彩票基金”“非流动资产基金”科目余额转入新账的“累计盈余”科目。

（3）“专用基金”科目。

新制度设置了“专用基金”科目，该科目的核算内容不包括原账“专用基金”科目中彩票发行销售风险基金核算内容。转账时，彩票机构应当将原账的“专用基金”科目余额减去属于彩票发行销售风险基金金额后的差额转入新账的“专用基金”科目，将原账的“专用基金”科目余额中属于彩票发行销售风险基金的金额转入新账的“累计盈余”科目。

（4）“财政专户核拨资金结转”“财政专户核拨资金结余”“非财政专户核拨资金结转”科目。

新制度设置了“累计盈余”科目，该科目的余额包含了原账的“财政专户核拨资金结转”“财政专户核拨资金结余”“非财政专户核拨资金结转”科目的余额内容。转账时，彩票机构应当将原账的“财政专户核拨资金结转”“财政专户核拨资金结余”“非财政专户核拨资金结转”科目余额，转入新账的“累计盈余”科目。

（5）“经营结余”科目。

新制度设置了“本期盈余”科目，该科目的核算内容包含了原账“经营结余”科目的核算内容。新制度规定“本期盈余”科目余额最终转入“累计盈余”科目，如果原账的“经营结余”科目有借方余额，转账时，彩票机构应当将原账的“经营结余”科目借方余额转入新账的“累计盈余”科目借方。

（6）“待分配事业结余”“非财政专户核拨资金结余分配”科目。

由于原账的“待分配事业结余”“非财政专户核拨资金结余分配”科目年末无余额，这两个科目无需进行转账处理。

4. 收入类、支出类。

由于原账中收入类、支出类科目年末无余额，无需进行转账处理。自2019年1月1日起，彩票机构应当按照新制度设置收入类、费用类科目并进行账务处理。

彩票机构存在其他本规定未列举的原账科目余额的，应当比照本规定转入新账的相应科目。新账的科目设有明细科目的，应将原账中对应科目的余额加以分析，分别转入新账中相应科目的相关明细科目。

彩票机构在进行新旧衔接的转账时，应当编制转账的工作分录，作为转账的工作底稿，并将转入新账的对应原科目余额及分拆原科目余额的依据作为原始凭证。

（二）将原未入账事项登记新账财务会计科目。

1. 应收账款、应收股利、在途物品。

彩票机构在新旧制度转换时，应当将2018年12月31日前未入账的应收账款、应收股利、在途物品按照新制度规定记入新账。登记新账时，按照确定的入账金额，分别借记“应收账款”“应收股利”“在途物品”科目，贷记“累计盈余”科目。

2. 受托代理资产。

彩票机构在新旧制度转换时，应当将2018年12月31日前未入账的受托代理资产按照新制度规定记入新账。登记新账时，按照确定的受托代理资产入账成本，借记“受托代理资产”科目，贷记“受托代理负债”科目。

3. 盘盈资产。

彩票机构在新旧制度转换时，应当将2018年12月31日前未入账的盘盈资产按照新制度规定记入新账。登记新账时，按照确定的盘盈资产及其成本，分别借记有关资产科目，按照盘盈资产成本的合计金额，贷记“累计盈余”科目。

4. 预计负债。

彩票机构在新旧制度转换时，应当将2018年12月31日按照新制度规定确认的预计负债记入新账。登记新账时，按照确定的预计负债金额，借记

"累计盈余"科目，贷记"预计负债"科目。

5. 应付质量保证金。

彩票机构在新旧制度转换时，应当将 2018 年 12 月 31 日前未入账的应付质量保证金按照新制度规定记入新账。登记新账时，按照确定未入账的应付质量保证金金额，借记"累计盈余"科目，贷记"其他应付款"科目［扣留期在 1 年以内（含 1 年）］、"长期应付款"科目［扣留期超过 1 年］。

彩票机构存在 2018 年 12 月 31 日前未入账的其他事项的，应当比照本规定登记新账的相应科目。

彩票机构对新账的财务会计科目补记未入账事项时，应当编制记账凭证，并将补充登记事项的确认依据作为原始凭证。

（三）对新账的相关财务会计科目余额按照新制度规定的会计核算基础进行调整。

1. 计提坏账准备。

新制度要求对单位收回后无需上缴财政的应收账款和其他应收款提取坏账准备。在新旧制度转换时，彩票机构应当按照 2018 年 12 月 31 日无需上缴财政的应收账款和其他应收款的余额计算应计提的坏账准备金额，借记"累计盈余"科目，贷记"坏账准备"科目。

2. 按照权益法调整长期股权投资账面余额。

对按照新制度规定应当采用权益法核算的长期股权投资，在新旧制度转换时，彩票机构应当在"长期股权投资"科目下设置"新旧制度转换调整"明细科目，依据被投资单位 2018 年 12 月 31 日财务报表的所有者权益账面余额，以及彩票机构持有被投资单位的股权比例，计算应享有或应分担的被投资单位所有者权益的份额，调整长期股权投资的账面余额，借记或贷记"长期股权投资——新旧制度转换调整"科目，贷记或借记"累计盈余"科目。

3. 确认长期债券投资期末应收利息。

彩票机构应当按照新制度规定于 2019 年 1 月 1 日补记长期债券投资应收利息，按照长期债券投资的应收利息金额，借记"长期债券投资"科目［到期一次还本付息］或"应收利息"科目［分期付息、到期还本］，贷记"累计盈余"科目。

4. 补提折旧。

彩票机构在原账中尚未计提固定资产折旧的，应当全面核查截至 2018 年 12 月 31 日的固定资产的预计使用年限、已使用年限、尚可使用年限等，并于

2019 年 1 月 1 日对尚未计提折旧的固定资产补提折旧，按照应计提的折旧金额，借记“累计盈余”科目，贷记“固定资产累计折旧”科目。

5. 补提摊销。

彩票机构在原账中尚未计提无形资产摊销的，应当全面核查截至 2018 年 12 月 31 日无形资产的预计使用年限、已使用年限、尚可使用年限等，并于 2019 年 1 月 1 日对前期尚未计提摊销的无形资产补提摊销，按照应计提的摊销金额，借记“累计盈余”科目，贷记“无形资产累计摊销”科目。

6. 确认长期借款期末应付利息。

彩票机构应当按照新制度规定于 2019 年 1 月 1 日补记长期借款的应付利息金额，对其中资本化的部分，借记“在建工程”科目，对其中费用化的部分，借记“累计盈余”科目，按照全部长期借款应付利息金额，贷记“长期借款”科目［到期一次还本付息］或“应付利息”科目［分期付息、到期还本］。

彩票机构对新账的财务会计科目期初余额进行调整时，应当编制记账凭证，并将调整事项的确认依据作为原始凭证。

三、预算会计科目的新旧衔接

（一）“财政拨款结转”和“财政拨款结余”科目及对应的“资金结存”科目余额。

新制度设置了“财政拨款结转”“财政拨款结余”科目及对应的“资金结存”科目。在新旧制度转换时，彩票机构应当对原账的“财政专户核拨资金结转”科目余额进行逐项分析，加上各项结转转入的支出中已经计入支出尚未支付财政资金（如发生时列支的应付账款）的金额，减去已经支付财政资金尚未计入支出（如购入的存货、预付账款等）的金额，按照增减后的金额，登记新账的“财政拨款结转”科目及其明细科目贷方；按照原账“财政专户核拨资金结余”科目余额，登记新账的“财政拨款结余”科目及其明细科目贷方。

彩票机构应当按照原账“财政应返还额度”科目余额登记新账的“资金结存——财政应返还额度”科目借方；按照新账的“财政拨款结转”和“财政拨款结余”科目贷方余额合计数，减去新账的“资金结存——财政应返还额度”科目借方余额后的差额，登记新账的“资金结存——货币资金”科目借方。

（二）“非财政拨款结转”科目及对应的“资金结存”科目余额。

新制度设置了“非财政拨款结转”科目及对应的“资金结存”科目。在新旧制度转换时，彩票机构应当对原账的“非财政专户核拨资金结转”科目余额进行逐项分析，加上各项结转转入的支出中已经计入支出尚未支付非财政专户核拨专项资金（如发生时列支的应付账款）的金额，减去已经支付非财政专户核拨专项资金尚未计入支出（如购入的存货、预付账款等）的金额，加上各项结转转入的收入中已经收到非财政专户核拨专项资金尚未计入收入（如预收账款）的金额，减去已经计入收入尚未收到非财政专户核拨专项资金（如应收账款）的金额，按照增减后的金额，登记新账的“非财政拨款结转”科目及其明细科目贷方；同时，按照相同的金额登记新账的“资金结存——货币资金”科目借方。

（三）“专用结余”科目及对应的“资金结存”科目余额。

新制度设置了“专用结余”科目及对应的“资金结存”科目。在新旧制度转换时，彩票机构应当按照原账“专用基金”科目余额中通过非财政专户核拨资金结余分配形成的金额，借记新账的“资金结存——货币资金”科目，贷记新账的“专用结余”科目。

（四）“经营结余”科目。

新制度设置了“经营结余”科目及对应的“资金结存”科目。如果原账的“经营结余”科目期末有借方余额，在新旧制度转换时，彩票机构应当按照原账的“经营结余”科目余额借记新账的“经营结余”科目，贷记新账的“资金结存——货币资金”科目。

（五）“非财政拨款结余”科目及对应的“资金结存”科目余额。

1. 登记“非财政拨款结余”科目余额。

新制度设置了“非财政拨款结余”科目及对应的“资金结存”科目。在新旧制度转换时，彩票机构应当按照原账的“事业基金”科目余额，借记新账的“资金结存——货币资金”科目，贷记新账的“非财政拨款结余”科目。

2. 对新账“非财政拨款结余”科目及“资金结存”科目余额进行调整。

（1）调整短期投资对非财政拨款结余的影响。

彩票机构应当按照原账的“短期投资”科目余额，借记“非财政拨款结余”科目，贷记“资金结存——货币资金”科目。

（2）调整应收票据、应收账款对非财政拨款结余的影响。

彩票机构应当对原账的“应收票据”“应收账款”科目余额除去应收彩票

资金后进行分析，区分其中发生时计入收入的金额和没有计入收入的金额。对发生时计入收入的金额，再区分计入专项资金收入的金额和计入非专项资金收入的金额，按照计入非专项资金收入的金额，借记“非财政拨款结余”科目，贷记“资金结存——货币资金”科目。

（3）调整预付账款对非财政拨款结余的影响。

彩票机构应当对原账的“预付账款”科目余额进行分析，区分其中由财政专户核拨资金预付的金额、非财政专户核拨专项资金预付的金额和非财政专户核拨非专项资金预付的金额，按照非财政专户核拨非专项资金预付的金额借记“非财政拨款结余”科目，贷记“资金结存——货币资金”科目。

（4）调整其他应收款对非财政拨款结余的影响。

在新制度中选择将其他应收款中预付款项列入支出核算的彩票机构，应当对原账的“其他应收款”科目余额进行分析，区分其中预付款项的金额（将来很可能列支）和非预付款项的金额，并对预付款项的金额划分为财政专户核拨资金预付的金额、非财政专户核拨专项资金预付的金额和非财政专户核拨非专项资金预付的金额，按照用非财政专户核拨非专项资金预付的金额，借记“非财政拨款结余”科目，贷记“资金结存——货币资金”科目。

（5）调整库存材料对非财政拨款结余的影响。

彩票机构应当对原账的“库存材料”科目余额进行分析，区分购入的库存材料金额和非购入的库存材料金额。对购入的库存材料金额划分出其中使用财政专户核拨资金购入的金额、使用非财政专户核拨专项资金购入的金额和使用非财政专户核拨非专项资金购入的金额，按照使用非财政专户核拨非专项资金购入的金额借记“非财政拨款结余”科目，贷记“资金结存——货币资金”科目。

（6）调整长期股权投资对非财政拨款结余的影响。

彩票机构应当对原账的“长期投资”科目余额中属于股权投资的余额进行分析，区分其中用现金资产取得的金额和用非现金资产及其他方式取得的金额，按照用现金资产取得的金额借记“非财政拨款结余”科目，贷记“资金结存——货币资金”科目。

按照原制度核算长期投资、而且对应核算“非流动资产基金——长期投资”的，不作此项调整。

（7）调整长期债券投资对非财政拨款结余的影响。

彩票机构应当按照原账的“长期投资”科目余额中属于债券投资的余额，

借记“非财政拨款结余”科目，贷记“资金结存——货币资金”科目。

按照原制度核算长期投资、而且对应核算“非流动资产基金——长期投资”的，不作此项调整。

（8）调整短期借款、长期借款对非财政拨款结余的影响。

彩票机构应当按照原账的“短期借款”“长期借款”科目余额，借记“资金结存——货币资金”科目，贷记“非财政拨款结余”科目。

（9）调整应付票据、应付账款对非财政拨款结余的影响。

彩票机构应当对原账的“应付票据”“应付账款”科目余额扣除应付彩票资金后的余额进行分析，区分其中发生时计入支出的金额和未计入支出的金额。将计入支出的金额划分出财政专户核拨资金应付的金额、非财政专户核拨专项资金应付的金额和非财政专户核拨非专项资金应付的金额，按照非财政专户核拨非专项资金应付的金额借记“资金结存——货币资金”科目，贷记“非财政拨款结余”科目。

（10）调整预收账款对非财政拨款结余的影响。

彩票机构应当按照原账的“预收账款”科目余额中扣除预收彩票资金后的余额进行分析，划分出预收的专项资金和预收的非专项资金，按照预收非专项资金的金额，借记“资金结存——货币资金”科目，贷记“非财政拨款结余”科目。

（11）调整专用基金对非财政拨款结余的影响。

彩票机构应当对原账的“专用基金”科目余额进行分析，划分出按照收入比例列支提取的专用基金，按照列支提取的专用基金的金额，借记“资金结存——货币资金”科目，贷记“非财政拨款结余”科目。

3. 彩票机构按照前述1、2两个步骤难以准确调整出“非财政拨款结余”科目及对应的“资金结存”科目余额的，在新旧制度转换时，可以在新账的“库存现金”“银行存款”“其他货币资金”“财政应返还额度”科目借方余额合计数基础上，对不纳入单位预算管理的资金进行调整（如减去新账中货币资金形式的受托代理资产、应缴财政款、已收取将来需要退回资金的其他应付款等，加上已支付将来需要收回资金的其他应收款等），按照调整后的金额减去新账的“财政拨款结转”“财政拨款结余”“非财政拨款结转”“专用结余”科目贷方余额合计数，加上“经营结余”科目借方余额后的金额，登记新账的“非财政拨款结余”科目贷方；同时，按照相同的金额登记新账的“资金结存——货币资金”科目借方。

（六）“其他结余”和“非财政拨款结余分配”科目。

新制度设置了“其他结余”和“非财政拨款结余分配”科目。由于这两个科目年初无余额，在新旧制度转换时，彩票机构无需对“其他结余”和“非财政拨款结余分配”科目进行新账年初余额登记。

（七）预算收入类、预算支出类会计科目。

由于预算收入类、预算支出类会计科目年初无余额，在新旧制度转换时，彩票机构无需对预算收入类、预算支出类会计科目进行新账年初余额登记。

彩票机构应当自2019年1月1日起，按照新制度设置预算收入类、预算支出类科目并进行账务处理。

彩票机构存在2018年12月31日需要按照新制度预算会计核算基础调整预算会计科目期初余额的其他事项的，应当比照本规定调整新账的相应预算会计科目期初余额。

彩票机构对预算会计科目的期初余额登记和调整，应当编制记账凭证，并将期初余额登记和调整的依据作为原始凭证。

四、财务报表和预算会计报表的新旧衔接

（一）编制2019年1月1日资产负债表。

彩票机构应当根据2019年1月1日新账的财务会计科目余额，按照新制度及补充规定编制2019年1月1日资产负债表（仅要求填列各项目“年初余额”）。

（二）2019年度财务报表和预算会计报表的编制。

彩票机构应当按照新制度及补充规定编制2019年财务报表和预算会计报表。在编制2019年度收入费用表、净资产变动表、现金流量表和预算收入支出表、预算结转结余变动表时，不要求填列上年比较数。

彩票机构应当根据2019年1月1日新账财务会计科目余额，填列2019年净资产变动表各项目的“上年年末余额”；根据2019年1月1日新账预算会计科目余额，填列2019年预算结转结余变动表的“年初预算结转结余”项目和财政拨款预算收入支出表的“年初财政拨款结转结余”项目。

五、其他事项

（一）截至2018年12月31日尚未进行基建“并账”的彩票机构，应当

首先按照《彩票机构新旧会计制度有关衔接问题的处理规定》（财会〔2014〕2号），将基建账套相关数据并入2018年12月31日原账中的相关科目余额，再按照本规定将2018年12月31日原账相关会计科目余额转入新账相应科目。

（二）2019年1月1日前执行新制度及补充规定的彩票机构，应当按照本规定做好新旧制度衔接工作。

附表1：

彩票机构原会计科目余额明细表一

总账科目	明细分类	金额	备注
库存现金	库存现金		
	其中：受托代理现金		
银行存款	银行存款		
	其中：受托代理银行存款		
	其他货币资金		
其他应收款	在途物品		已经付款或已开出商业汇票，尚未收到物资
	其他		
长期投资	长期股权投资		
	长期债券投资		
在建工程	在建工程		
	工程物资		
	预付工程款、预付备料款		
应缴税费	应交增值税		
	其他应交税费		
其他应付款	受托代理负债		
	其他		
专用基金	彩票兑奖周转金		
	彩票发行销售风险基金		
	其他专用基金		

附表2：

彩票机构原会计科目余额明细表二

总账科目	明细分类	金额	备注
应收票据、应收账款（扣除应收彩票资金）	发生时不计入收入		如转让资产的应收票据、应收账款
	发生时计入收入		
	其中：专项收入		
	其他		
预付账款	财政专户核拨资金预付		
	非财政专户核拨专项资金预付		
	非财政专户核拨非专项资金预付		
其他应收款	预付款项		如职工预借的差旅费等
	其中：财政专户核拨资金预付		
	非财政专户核拨专项资金预付		
	非财政专户核拨非专项资金预付		
	需要收回及其他		如支付的押金、应收为职工垫付的款项等
库存材料	购入材料		
	其中：使用财政专户核拨资金购入		
	使用非财政专户核拨专项资金购入		
	使用非财政专户核拨非专项资金购入		
	非购入材料		如无偿调入、接受捐赠的材料等
长期投资	长期股权投资		
	其中：用现金资产取得		
	用非现金资产或其他方式取得		
	长期债券投资		
应付票据、应付账款（扣除应付彩票资金）	发生时不计入支出		
	发生时计入支出		
	其中：财政专户核拨资金应付		
	非财政专户核拨专项资金应付		
	非财政专户核拨非专项资金应付		

续表

总账科目	明细分类	金额	备注
预收账款（扣除预收彩票资金）	预收专项资金		
	预收非专项资金		
专用基金	从非财政专户核拨资金结余分配中提取		
	从收入中列支提取		
	其他		

附表3：

彩票机构新旧会计制度转账、登记新账科目对照表

序号	新制度科目		原制度科目	
	编号	名称	编号	名称
一、资产类				
1	1001	库存现金	1001	库存现金
2	1002	银行存款	1002	银行存款
3	1021	其他货币资金		
4	1101	短期投资	1101	短期投资
5	1211	应收票据	1211	应收票据
6	1212	应收账款	1212	应收账款
7	1214	预付账款	1213	预付账款
8	1218	其他应收款	1215	其他应收款
9	1301	在途物品		
10	1302	库存物品	1301	库存材料
11			1302	库存彩票
12	1501	长期股权投资	1401	长期投资
13	1502	长期债券投资		
14	1601	固定资产	1501	固定资产
15	1602	固定资产累计折旧	1502	累计折旧
16	1611	工程物资	1511	在建工程
17	1613	在建工程		
18	1214	预付账款		

续表

<table>
<tr><th rowspan="2">序号</th><th colspan="2">新制度科目</th><th colspan="2">原制度科目</th></tr>
<tr><th>编号</th><th>名称</th><th>编号</th><th>名称</th></tr>
<tr><td colspan="5">一、资产类</td></tr>
<tr><td>19</td><td>1701</td><td>无形资产</td><td>1601</td><td>无形资产</td></tr>
<tr><td>20</td><td>1702</td><td>无形资产累计摊销</td><td>1602</td><td>累计摊销</td></tr>
<tr><td>21</td><td>1902</td><td>待处理财产损溢</td><td>1701</td><td>待处置资产损溢</td></tr>
<tr><td colspan="5">二、负债类</td></tr>
<tr><td>22</td><td>2001</td><td>短期借款</td><td>2001</td><td>短期借款</td></tr>
<tr><td>23</td><td>2101</td><td>应交增值税</td><td rowspan="2">2101</td><td rowspan="2">应缴税费</td></tr>
<tr><td>24</td><td>2102</td><td>其他应交税费</td></tr>
<tr><td>25</td><td rowspan="2">2103</td><td rowspan="2">应缴财政款</td><td>2102</td><td>应缴国库款</td></tr>
<tr><td>26</td><td>2103</td><td>应缴财政专户款</td></tr>
<tr><td>27</td><td>2201</td><td>应付职工薪酬</td><td>2201</td><td>应付职工薪酬</td></tr>
<tr><td>28</td><td>2301</td><td>应付票据</td><td>2301</td><td>应付票据</td></tr>
<tr><td>29</td><td>2302</td><td>应付账款</td><td>2302</td><td>应付账款</td></tr>
<tr><td>30</td><td>2309</td><td>应付返奖奖金</td><td>2401</td><td>应付返奖奖金</td></tr>
<tr><td>31</td><td>2310</td><td>应付代销费</td><td>2402</td><td>应付代销费</td></tr>
<tr><td>32</td><td>2305</td><td>预收账款</td><td>2303</td><td>预收账款</td></tr>
<tr><td>33</td><td>2307</td><td>其他应付款</td><td rowspan="2">2305</td><td rowspan="2">其他应付款</td></tr>
<tr><td>34</td><td>2901</td><td>受托代理负债</td></tr>
<tr><td>35</td><td>2501</td><td>长期借款</td><td>2501</td><td>长期借款</td></tr>
<tr><td>36</td><td>2502</td><td>长期应付款</td><td>2502</td><td>长期应付款</td></tr>
<tr><td colspan="5">三、净资产类</td></tr>
<tr><td>37</td><td rowspan="3">3001</td><td rowspan="3">累计盈余</td><td>3001</td><td>事业基金</td></tr>
<tr><td>38</td><td>3005</td><td>库存彩票基金</td></tr>
<tr><td>39</td><td>3101</td><td>非流动资产基金</td></tr>
<tr><td>40</td><td>3101</td><td>专用基金</td><td rowspan="2">3201</td><td rowspan="2">专用基金</td></tr>
<tr><td>41</td><td>3001</td><td>累计盈余</td></tr>
<tr><td>42</td><td rowspan="3">3001</td><td rowspan="3">累计盈余</td><td>3301</td><td>财政专户核拨资金结转</td></tr>
<tr><td>43</td><td>3302</td><td>财政专户核拨资金结余</td></tr>
<tr><td>44</td><td>3401</td><td>非财政专户核拨资金结转</td></tr>
<tr><td>45</td><td>3001</td><td>累计盈余（借方）</td><td>3403</td><td>经营结余（借方）</td></tr>
</table>

续表

<table>
<tr><th rowspan="2">序号</th><th colspan="2">新制度科目</th><th colspan="2">原制度科目</th></tr>
<tr><th>编号</th><th>名称</th><th>编号</th><th>名称</th></tr>
<tr><td colspan="5">四、预算结余类</td></tr>
<tr><td>46</td><td>8101</td><td>财政拨款结转</td><td>3301</td><td>财政专户核拨资金结转</td></tr>
<tr><td>47</td><td>8102</td><td>财政拨款结余</td><td>3302</td><td>财政专户核拨资金结余</td></tr>
<tr><td>48</td><td>8201</td><td>非财政拨款结转</td><td>3401</td><td>非财政专户核拨资金结转</td></tr>
<tr><td>49</td><td>8202</td><td>非财政拨款结余</td><td>3001</td><td>事业基金</td></tr>
<tr><td>50</td><td>8202</td><td>非财政拨款结余</td><td rowspan="2">3201</td><td rowspan="2">专用基金</td></tr>
<tr><td>51</td><td>8301</td><td>专用结余</td></tr>
<tr><td>52</td><td>8401</td><td>经营结余</td><td>3403</td><td>经营结余</td></tr>
<tr><td>53</td><td rowspan="6">8001</td><td rowspan="6">资金结存（借方）</td><td>3301</td><td>财政专户核拨资金结转</td></tr>
<tr><td>54</td><td>3302</td><td>财政专户核拨资金结余</td></tr>
<tr><td>55</td><td>3401</td><td>非财政专户核拨资金结转</td></tr>
<tr><td>56</td><td>3001</td><td>事业基金</td></tr>
<tr><td>57</td><td>3201</td><td>专用基金</td></tr>
<tr><td>58</td><td>3403</td><td>经营结余</td></tr>
</table>

附录：财政部会计司有关负责人就印发行政事业单位执行《政府会计制度——行政事业单位会计科目和报表》的系列补充规定和衔接规定答记者问

2018 年 9 月 5 日　会计司

《政府会计制度——行政事业单位会计科目和报表》（财会〔2017〕25 号，以下简称《政府会计制度》）将自 2019 年 1 月 1 日起在各级各类行政事业单位施行。为了确保《政府会计制度》在各类行政事业单位的有效贯彻实施，财政部于今年 2 月印发了《〈政府会计制度——行政事业单位会计科目和报表〉与〈行政单位会计制度〉〈事业单位会计制度〉有关衔接问题处理规定》，近期又先后印发了国有林场和苗圃、测绘事业单位、地质勘查事业单位、高等学校、中小学校、医院、基层医疗卫生机构、科学事业单位、彩票机构等 9 类行业事业单位执行《政府会计制度》的补充规定和衔接规定（以下简称系列补充规定和衔接规定）。近日，财政部会计司有关负责人就系列补充规定和衔接规定相关问题回答了记者的提问。

问：系列补充规定和衔接规定出台的背景是什么？

答：我国现行行政事业单位会计制度包括《行政单位会计制度》《事业单位会计准则》《事业单位会计制度》和医院、基层医疗卫生机构、高等学校、中小学校、科学事业单位、彩票机构、测绘事业单位、地质勘查事业单位、国有林场和苗圃等行业事业单位会计制度。为了积极贯彻落实国务院批转财政部的《权责发生制政府综合财务报告制度改革方案》（以下简称《改革方案》），夯实政府财务报告编制的核算基础，2017 年 10 月，我部印发了适用于各级各类行政事业单位的《政府会计制度》。为了确保执行现行各类制度的各类行政事业单位自2019年1月1日起顺利执行《政府会计制度》，亟须对新旧制度衔接作出规定。此外，《政府会计制度》是按照统一性原则、在有机归并现行行政单位、事业单位和9项行业事业单位会计制度基础上形成的，部分行业事业单位的特殊业务未完全体现在《政府会计制度》中。因此，为了规范医院、高等学校、科学事业单位等行业事业单位特殊经济业务或事项的会计核算，确保新旧制度顺利过渡，需要结合行业单位实际情况，对《政府会计制度》作出必要补充。因此，我们在广泛调研和充分研究讨论基础上共制定了7项补充规定和11项新旧制度衔接规定。

问：系列补充规定和衔接规定起草发布的过程是怎样的？

答：系列补充规定和衔接规定的起草工作于2017年启动，在起草过程中，我们始终秉承科学民主决策精神和公开透明的会计标准制定程序，进行了充分论证和大量的调查研究，并广泛征求了业界意见，主要经历了以下过程：

一是课题研究形成讨论稿。为了做好现行制度与《政府会计制度》的新旧衔接规定，2017年我们设立了专项课题对有关衔接问题进行了研究，并会同相关行业主管部门对衔接规定进行了讨论，形成了系列衔接规定的讨论稿。2018年，我们再设立课题对科学事业单位等行业事业单位执行新制度的补充规定问题进行了研究，4月形成了系列补充规定的讨论稿。

二是深入调研形成征求意见稿。2018年4月，我们分别会同教育部、卫生健康委、自然资源部、国家林草局等行业主管部门的财务司局，以及中国科学院条财局、中国福利彩票发行管理中心、国家体育总局体育彩票管理中心等单位，召集相关行业事业单位总会计师、财务处长等多次召开座谈会，分别就系列衔接规定讨论稿和补充规定讨论稿进行研讨。在此基础上，我们于5月形成了系列补充规定和衔接规定的征求意见稿。

三是广泛征求行业主管部门及行业单位意见。2018年5月下旬，我们函请教育部、科技部、卫生健康委、自然资源部、国家林草局和中国科学院、中国社会科学院、中国农业科学院，分别在全行业或本系统就相关补充规定和衔接规定征求意见稿征求意见，同时征求财政部部内相关司局意见。相关行业主管部门和单位积极组织征求意见工作，在向直属行业事业单位、地方行业主管部门征求意见的同时，组织行业专家集中研讨，提出修改意见。

在征求意见阶段，我们共收到各相关行业单位反馈意见和建议800余条。我们会同行业主管部门针对每条意见和建议认真讨论和分析，梳理出了若干行业较为集中的重大意见和建议。

四是修改完善和送审发布。2018 年 6 月以来，我们对行业反馈的较为集中的重大意见和建议逐条进行了分析，就其中合理的意见和建议进行了充分吸收，未吸收采纳的意见也与相关方面进行了沟通，力求达成理解与共识。此外，我们还会同相关行业主管部门、行业事业单位、财政部部内相关司局组织召开了多次座谈会，就衔接规定和行业补充规定相关重大问题进行了深入研讨。在上述工作基础上，对系列补充规定和衔接规定征求意见稿进行了反复修改完善，形成送审稿，并自 7 月以来陆续印发。

问：制定系列补充规定遵循了哪些原则？

答：在系列补充规定制定过程中，我们主要遵循了以下原则：

（一）整体统一原则。在系列补充规定制定过程中，对于会计科目设置、报表编报要求、行业特殊业务和事项的会计处理等都遵循了与《政府会计制度》一致的原则，以保持政府会计制度的整体性和内在一致性，确保不同行业事业单位财务报告信息和决算报告信息的可比性。

（二）继承创新原则。由于部分行业事业单位的特殊业务未完全体现在《政府会计制度》中，系列补充规定对这些行业特殊业务的会计处理作出了规定。在对这些行业特殊业务的会计处理进行规范时，系列补充规定既一定程度继承了现行行业事业单位会计制度有关行业特殊业务和事项的会计处理规定，又根据实务发展变化，依据《政府会计制度》确立的核算框架和原则进行了一定程度的创新，从而将这些特殊业务的会计处理规定有机融入新的《政府会计制度》。

（三）服务改革原则。医疗、教育、彩票等相关行业事业单位近些年来改革力度大，很多新出现的特殊业务和事项的会计核算需要通过补充规定作进一步规范。比如，在医院补充规定中，明确药品采购运杂费的会计处理，以适应公立医院取消药品加成改革要求；在基层医疗卫生机构补充规定中，明确公共卫生服务相关收入和费用的会计核算，以配合基本公共卫生服务项目改革要求；在高等学校补充规定中，增加了对留本基金投资、出资设立非企业法人单位等会计处理的规定，以满足高校特殊业务的核算需要；在彩票机构补充规定中，明确了彩票兑奖周转金的会计处理，以适应彩票机构财务管理最新改革的需要等。

问：系列补充规定规范的范围和主要内容是什么？

答：特殊行业事业单位执行《政府会计制度》的补充规定共有 7 项，具体包括医院、基层医疗卫生机构、高等学校、中小学校、科学事业单位、彩票机构和国有林场和苗圃等7个行业的补充规定。

从规范的范围上讲，系列补充规定主要规范两类事项：一是现行制度已经规范而《政府会计制度》没有明确规范的内容，如事业（预算）收入、业务活动费用、单位管理费用和事业支出明细科目的设置及涉及报表的细化问题、高等学校和中小学校有关食堂等非法人独立核算单位的会计核算问题、国有林场与苗圃的林木资产会计问题、彩票机构有关彩票销售和结算的会计处理等。二是现行制度和《政府会计制度》均未明确规定的特殊行业事业单位的典型业务或事项，如实行收支两条线管理的基层医疗卫生机构的待结算医疗款、高等学校留本基金的会计处理等。

从内容上讲，系列补充规定主要包括四方面的内容：一是新增一级科目及其使用说明。系列补充规定共增设了6个一级科目，其中基层医疗卫生机构增设“待结算医疗款”科目，彩票机构增设“彩票销售结算”“应付返奖奖金”和“应付代销费”3个一级科目，国有林场和苗圃增设“营林工程”和“林木资产”2个一级科目。二是在《政府会计制度》相关一级科目下设置明细科目。系列补充规定主要在“事业（预算）收入”“事业支出”“业务活动费用”“单位管理费用”“应收/预付账款”“应付/预收账款”“库存物品”等《政府会计制度》规定的一级科目下增设相关明细科目，以反映行业事业单位的业务特点，满足会计核算和管理要求。三是对报表的补充。系列补充规定在报表方面主要作了以下补充：在《政府会计制度》规定的“资产负债表”“收入费用表”等主表中增加了相关项目或在现有项目下增加明细项目，以反映所增设的一级科目及明细科目对报表的影响；增设若干明细表，作为主表的附表，以满足行业管理要求，如医院增设了“医疗活动收入费用明细表”，基层医疗卫生机构增设了“待结算医疗款明细表”和“医疗及公共卫生收入费用明细表”，彩票机构增设了“返奖奖金变动明细表”和“彩票资金分配明细表”；补充了部分行业事业单位附注披露要求。四是对行业特殊经济业务和事项会计处理的补充。系列补充规定还对行业事业单位特殊经济业务和事项从会计确认计量、账务处理等方面进行了明确和规范，如医院医保结算差额、医事服务费和药事服务费的会计处理、高等学校留本基金的会计处理、科学事业单位合作项目款的账务处理等，此外，系列补充规定统一规定了医院、基层医疗卫生机构、高等学校和中小学校固定资产折旧年限。

问：系列衔接规定规范的主要内容是什么？

答：行政事业单位执行《政府会计制度》的衔接规定共有11项，具体包括行政单位、事业单位等 2 项衔接规定以及医院、基层医疗卫生机构、高等学校、中小学校、科学事业单位、地质勘查事业单位、测绘事业单位、彩票机构、国有林场和苗圃等 9 项行业衔接规定。11 项衔接规定主要就单位如何做好新旧制度的衔接工作进行规范，具体而言系列衔接规定主要规范了以下内容：

一是新旧制度衔接的总体要求。系列衔接规定要求单位应当按照规定做好 5 个方面的具体工作，并按照《政府会计制度》及补充规定的要求对原有会计信息系统进行及时更新和调试，实现数据正确转换，确保新旧账套的有序衔接。

二是财务会计科目的新旧衔接要求。系列衔接规定要求单位应当按照《政府会计制度》及补充规定的要求将 2018 年 12 月 31 日原账会计科目余额转入新账财务会计科目、将原未入账事项登记新账财务会计科目并对新账的相关财务会计科目余额按照新制度规定的会计核算基础进行调整。

三是预算会计科目的新旧衔接要求。系列衔接规定要求单位应当根据《政府会计制度》及补充规定的要求，在原制度净资产类科目的基础上按照预算会计核算基础调整形成预算会计科目期初余额。

四是财务报表和预算会计报表的新旧衔接要求。系列衔接规定要求单位应当根据 2019 年 1 月 1 日新账的财务会计科目余额，按照新制度编制 2019 年 1 月 1 日资产负债表；按照新制度规定编制 2019 年财务报表和预算会计报表，在编制 2019 年度收入费用表、净资产变动表、现金流量表和预算收入支出表、预算结转结余变动表时，不要求填列上年比较数。

问：对于系列补充规定和衔接规定的贯彻实施有何要求？

答：系列补充规定是《政府会计制度》的重要补充和有机组成部分。系列衔接规定是确保新旧制度顺利过渡、政府会计准则制度有效贯彻实施的重要保障。近期，财政部印发了《关于贯彻实施政府会计准则制度的通知》，对各部门、各地区、各单位贯彻实施政府会计准则制度提出了明确要求，希望各部门、各地区、各单位特别是相关行业事业单位加强对包括系列补充规定和衔接规定在内的政府会计准则制度的宣传培训，全面做好各项新旧衔接准备，确保政府会计准则制度自 2019 年 1 月 1 日起在全国各级各类行政事业单位全面实施。

财政部会计准则制度系列图书

序号	书名	ISBN	作者	出版时间	出版单位	定价
1	《政府会计制度——补充规定和衔接规定》	978－7－5095－8541－2	中华人民共和国财政部	2018年9月	中国财政经济出版社	58
2	《政府会计制度（合订本·2019）》	978－7－5095－8540－5	中华人民共和国财政部	2018年9月	中国财政经济出版社	115
3	《企业会计准则第14号——收入》应用指南2018	978－7－5095－8230－5	财政部会计司编写组	2018年7月	中国财政经济出版社	28
4	《企业会计准则第16号——政府补助》应用指南2018	978－7－5095－8261－9	财政部会计司编写组	2018年7月	中国财政经济出版社	11
5	《企业会计准则第22号——金融工具确认和计量》应用指南2018	978－7－5095－8268－8	财政部会计司编写组	2018年7月	中国财政经济出版社	30
6	《企业会计准则第23号——金融资产转移》应用指南2018	978－7－5095－8231－2	财政部会计司编写组	2018年7月	中国财政经济出版社	14
7	《企业会计准则第24号——套期会计》应用指南2018	978－7－5095－8249－7	财政部会计司编写组	2018年7月	中国财政经济出版社	20
8	《企业会计准则第37号——金融工具列报》应用指南2018	978－7－5095－8269－5	财政部会计司编写组	2018年7月	中国财政经济出版社	30
9	《企业会计准则第42号——持有待售的非流动资产、处置组和终止经营》应用指南2018	978－7－5095－8270－1	财政部会计司编写组	2018年7月	中国财政经济出版社	14

续表

序号	书名	ISBN	作者	出版时间	出版单位	定价
10	《社会保险基金会计制度》	978-7-5095-7991-6	中华人民共和国财政部制定	2018 年 1 月	中国财政经济出版社	25
11	《政府会计制度——行政事业单位会计科目和报表》	978-7-5095-7865-0	中华人民共和国财政部制定	2017 年 12 月	中国财政经济出版社	62
12	《管理会计应用指引》	978-7-5141-8632-1	中华人民共和国财政部制定	2017 年 11 月	经济科学出版社	30
13	《企业会计准则》（合订本）	978-7-5141-8180-7	中华人民共和国财政部	2017 年 7 月	经济科学出版社	75.00
14	《国际财务报告准则第 15 号——客户合同收入（汉英对照）》	978-7-5095-7471-3	中国会计准则委员会组织翻译	2017 年 7 月	中国财政经济出版社	150.00
15	《国际财务报告准则第 16 号——租赁（汉英对照）》	978-7-5095-7495-9	中国会计准则委员会组织翻译	2017 年 7 月	中国财政经济出版社	80.00
16	《国际财务报告准则第 9 号——金融工具（汉英对照）》	978-7-5095-6366-3	中国会计准则委员会组织翻译	2015 年 11 月	中国财政经济出版社	298.00
17	《国际财务报告准则 2015（A、B 部分）》	978-7-5095-6440-0	中国会计准则委员会组织翻译	2015 年 11 月	中国财政经济出版社	1280.00
18	《行政事业单位会计制度汇编》	978-7-5095-6161-4	财政部会计司　编	2015 年 5 月	中国财政经济出版社	98.00
19	《企业会计准则第 37 号——金融工具列报》	978-7-5095-5975-8	财政部会计司　编	2015 年 1 月	中国财政经济出版社	48.00

续表

序号	书名	ISBN	作者	出版时间	出版单位	定价
20	《电力行业内部控制操作指南》	978－7－5141－5395－8	中华人民共和国财政部制定	2015 年 1 月	经济科学出版社	40.00
21	《内部控制——整合框架（2013）》	978－7－5095－5488－8	财政部会计司组织翻译	2014 年 8 月	中国财政经济出版社	140.00
22	《企业会计准则第 30 号——财务报表列报》	978－7－5095－5502－6	财政部会计司　编	2014 年 8 月	中国财政经济出版社	35.00
23	《企业会计准则第 39 号——公允价值计量》	978－7－5095－5488－3	财政部会计司　编	2014 年 7 月	中国财政经济出版社	45.00
24	《企业会计准则第 41 号——在其他主体中权益的披露》	978－7－5095－5494－4	财政部会计司　编	2014 年 7 月	中国财政经济出版社	25.00
25	《企业会计准则第 9 号——职工薪酬》	978－7－5095－5522－4	财政部会计司　编	2014 年 7 月	中国财政经济出版社	25.00
26	《企业会计准则第 40 号——合营安排》	978－7－5141－4793－3	财政部会计司　编	2014 年 6 月	经济科学出版社	25.00
27	《企业会计准则第 2 号——长期股权投资》	978－7－5141－4791－9	财政部会计司　编	2014 年 6 月	经济科学出版社	28.00
28	《企业会计准则第 33 号——合并财务报表》	978－7－5141－4792－6	财政部会计司　编	2014 年 6 月	经济科学出版社	50.00

续表

序号	书名	ISBN	作者	出版时间	出版单位	定价
29	《高等学校会计制度2013》	978－7－5095－5124－0	中华人民共和国财政部制定	2014年3月	中国财政经济出版社	28.00
30	《科学事业单位会计制度2013》	978－7－5095－5134－9	中华人民共和国财政部制定	2014年3月	中国财政经济出版社	30.00
31	《中小学校会计制度2013》	978－7－5141－4366－9	中华人民共和国财政部制定	2014年3月	经济科学出版社	25.00
32	《彩票机构会计制度2013》	978－7－5141－4363－8	中华人民共和国财政部制定	2014年3月	经济科学出版社	32.00
33	《石油石化行业内部控制操作指南》	978－7－5095－5053－3	中华人民共和国财政部制定	2014年2月	中国财政经济出版社	48.00
34	《〈企业产品成本核算制度（试行）〉讲解》	978－7－5095－5028－1	财政部会计司　编	2014年1月	中国财政经济出版社	38.00
35	《行政事业单位内部控制规范讲座》	978－7－5141－3792－7	财政部会计司　编	2013年9月	经济科学出版社	38.00
36	《国际会计准则第1号——财务报告列报（汉英对照）》	978－7－5095－4142－5	中国会计准则委员会组织翻译	2013年2月	中国财政经济出版社	45.00
37	《国际财务报告准则第10号——合并财务报表（汉英对照）》	978－7－5095－4143－2	中国会计准则委员会组织翻译	2013年2月	中国财政经济出版社	45.00

续表

序号	书名	ISBN	作者	出版时间	出版单位	定价
38	《国际财务报告准则第 11 号——合营安排（汉英对照）》	978－7－5095－4144－9	中国会计准则委员会组织翻译	2013 年 2 月	中国财政经济出版社	30. 00
39	《国际财务报告准则第 13 号——公允价值计量（汉英对照）》	978－7－5095－4146－3	中国会计准则委员会组织翻译	2013 年 2 月	中国财政经济出版社	30. 00
40	《国际财务报告准则第 12 号——在其他主体中权益的披露（汉英对照）》	978－7－5095－4145－6	中国会计准则委员会组织翻译	2013 年 2 月	中国财政经济出版社	49. 00
41	《国际会计准则第 19 号——雇员福利（汉英对照）》	978－7－5095－4148－7	中国会计准则委员会组织翻译	2013 年 2 月	中国财政经济出版社	49. 00
42	《国际会计准则第 27 号——单独财务报表（汉英对照）》	978－7－5095－4149－4	中国会计准则委员会组织翻译	2013 年 2 月	中国财政经济出版社	16. 00
43	《国际会计准则第 28 号——在联营企业和合营企业（汉英对照）》	978－7－5095－4150－0	中国会计准则委员会组织翻译	2013 年 2 月	中国财政经济出版社	16. 00
44	《事业单位会计制度 2012》	978－7－5141－2975－5	中华人民共和国财政部制定	2013 年 1 月	经济科学出版社	25. 00
45	《企业会计准则通用分类标准讲解》	978－7－5095－3508－0	财政部会计司　编	2012 年 3 月	中国财政经济出版社	90. 00